国家社科基金重大项目"以中国式现代化推进中华民族伟大复兴研究"（22ZDA022）

四川省社科规划项目"第二个结合视角下中国式现代化的四川新篇章研究"（SCJJ23ND95）

中国式现代化理论创新与实践探索研究

张晓明 著

中国社会科学出版社

图书在版编目（CIP）数据

中国式现代化理论创新与实践探索研究／张晓明著． －－北京：中国社会科学出版社，2023.12
ISBN 978 - 7 - 5227 - 2848 - 3

Ⅰ.①中… Ⅱ.①张… Ⅲ.①现代化建设—研究—中国 Ⅳ.①D61

中国国家版本馆 CIP 数据核字（2023）第 246216 号

出 版 人	赵剑英
责任编辑	刘 洋 田 文
责任校对	张爱华
责任印制	张雪娇

出　　版	中国社会科学出版社
社　　址	北京鼓楼西大街甲 158 号
邮　　编	100720
网　　址	http://www.csspw.cn
发 行 部	010 - 84083685
门 市 部	010 - 84029450
经　　销	新华书店及其他书店
印　　刷	北京君升印刷有限公司
装　　订	廊坊市广阳区广增装订厂
版　　次	2023 年 12 月第 1 版
印　　次	2023 年 12 月第 1 次印刷
开　　本	710×1000　1/16
印　　张	17
字　　数	251 千字
定　　价	98.00 元

凡购买中国社会科学出版社图书，如有质量问题请与本社营销中心联系调换
电话：010 - 84083683
版权所有　侵权必究

目　录

导言　中国式现代化道路通向人类文明新形态 …………… （1）
　　一　中国式现代化道路通向人类文明新形态的内在
　　　　逻辑 ……………………………………………………… （2）
　　二　中国式现代化道路开启人类文明新形态的理论
　　　　分析 ……………………………………………………… （5）
　　三　中国式现代化道路通向人类文明新形态的路径
　　　　选择 ……………………………………………………… （9）
　　四　中国式现代化道路通向人类文明新形态的整体把握 …… （11）

**第一章　国家治理体系和治理能力现代化：中国式现代化的
　　　　　新拓展** …………………………………………………… （15）
　　一　中国式现代化新拓展的四维把握 …………………… （15）
　　二　国家治理现代化中的"人民性"阐释 ………………… （26）
　　三　制度优势转化为国家治理效能机制创新 …………… （36）
　　四　中国式现代化的历史进路与实践意义 ……………… （49）

第二章　21世纪马克思主义：中国式现代化的指导思想 ………… （63）
　　一　深刻领悟21世纪马克思主义"三力" ………………… （63）
　　二　在解决重大现实问题中把21世纪马克思主义
　　　　引向深入 ………………………………………………… （67）
　　三　用21世纪马克思主义铸魂育人 ……………………… （74）

第三章　中国共产党：中国式现代化的领导力量 …………… (82)
　　一　中国共产党领导是大势所趋与人心所向 ……………… (82)
　　二　中国共产党政治建设的百年历程与经验启示 ………… (93)
　　三　从学理上洞察"两学一做"的深刻意蕴 ……………… (101)
　　四　通过"四真"贯彻落实"三严三实" ………………… (105)
　　五　伟大建党精神的内在逻辑与精髓要义 ………………… (110)
　　六　弘扬"伟大建党精神"实现以党的自我革命推动
　　　　伟大社会革命 ……………………………………………… (118)

第四章　时代新人：中国式现代化的依靠力量 …………… (123)
　　一　以新时代教育观造就担当民族复兴大任的时代
　　　　新人 ………………………………………………………… (123)
　　二　塑造全人的融合教育的时代内涵 ……………………… (131)
　　三　新时代青年担当的三重逻辑 …………………………… (139)

第五章　共同富裕：中国式现代化的基本特征 …………… (147)
　　一　百年大党追求共同富裕的演进历程和基本经验 ……… (147)
　　二　以中国式现代化实现共同富裕是历史必然 …………… (161)

第六章　"五位一体"：中国式现代化的总体布局 ………… (173)
　　一　全过程民主的理论渊源、理性认识、理论建构 ……… (173)
　　二　新发展理念的话语权在于其着眼现实的整体性 ……… (180)
　　三　夯实文化自信的学理话语权 …………………………… (189)

第七章　"四个全面"：中国式现代化的战略布局 ………… (194)
　　一　从"有机统一"视角把握"四个全面" ……………… (194)
　　二　全面深化改革的人民性、实践性、整体性、
　　　　斗争性 ……………………………………………………… (200)
　　三　从整合性上把握全面从严治党的大局和大势 ………… (206)

第八章　人类命运共同体：中国式现代化的世界意义 ……………（215）
　　一　马克思共同体思想：历史逻辑、内在价值、
　　　　现实感召 …………………………………………………（215）
　　二　构建人类命运共同体的唯物史观分析 ………………（222）
　　三　弘扬全人类共同价值　培育担当大任的时代新人 ………（233）
　　四　关于中国话语寻求国际话语权的思考 …………………（236）

结语　在世界历史中创造人类文明新形态 ……………………（245）
　　一　溯源：资本主义现代化与现代文明形态 ………………（246）
　　二　超越：中国式现代化与人类文明新形态 ………………（251）
　　三　未来：和平发展的中国与普遍交往的世界 ……………（255）

主要参考文献 ………………………………………………………（259）

后　记 ………………………………………………………………（264）

导言　中国式现代化道路通向人类文明新形态

中国式现代化道路和人类文明新形态是中国共产党在深刻认识和把握现代化一般规律和社会主义现代化的普遍规律、中国社会主义现代化特殊规律的基础上，准确识变、科学应变、主动求变的智慧结晶。中国式现代化新道路通向人类文明新形态，与中国特色社会主义通向共产主义具有相同机理，两者衔接就在政治、经济、文化、社会、生态五位一体建设上，五大文明发展到极致就是生产力极大发展，人的精神境界极大提高、每个人自由全面发展。中国式现代化新道路通向人类文明新形态，说到底就是通过走中国式现代化道路改变中国、影响世界，这是正在实践的现实，具有通向未来的必然。

习近平总书记在庆祝中国共产党成立 100 周年大会上的讲话中指出："我们坚持和发展中国特色社会主义，推动物质文明、政治文明、精神文明、社会文明、生态文明协调发展，创造了中国式现代化新道路，创造了人类文明新形态。"① 党的十九届六中全会在阐述中国共产党百年奋斗的历史意义时再次指出："党的百年奋斗深刻影响了世界历史进程。……党领导人民成功走出中国式现代化道路，创造了人类文明新形态，拓展了发展中国家走向现代化的途径，给世界上那些既希望加快发展又希望保持自身独立性的国家和民族提供了全新选择。"② 这些重要论述，不仅提出了"中国式现代化新道路"概念，

---

① 习近平：《在庆祝中国共产党成立 100 周年大会上的讲话》，人民出版社 2021 年版，第 13—14 页。
② 《中共中央关于党的百年奋斗重大成就和历史经验的决议》，人民出版社 2021 年版，第 64 页。

"人类文明新形态"命题,而且指出了"中国式现代化道路"和"人类文明新形态"的关系,我们要从理论与实践贯通、历史与现实贯通、中国与世界贯通来整体把握,夯实其学理基础,从而做到在思想上自觉、理论上清醒、政治上坚定、实践上贯彻。

一 中国式现代化道路通向人类文明新形态的内在逻辑

"走自己的路,是党的全部理论和实践立足点,更是党百年奋斗得出的历史结论。中国特色社会主义是党和人民历经千辛万苦、付出巨大代价取得的根本成就,是实现中华民族伟大复兴的正确道路。"①"中国特色社会主义道路是指引中国发展繁荣的正确道路,中国大踏步赶上了时代。"② 方向决定道路,道路决定命运。中国特色社会主义方向决定我们走中国式现代化道路,中国式现代化道路决定了中华民族伟大复兴的前途命运。通过走中国式现代化道路,"中华民族迎来了从站起来、富起来到强起来的伟大飞跃,实现中华民族伟大复兴进入了不可逆转的历史进程!"③ 中华民族正以不可阻挡的步伐迈向伟大复兴。

第一,中国式现代化道路是历史必然选择。"当代中国的伟大社会变革,不是简单延续我国历史文化的母版,不是简单套用马克思主义经典作家设想的模板,不是其他国家社会主义实践的再版,也不是国外现代化发展的翻版。"④ 中国式现代化道路是对中华优秀传统文化的创造性转化和创新性发展,是对资本主义制度所创造的一切积极成果的批判性汲取与转换,是马克思主义中国化、时代化、大众化的

---

① 习近平:《在庆祝中国共产党成立100周年大会上的讲话》,人民出版社2021年版,第13页。

② 《中共中央关于党的百年奋斗重大成就和历史经验的决议》,人民出版社2021年版,第23页。

③ 习近平:《在庆祝中国共产党成立100周年大会上的讲话》,人民出版社2021年版,第7页。

④ 习近平:《在哲学社会科学工作座谈会上的讲话》,人民出版社2016年版,第21页。

产物。它是发展中国家的赶超道路，古老文明现代转型的跟跑道路，也是终结"历史终结论"、告别"西方中心论"的并跑道路，更是推动社会进步、人类解放和人的自由全面发展的领跑道路。它既是基于中国历史传统、现实国情和世界发展潮流的必然选择，也是贯通历史、现实和未来的必然选择，还是国家富强、民族振兴、人民幸福的必然选择。中国式现代化道路是实现中华民族伟大复兴的必由之路和正确道路，是国家富强、民族振兴、人民幸福的康庄大道，具有不可逆转和势不可挡的态势和趋势，是经过"中国共产党团结带领中国人民浴血奋战、百折不挠，创造了新民主主义革命的伟大成就；自力更生、发愤图强，创造了社会主义革命和建设的伟大成就；解放思想、锐意进取，创造了改革开放和社会主义现代化建设的伟大成就；自信自强、守正创新，统揽伟大斗争、伟大工程、伟大事业、伟大梦想，创造了新时代中国特色社会主义的伟大成就"[①] 而形成发展的，具有历史性、实践性、科学性和人民性。中国式现代化道路是党领导人民实事求是的理论创新和实践创新，是对传统中华文明的创新，是对传统社会主义文明的创新，是对资本主义文明的创新，是在坚持极大包容基础上的整合创新，体现了中国共产党的博大胸怀和远大格局。

第二，中国式现代化道路具有内在规定性。中国式现代化道路不仅是理论创新和实践创新的产物，更是解放思想和实事求是的产物，我们要用中国式现代化道路的本质规定性来武装全党、教育人民、指导实践、推动工作。我们认为，中国式现代化道路的内在精髓和本质规定性，就是党的领导、人民中心和实事求是。没有中国共产党，就没有新中国，就没有中华民族伟大复兴。"中国共产党的领导是中国特色社会主义最本质的特征，是中国特色社会主义制度的最大优势，是党和国家的根本所在、命脉所在，是全国各族人民的利益所系、命运所系。"[②] 办好中国的事情，关键在党，关键在加强和改善党的领导，关键在坚持党的全面领导和全面从严治党。人民中心，就是一切

[①] 习近平：《在庆祝中国共产党成立100周年大会上的讲话》，人民出版社2021年版，第4—6页。

[②] 习近平：《在庆祝中国共产党成立100周年大会上的讲话》，人民出版社2021年版，第11页。

为了人民、为了一切人民、为了人民的一切，就是坚持以人为本，全心全意为人民服务，就是代表最广大人民的根本利益，就是把人民高不高兴、答不答应、拥不拥护作为判断标准，就是把民心作为最大政治，把密切联系群众作为最大优势，把造福人民作为最大政绩，把服务人民作为最大幸福，就是要坚持江山就是人民、人民就是江山的政治立场和价值导向。实事求是，就是一切从实际出发，理论联系实际，在实践中检验和发展真理。实事求是不是眼见为实的感性，而是事物发展必然的理性，是对事物发展趋势和本质的辩证认识和贯通把握。我们要从知识掌握、能力提高、素养提升、人格健全四个维度整体把握党的领导、人民中心和实事求是三位一体的本质内涵，做到化知识为能力、化能力为素养、化素养为人格，从必然与偶然的联系中自觉认识机遇，运用辩证和发展的方法科学判断机遇，在改变自身的思维方式中主动塑造机遇，在复杂变化中及时抓住机遇，在中华民族伟大复兴战略全局和世界百年未有之大变局相互交织与相互激荡的大背景下育新机、开新局、谋大局，掌握人类和平、发展、合作、共赢的全局。

第三，中国式现代化道路内生出人类文明新形态。中国式现代化道路是在用马克思主义解决中国问题的过程中，由中国人民自己走出来的中国道路，"它是在改革开放30多年的伟大实践中走出来的，是在中华人民共和国成立60多年的持续探索中走出来的，是在对近代以来170多年中华民族发展历程的深刻总结中走出来的，是在对中华民族5000多年悠久文明的传承中走出来的，具有深厚的历史渊源和广泛的现实基础"[1]，具有马克思主义中国化维度，是马克思主义基本原理在中国的运用和发展，无疑是中国自己的创造，具有明显的民族性，但它又是中国经验的马克思主义化，反映了历史大势和人心所向，从而具有一定普遍性和世界性。因此，我们说中国式现代化道路不仅具有中国内涵，也具有世界内涵，不仅具有中国价值，而且具有世界意义。中国式现代化道路作为人口规模巨大的现代化，全体人民共同富裕的现代化，物质文明和精神文明相协调的现代化，人与自然

---

[1] 戴木才：《中国走社会主义道路为什么成功？》，广西人民出版社2014年版，第4页。

和谐共生的现代化，走和平发展道路的现代化，不仅助力中华民族通向伟大复兴，而且"拓展了发展中国家走向现代化的路径，为那些既希望加快发展而又希望保持自身独立性的国家和民族提供了全新选择"①。中国式现代化道路的中国向度和世界向度是相互交织的。中国是世界中的中国，世界是包含中国的世界，中国式现代化道路是世界现代化道路中的一种。这个世界向度是从中国贡献、中国智慧上来谈的，是以中国的新发展为世界提供新机遇，让各国按照本国国情通过契合自身实际的办法实现更好发展，满足人民对美好生活的向往。中国式现代化道路开启人类文明新形态不是脱离世界交往、与世隔绝的自说自话，不是人类文明的终结，而是从文明进步的意义上讲的，是从综合创新的意义上，从打破对国外和历史的路径依赖的意义上而言的。当代中国所要面对和解决的问题，并不仅仅是中国自己的历史和现实问题，而且也是世界性和时代性问题，当代中国所选择的发展道路，不仅仅是中国自己的发展道路，而且也是推动创造人类文明新形态的发展道路，当代中国所积累的现代化经验，不仅仅是中国自己的发展经验，而且也是为解决世界问题贡献的中国方案，中国的发展不仅是中国自身的发展，同时也是世界的发展，中国的发展成就不仅属于自己，也属于世界。可以说，中国式现代化道路开启人类文明新形态是一个与世界同呼吸、共命运、同进步的过程，是一个解放思想、实事求是、与时俱进、求真务实的历史性实践和丰富性完善的过程。

二 中国式现代化道路开启人类文明新形态的理论分析

习近平总书记立足中国共产党成立100周年的重大历史节点，放眼党的百年奋斗史、中华民族复兴史、人类文明发展史，用长时段的历史视野把中华民族苦难辉煌的过去、日新月异的现在、光明前景的未来纵向衔接起来，用宽视域的国际视野把中华民族伟大复兴战略全

---

① 《习近平谈治国理政》第3卷，外文出版社2020年版，第8—9页。

局与世界百年未有之大变局横向贯通起来,从历史走向未来和中国走向世界两个维度提出中国式现代化道路和人类文明新形态。对于这一重大创新论断,我们需要深刻洞察和透视其背后的学理、原理、哲理、机理、常理、道理。

第一,这个重大创新论断蕴含着"两个没有辜负"相结合的学理。两个没有辜负即社会主义没有辜负中国和中国没有辜负社会主义。社会主义没有辜负中国,这里所指的社会主义是科学社会主义,不是空想社会主义,这里所指的中国是中国共产党领导下的中国。科学社会主义之所以没有辜负中国,是因为一方面社会主义是科学,另一方面,中国共产党把社会主义当作科学来对待。把社会主义当作科学来对待,就是实事求是对待社会主义,就是具体问题具体分析社会主义,如果不用实事求是这个科学态度对待社会主义这个科学,就会出现社会主义的空想,正如邓小平所说:"社会主义是一个很好的名词,但是如果搞不好,不能正确理解,不能采取正确的政策,那就体现不出社会主义的本质。"① 因此两个没有辜负实质就是以科学态度对待科学,以真理精神追求真理。

第二,这个重大创新论断蕴含着"深刻改变"与"极大丰富"相统一的原理。习近平总书记在党史学习教育动员大会上指出:"马克思主义深刻改变了中国,中国也极大丰富了马克思主义。"② 这个"深刻改变"是指"马克思主义深刻改变了中国",中国共产党"坚持把马克思主义基本原理与中国具体实际相结合、同中华优秀传统文化相结合,用马克思主义观察时代、把握时代、引领时代"③,通过带领人民"浴血奋战、百折不挠"完成了开天辟地的救国大业,通过"自力更生、发愤图强"完成了改天换地的兴国大业,通过"解放思想、锐意进取"完成了翻天覆地的富国大业,通过"自信自强、守正创新"推进惊天动地的强国大业,取得了经济快速发展和社会长期稳定的奇迹。"极大丰富"是指"中国极大丰富了马克思主义"。

---

① 《邓小平文选》第2卷,人民出版社1994年版,第313页。
② 习近平:《在党史学习教育动员大会上的讲话》,人民出版社2021年版,第12页。
③ 习近平:《在庆祝中国共产党成立100周年大会上的讲话》,人民出版社2021年版,第13页。

中国共产党着眼实践基础上的理论创新，在把马克思主义中国化的过程中，对中国经验进行理论提升，实现了中国经验的马克思主义化，产生了中国化马克思主义。中国化马克思主义极大丰富了马克思主义，使马克思主义进一步发扬光大。

第三，这个重大创新论断蕴含着"改变中国"与"影响世界"相贯通的哲理。中国共产党带领人民坚持把马克思主义与中国国情相结合、与时代发展同进步、与人民群众共命运，"创造了新民主主义革命的伟大成就、创造了社会主义革命和建设的伟大成就、创造了改革开放和社会主义现代化建设的伟大成就、创造了新时代中国特色社会主义的伟大成就，中华民族迎来了从站起来、富起来到强起来的伟大飞跃，实现中华民族进入了不可逆转的历史进程"[①]，推动世界百年未有之大变局向和平发展合作共赢方向演进。改变中国影响世界，不仅是就中国作为世界的一部分而言，而且还是就中国发展带动世界发展而言，也就是以国内大循环为主体，实现国内国际双循环相互促进，更是在实践上加速了"东升西降"格局的演变。尽管"西强我弱"的时代潮流没有发生质变，但是已经处于量变之中，有利于人类命运共同体的构建和实践。现代化起始于西方，中国是现代化的赶超者，但是，现代化的原型不等于现代化的标准，现代化不是西方专利，而是各国人民的权利，也是中国人民的权利。中国式现代化道路对世界的新贡献，对人类文明的新贡献，就"新"在我们的现代化是以人民为中心的全体人民共同富裕的现代化，是从实际出发全面协调可持续发展的现代化，是走和平发展合作共赢的现代化。

第四，这个重大创新论断蕴含着"两个创造"相互动的机理。中国式现代化道路与人类文明新形态作为新时代坚持和发展中国特色社会主义的实践探索和理论创新，具有彼此塑造、相互映照的内在互动机理。不管是中国式现代化还是人类文明新形态都是全面的，都具有政治、经济、文化、社会、生态方面的内涵，不仅要求全面，而且要求协调，更要求可持续，人类文明新形态是应然，中国式现代化道路

[①] 习近平：《在庆祝中国共产党成立100周年大会上的讲话》，人民出版社2021年版，第4—7页。

是实然。人类文明新形态从人类社会发展形态上看就是生产力极大发展，人的精神境界极大提高，每个人自由全面发展；中国式现代化从人类社会发展形态上看，就是物质文明、精神文明、政治文明、社会文明、生态文明五大文明平衡充分发展到极致，对应的就是人类文明新形态应然要求。因此，中国式现代化道路也是人类文明新形态在中国特色社会主义新时代的一个具体呈现，我们要立足中国式现代化道路这个实然，趋向人类文明新形态这个应然。中国式现代化道路与人类文明新形态二者内在统一于中国特色社会主义，是中国特色社会主义道路、中国特色社会主义理论、中国特色社会主义制度、中国特色社会主义文化实践的产物，我们要强化而不是淡化对中国特色社会主义的自觉和自信，始终坚持通过中国特色社会主义实现中国现代化并为世界发展作出更大贡献。

第五，这个重大创新论断蕴含着"大势所趋"与"人心所向"相联系的常理。中国式现代化新道路和人类文明新形态都是历史发展的必然，都是大趋势、大潮流，都是遵循客观规律的产物，但是我们不能说由中国式现代化道路通向的人类文明新形态是客观必然，是历史大势，不管我们喜欢不喜欢，高兴不高兴，都会自然而然实现，而是要体现人民意愿、考虑人民利益，要得到人民认识和理解，只有得到人民认可的历史大势，符合人心、赢得人心的历史大势才会从可能变为现实，因为人民是历史的创造者，人民是实践主体。正如习近平总书记所说："江山就是人民、人民就是江山，打江山、守江山，守的是人民的心。"[①] 所以中国式现代化道路、人类文明新形态都是把人民对美好生活的需求作为自己的追求，都是坚持以人民为中心，具有为人导向和人为努力，也就是要把为了人民和依靠人民结合起来，不仅要把为人导向和人为努力结合起来，更要把大势所趋与人心所向结合起来，不仅要把大势所趋与人心所向结合起来，而且要把人民与人类结合起来，把中国人民共同富裕、现代化与人类文明新形态、人类命运共同体结合起来，只有这样，才能通过中国式现代化道路走向

[①] 习近平：《在庆祝中国共产党成立100周年大会上的讲话》，人民出版社2021年版，第11页。

人类文明新形态。

第六，这个重大创新论断蕴含着"历史走向未来"和"中国走向世界"相衔接的道理。中国共产党带领中国人民走出来的中国式现代化新道路不仅改变了中国，而且影响了世界，不仅"深刻改变了近代以后中华民族发展方向和进程，深刻改变了中国人民和中华民族的前途和命运，深刻改变了世界发展的趋势和格局"①，而且为那些既希望加快发展而又希望保持自身独立性的国家和民族提供了全新选择，为人类对更好社会制度的探索提供了中国智慧。中国式现代化道路不仅是中国自己的路，更具有世界历史意义，不仅体现了中国特点，而且反映世界趋势。正如习近平总书记所指出的："实践表明，中国式现代化既切合中国实际，体现了社会主义建设规律，也体现了人类社会发展规律。"②

三 中国式现代化道路通向人类文明新形态的路径选择

"中国式现代化道路"概念是对现实矛盾的辩证把握，如何透过概念把握现实，通过现实走向未来，走向世界，是我们奋进新时代、迈向新征程的历史必然和必经环节。

第一，中国式现代化道路通向人类文明新形态的第一要义是现代化。现代化是历史发展的必然，是生产力与生产关系矛盾运动的产物，具有不可逆性，现代化是硬道理，落后就要挨打。中国近现代史就是现代化史，是现代化实践探索史、理论创新史，中国现代化是被动现代化，是后发现代化，有一个从不了解、认识不深、不自觉到自觉的演进过程，也有一个从实践失败到总结经验不断成功的过程，有一个从器物到制度到文化逐步清醒的过程，因此，现代化是必须，是必然，是势不可挡，必须面对和应对，是一个准确识变、科学应变、

---

① 习近平：《在庆祝中国共产党成立100周年大会上的讲话》，人民出版社2021年版，第3页。

② 《习近平谈治国理政》第4卷，外文出版社2022年版，第124页。

主动求变的过程,既要深刻认识和把握现代化的一般规律和社会主义现代化的普遍规律,又要深刻认识和把握我国社会主义现代化的科学规律。我们所要认识和把握的现代化是要解决中国问题、为中国人民所需要的现代化,同时中国问题也具有世界性,因而我们的现代化也是通过解决时代问题促进世界和平发展的现代化。

第二,中国式现代化道路通向人类文明新形态的核心是人民中心。中国式现代化是为人导向的现代化,现代化主要是通过促进人的全面自由发展来改变中国影响世界,现代化过程就是使人摆脱对人的依赖、摆脱对物的依赖,从而实现人的自由全面发展,现代化过程就是人成为自然主人、成为社会主人、成为自己主人的过程,现代化是满足人的需要的过程,是化解社会主要矛盾的过程。现代化要化解人们日益增长的物质文化需要同落后的社会生产之间的矛盾,而化解这一矛盾,就要平衡充分发展。人不仅是一个物质的人、精神的人,还是一个政治的人、社会的人、生态的人,有政治、经济、文化、社会、生态方面的需要,因此,现代化就要及时跟进。现代化跟我们近代两个任务有关,一个是民族独立与人民解放,一个是国家富强与人民富裕,因此,现代化就是要围绕着人站起来、不挨打,人富起来、不挨饿,人强起来、不挨骂来谋篇布局和与时俱进。

第三,中国式现代化道路通向人类文明新形态的基本要求是全面协调可持续。能够改变中国影响世界的现代化不是片面的现代化,而是全面现代化,是物质文明、精神文明、政治文明、社会文明和生态文明共建共享的现代化;不是顾此失彼的现代化,而是物质文明、精神文明、政治文明、社会文明、生态文明先后接续齐头并进的现代化;不是短期现代化,而是逐步深入、持续推进可持续的现代化。因为我们的现代化是服务人的,服务人的全面可持续发展,因此相应的现代化就是全面协调可持续的,只有这样的现代化,才能改变中国的政治、经济、文化、社会、生态,从而以中国的全面协调可持续发展影响世界的全面协调可持续发展。

第四,中国式现代化道路通向人类文明新形态的根本方法是统筹兼顾。中国式现代化道路不仅是东部现代化,而且是西部现代化,还是中部现代化,是中西东兼顾的现代化;中国式现代化道路不仅是城市现代化,也是农村现代化,是城乡一体化的现代化;中国式现代化道路不是贫富分化的现代化,而是全体人民共同富裕的现代化;中国式现代化不是对外殖民对内剥削的现代化,而是你好我好大家好、双赢多赢共赢的现代化;中国现代化不是抛弃历史文化传统和脱离世界现代化轨道的现代化,而是对中华优秀传统文化进行创造性转化和创新性发展,在对资本主义创造的一切积极成果进行批判性借鉴的基础上统筹综合创新的现代化。因此,中国式现代化道路是纵向衔接横向贯通的现代化,只有贯通古今中西的现代化才能改变中国影响世界。

第五,中国式现代化道路通向人类文明新形态的关键是自我提高、自我完善、自我改变、自我革命的过程。中国式现代化道路是人民中心的新道路,是全面协调可持续的新道路,是统筹兼顾的新道路,是对一般现代化的继承与超越,是把人民对美好生活的需求作为自己追求的现代化,是改变中国影响世界的现代化,是改变中国贡献世界的现代化。中国式现代化道路之所以能通向人类文明新形态,就在于坚持中国共产党的全面领导,坚持马克思主义指导,坚持以人民为中心的价值导向和政治立场,坚持实事求是的思想方法,中国式现代化新道路通向人类文明新形态是进行时,而不是完成时,过去改变中国影响世界,不代表现在还能改变中国影响世界,更不代表永远能改变中国影响世界。过去我们靠中国共产党的领导、马克思主义指导、人民拥护和实事求是赢得了历史、赢得了现实,而要继续赢得未来,就必须一以贯之、守正创新,继续坚持中国共产党的领导、马克思主义指导、人民中心、实事求是。中国式现代化道路具有科学性、人民性、实践性、开放性,这些显著优势只有转化为现实效能,才能使中国式现代化道路行稳致远。才能使中国强大,才能通向和引领人类文明新形态。

四 中国式现代化道路通向人类文明新形态的整体把握

中国式现代化道路、人类文明新形态,是理论与实际相结合的产物,是综合创新的产物,是纵横贯通的产物,是辩证统一的产物,我们要以马克思主义态度和精神对待在马克思主义引领指导下形成的理论成果和实践成果，只有以马克思主义科学和精神对待马克思主义基本原理与中国实际和中华优秀传统文化结合形成的产物，才是真正坚持马克思主义，坚持中国特色社会主义。在当代中国，坚持习近平新时代中国特色社会主义思想，坚持作为习近平新时代中国特色社会主义思想原创性思想、变革性实践、突破性进展和标志性成果的中国式现代化新道路和人类文明新形态，就是真正坚持马克思主义、坚持中国特色社会主义。

第一，从"两个结合"上整体把握中国式现代化道路通向人类文明新形态。这"两个结合"就是习近平总书记所强调的，"坚持把马克思主义基本原理同中国具体实际相结合，同中华优秀传统文化相结合"①。也就是马克思主义基本原理与中国革命、建设、改革实践相结合，同中国历史、文化、传统相结合，只有与时代同进步、与国情相结合、与人民共命运，才具有感召力、生命力、号召力，才可行稳致远。中国式现代化新道路和人类文明新形态是马克思主义基本原理同中国具体实际和中华优秀传统文化相结合的产物，具有马克思主义改变自己影响世界的特性，具有中华优秀传统文化和而不同、实事求是的特性，因此由马克思主义基本原理与中国具体实际和中华优秀传统文化结合、融合而形成的中国式现代化道路和人类文明新形态是一般性与特殊性、主体性和开放性、延续性和创新性的有机统一，从"两个结合"上整体把握其内涵会赋予中国式现代化道路通向人类文明新形态更加鲜明的实践特色、理论特色、民族特色、时代特色。

第二，从"两件大事"协调统筹上把握中国式现代化道路通向人类文明新形态。这"两件大事"一个是"安全"，一个是"发展"，也就是要统筹安全和发展两件大事。安全是底线，解决的是保障问题，发展是主线，解决的是动力问题；安全是发展的前提，没有安全，什么事情都搞不成，发展是安全的保障，是解决一切问题的关键。安全是硬任务，发展是硬道理，改革是硬动力，不仅要安全，而

---

① 习近平：《在庆祝中国共产党成立100周年大会上的讲话》，人民出版社2021年版，第13页。

且要全面安全，不仅要发展，而且要科学发展，不仅要改革，而且要全面改革，也就是说不仅要有保障机制、动力机制、平衡机制，还要有治理机制，要处理好改革、发展、稳定的关系。正如习近平总书记强调："越是开放越要重视安全，统筹好发展和安全两件大事"。① 安全和发展是一体两翼、驱动之双轮，因此，统筹"两件大事"是中国式现代化道路行稳致远通向人类文明新形态的保障。

第三，从胸怀"两个大局"把握中国式现代化道路通向人类文明新形态。这"两个大局"就是习近平总书记提出的"中华民族伟大复兴战略全局"和"世界百年未有之大变局"。中华民族伟大复兴战略全局是推动世界百年未有之大变局的关键变量，而世界百年未有之大变局又影响中华民族伟大复兴战略全局的推进。中国式现代化道路既是实现中华民族伟大复兴的正确道路，也是推动世界百年未有之大变局向有利于人类命运共同体形成的正确道路，因此，胸怀两个大局是中国式现代化道路通向人类文明新形态遵循规律、顺应大势、掌握历史主动的生动体现。

第四，从心怀"国之大者"把握中国式现代化道路通向人类文明新形态。所谓"国之大者"，是指事关全局、事关根本、事关党和国家事业兴衰成败的大事、大局、大势。这个大事、大局、大势，就是党中央围绕应对世情、国情、党情而提出的思想主张、确立的重大战略、完善的重大制度、推进的重大工作。无论是应对国际变局、推进民族复兴，还是建设强大政党，从根本上讲都是为了实现好、维护好、发展好最广大人民的根本利益。人民是天、人民是地。国之大者不过天地。中国共产党是一个具有人民属性、人民基因、人民本色的政党，在革命、建设和改革历程中，无论何时的国之大者，无论何类的国之大者，党都心存人民，让国之大者万流归宗为了人民。人民对美好生活的向往，就是我们的奋斗目标。让老百姓过上好日子是我们一切工作的出发点和落脚点。对于中国共产党而言，"人民"重于千钧，"人民"就是一切，让人民生活幸福就是"国之大者"。对"国

---

① 习近平：《在深圳经济特区建立40周年庆祝大会上的讲话》，人民出版社2020年版，第10页。

之大者"心中有数,始终同人民想在一起、干在一起,敢于担当、善于作为,我们就一定能够让老百姓的日子越过越美好、越过越幸福。

第五,从两个"自"把握中国式现代化道路通向人类文明新形态。两个"自"即自尊和自信。所谓自尊和自信,就是中国现代化在人类现代化文明史上的自尊和自信。曾几何时,我们在人类文明发展史上具有领先地位,1840年鸦片战争之后,中国逐步沦为半殖民地半封建社会,国家蒙辱、人民蒙难、文明蒙尘,中国人觉得在器物、制度、文化上不如人,中国从文明输出国沦为现代化文明输入国,这是中华民族在现代化文明领域的自尊和自信跌落谷底的过程,更是一个民族深处逆境但不甘沉沦、努力奋起的过程,是中华民族立足中国实际,面对中国问题,传承中国文化,发扬中国智慧,借鉴域外经验,提出中国方案,既不妄自尊大,也不妄自菲薄,为重建我们这个国家和民族在现代化文明领域的自尊和自信,作出自己独特贡献的过程。

第六,从形成"两个力"把握中国式现代化道路通向人类文明新形态。"两个力"即对内凝聚力与对外软实力。中国式现代化道路作为人口规模最大的现代化,是全体人民共同富裕的现代化、物质文明与精神文明相协调的现代化、人与自然和谐共生的现代化、走和平发展道路的现代化,是共建共享的现代化、是和谐共赢的现代化,具有凝聚人心、积聚力量、团结一致向前看的功能,不仅对内具有吸引力、感召力,而且对外具有影响力、辐射力,具有对外软实力效应。

第一章　国家治理体系和治理能力现代化：中国式现代化的新拓展

一　中国式现代化新拓展的四维把握

党的二十大报告明确提出了以中国式现代化全面推进中华民族伟大复兴的历史任务，把中国式现代化提到了国家战略的高度。中国式现代化起源于近代以来中国人民拯救民族危亡的努力，但是直到中国共产党的成立，才深刻改变了中华民族和现代化的走向。中国式现代化既有各国现代化的共同特征，更有基于中国国情的本质特征，即在人口规模巨大的基础上，实现全体人民的共同富裕，通过走和平发展道路来推进现代化。中国式现代化是人类现代化历史上最为宏大和独特的实践创新，不仅拓展了人类社会走向现代化的途径，而且在创造人类文明新形态的同时作出了具有世界历史意义的贡献。伴随着无所不至的资本对传统社会的终结，现代化就成为世界上绝大多数国家的历史性任务。然而，每一个民族和国家的现代化模式和途径都是由其特殊性所决定的，由其特定的具体的社会基础和历史背景所确定。如此一来，中国的现代化理所当然是由中国的独特国情和历史状况所决定的，并在其历史发展中成为具有中国特色的现代化。中国共产党在马克思主义的指导下，坚持从中国实际情况出发，即从中国人口规模巨大和社会生产力较落后的实际出发，带领中国人民走出了一条符合中国具体实践要求的现代化道路。进入新的历史发展阶段，中国在现代化的道路上不仅取得了前所未有的巨大成就，而且开辟出了走向现代化的全新路径。

（一）中国式现代化的历史必然性

自 1840 年鸦片战争以来，中华民族遭遇了危急存亡的严峻挑战，这一次所遇到的空前未有的挑战和以往的危机相比较，从根本上来看有着本质区别。因为这次挑战源于能够取代传统社会的绝对力量，即资本以及由其生产关系所衍生出来的资本主义社会。资本主义的现代化开启了人类历史的世界篇章，把区域性的民族和地区历史都吸收进了世界历史的整体发展过程当中。但是，如此这般的世界历史，自始至终都贯穿了资本主义现代化的权力关系，正如马克思和恩格斯在《共产党宣言》当中所揭示的那样："它使未开化和半开化的国家从属于文明的国家，使农民的民族从属于资产阶级的民族，使东方从属于西方。"[1] 也就是说，由资本所带来的全球化伴随着的是主权国家之间的支配和被支配的关系，是已经开始发展资本主义文明的国家对尚未发展资本主义文明的国家的支配，是现代工业文明对传统农业文明的支配和殖民。早在资本主义发轫之初，众多理论思想家就对资本主义的扩张作过分析和预测，其中较有代表性的是黑格尔在《法哲学原理》中指出，以市场经济为核心的市民社会，其内部不可持续的发展趋势必然会导致殖民主义。[2] 资本主义在当时作为一种先进的生产方式，借助于商品交换和劳动分工的市场机制，再加上对于科学技术的捆绑，能够对社会生产方式和生活方式进行全面的组织和安排，能够对整个社会的各种资源和生产力要素进行全面调配，从而使得社会财富在归根结底的意义上是由人来生产制造的。对于与之相反的传统农业文明，其最重要的生产资料是土地，作为生产者必须遵循自然规律才能获取维持生存的资源。从这样的意义上来说，当资本主义文明国家遇见传统农业文明国家时，能够迫使其接受所谓的现代化。

资本在全世界范围内的扩张，并不意味着资本只依靠自身的市场经济就能征服全世界，而是要依靠主权国家的机制才能展开，因而资

---

[1] 《马克思恩格斯选集》第 1 卷，人民出版社 2012 年版，第 405 页。
[2] 参见 [德] 黑格尔《法哲学原理》，范扬、张企泰译，商务印书馆 1961 年版，第 18 页。

本的扩张是以国家的面目出现的。资本主义不管在哪里展开,都需要国家的法律等现实机制的支撑才能进行资本的增殖活动。通常来说,资本在全球化的过程中会遇到两种情况:一是资本主义发达国家之间的竞争;二是资本主义发达国家对于后发国家的支配。但不管是哪一种情况,资本都需要以国家的面目出现才能得以落地。资本主义的扩张把每个民族和国家都卷入现代化的浪潮当中来,由资本所开启和推动的世界历史成为多数国家的命运。因而,彼时作为传统农业文明的中华民族被迫裹挟到现代化的世界历史进程中来,而这个过程对于中国来说是极其沉重的。西方资本主义国家用战争的方式打开中国的大门,不仅在政治经济社会上把中国变为半殖民地,更是从文明和民族的根源上否定中华民族的存在。在如此客观条件和现实状况的境地下,中国迫不得已走上了现代化的道路。

虽然由传统社会向现代社会的转型成为绝大多数民族国家的历史性任务,但更重要的是,因为每个民族国家的历史和现实的独特性,所以它们进行现代化的方式和道路也是各不相同的。放眼全世界,当今各个国家的现代化建设都有其独特的表现形式。对此,马克思曾在《给〈祖国纪事〉杂志编辑部的信》和《给维·伊·查苏利奇的复信》中明确强调,每个民族的现代化方式要根据其历史、现状和特点,来采取相对应的现代化模式。坚决反对像俄国民粹主义者那样,把《资本论》当中论述的西欧资本主义现代化的起源和历史,泛化成一般的社会发展道路。①

显而易见,真理是具体的,不是抽象的。抽象的普遍性通过具体的特殊性才能表现出来,对于现代化的模式和道路来说尤为如此。世界历史现代化的普遍性,只有在各个民族国家的特定进程中才能展现出来。正如黑格尔在其《法哲学原理》中所指出的:"如果要先验地给一个民族以一种国家制度,即使其内容多少是合乎理性的,这种想法恰恰忽视了一个因素,这个因素使国家制度成为不仅仅是一个思想

---

① 参见《马克思恩格斯选集》第 3 卷,人民出版社 2012 年版,第 727—731、839—840 页。

上的事物而已。所以每一个民族都有适合于它本身而属于它的国家制度。"① 黑格尔紧接着以拿破仑对西班牙强行改变国家制度为例，具体说明了现代化制度要适合国情。法国作为较早进行资产阶级政治革命的国家，通过法国大革命把自由民主的人权观念贯彻到了国家制度当中，因而较为成功地走上了现代化的道路，为后续的工业革命和社会革命铺垫了先进的政治基础。但是当拿破仑想要把在法国成功的民主自由的国家制度强加于西班牙时，结果却事与愿违，其原因并不是自由民主的国家制度不够先进，而是这种国家制度并不适合当时的西班牙国情。由此可见，只有真正适合一个民族国家的社会条件和历史环境的现代化道路才能取得成功。

不仅如此，近代以来的中国从未放弃过对于现代化的追求，戊戌变法、洋务运动和辛亥革命等运动和方案接连不断地上台，还引进了当时世界上较为先进的政治经济制度，但因为这些方案并不适合中国的实际国情，与中国独特的社会条件和历史环境不相融，所以最后都以失败而告终。② 而失败的最根本原因是，如果要在当时的中国开启现代化，就必须进行一场彻底的社会革命，改变中国的半殖民地半封建社会的境地，才能够奠定适合中国现代化道路的社会基础。历史和现实已经证明，只有将马克思主义与中国实际相结合，才能完成这一重大的历史性任务。因此，中国的现代化进程从一开始就和马克思主义产生了最本质的联系，所以中国社会革命的领导力量必须是马克思主义政党——中国共产党，革命的性质只能是新民主主义革命和社会主义革命。至此，中国共产党的成立，不仅标志着中国的社会革命发生了历史性的转折，而且标志着中国在现代化的道路上开启了新的方向和进程，深刻改变了世界历史上只有资本主义现代化的发展格局。

（二）中国式现代化的现实必要性

在中国现代化的进程当中，马克思主义实现中国化的过程，就是

---

① ［德］黑格尔：《法哲学原理》，范扬、张企泰译，商务印书馆1961年版，第331页。
② 参见习近平《在庆祝中国共产党成立100周年大会上的讲话》，人民出版社2021年版，第2—3页。

马克思主义在中国实现从理论到实践、从普遍到具体的发展过程。马克思主义与中国实际的结合并不是一帆风顺的，而是经历了反反复复的失败和挫折，才实现了马克思主义的中国化，才能够为中国的现代化提供现实基础和社会条件。在马克思主义被引入中国和传播的早期，由于马克思主义在西方工人运动中的巨大影响，特别是俄国十月革命所取得的成功，使得很大一部分中国的马克思主义者误以为马克思主义理论是普遍适用的真理，因而不假思索地就把马克思主义原理和俄国的革命经验直接运用于中国的革命实践，尤其是照搬以城市为中心发动武装起义的"城市中心论"，使中国革命付出了极其惨烈的代价，险些葬送中国革命的前途。在经历大革命的失败和井冈山革命斗争后，以毛泽东为代表的中国共产党人吸取教训，始终坚持马克思主义和中国革命实际相结合，创造性地提出了农村包围城市、武装夺取政权的道路，在总结正反两方面革命经验的基础上形成了新民主主义革命理论。

新民主主义革命理论归根结底是与中国革命实践相结合的马克思主义，是具体化和实践化之后的马克思主义。根据实际情况把理论具体化，不仅是马克思主义理论能够保持生命力的根本原因，同样也是中国革命能够不断取得胜利的重要法宝。对此，毛泽东明确强调："必须将马克思主义的普遍真理和中国革命的具体实践完全地恰当地统一起来，和民族的特点相结合，决不能主观地公式地应用它。"[①] 同理，中国的现代化道路也必须坚持理论与实践相结合，把马克思主义理论与中国的社会基础和历史条件相结合。在取得新民主主义革命的胜利后，中国所面临的现代化的首要任务是尽快实现工业化，最要紧的是完成从传统农业国向现代工业国的转型。虽然自近代以来，中国一直在实现工业化方面不断向国外学习，大规模地引进国外的工业化方案，但由于没有考虑到中国实际的社会条件，在帝国主义和封建主义双重压迫的社会环境下，只是照搬国外现成的理论和经验，结果都以失败告终。因此，中国的现代化道路必须从中国的实际出发，符合中国的社会条件，必须形成中国式的现代化。

---

① 《毛泽东选集》第2卷，人民出版社1991年版，第707页。

新中国的成立，为开启中国的现代化建设奠定了根本的政治前提和社会条件。从历史来看，新中国成立以来，中国共产党就领导全体中国人民，坚持以马克思主义为指导，借鉴苏联现代化建设的成功经验，从中国实际条件出发，展开了前所未有的大规模现代化建设。尽管从新中国到改革开放前，由于对国际和国内形势的误判，导致国家的工业化进程出现了暂时的停滞和挫折。但是在这段历史时期内，中国所取得的工业化成就是巨大的，不仅在物质方面建立起了较完整的现代工业体系和国民经济体系，为全面开启社会主义现代化建设打下了坚实的物质基础，而且还全面巩固和发展了中国的社会主义制度，探索建立了适合中国国情的社会主义现代化道路。需要注意的是，在现代化建设中，无论是成功的经验还是失败的教训，都是未来实现现代化的宝贵思想资源。尤其是在探索中所取得的适合中国国情的独创性的理论成果，必须要加以总结并运用到未来的现代化建设当中。总而言之，所有的一切都在表明，中国必须从当前的实际出发，探索出适合中国国情的现代化道路，规划符合中国特色社会主义制度的现代化任务，并一以贯之坚决完成现代化的要求，才能走出一条区别于西方资本主义现代化的中国式现代化道路，中华民族才能完成民族复兴的大任，屹立于世界民族之林而不倒。

党的十一届三中全会的召开，吹响了改革开放的时代号角，开辟了中国特色社会主义和中国式现代化道路，由此开启了马克思主义普遍原理与中国具体实践的新的结合。邓小平在党的十二大上明确强调："把马克思主义的普遍真理同我国的具体实际结合起来，走自己的道路，建设有中国特色的社会主义"[①]。如果要理解两者结合对于中国式现代化的核心价值，认识开辟中国特色社会主义与中国式现代化的重要内涵和意义，就必然要充分把握道路开创初期，即改革开放初期的时代背景。中国式现代化在世界上作为一种独特的现代化道路，其面对的时代背景不仅有国内的社会形势，而且还有世界局势的风云变幻。在世界局势方面，20世纪80年代初期还处于冷战状态下，美国和苏联两大阵营的对抗进入了新阶段，资本主义和社会主义

---

① 《邓小平文选》第3卷，人民出版社1993年版，第3页。

的力量对比日趋平衡，使得大家都默认世界有了不同于资本主义的另外一种现代化道路。但是进入 80 年代末期，时局突变，由于苏联解体和东欧剧变，加上西方资本主义国家和平演变下导致的多个国家颜色革命的爆发，多数社会主义国家改弦易张，纷纷倒戈转向了资本主义道路。世界共产主义运动和社会主义事业遭遇了严重挫折，导致部分人对社会主义失去了信心，认为社会主义走到了历史尽头的流言甚嚣尘上。知识界更有甚者为了迎合这种氛围，纷纷推出了众多认为马克思主义破产的理论。其中流传甚广的是福山的代表作《历史的终结及最后之人》。这本书的核心观点是，伴随着以苏联为首的社会主义阵营的解体，社会主义与资本主义两极对立的时代已经结束，资本主义制度是人类意识形态和政治体制的终点，世界历史终结于资本主义的政治经济文化之中，未来世界除了资本主义版本的自由民主之外再无其他的可能。

尽管福山这种轻佻的观点遭到了多方面学者专家的批判，如德里达在《马克思的幽灵》中对福山的"历史终结论"进行了直接的驳斥。该书源于德里达在 1993 年加利福尼亚举办的关于马克思主义的国际会议上作的专题发言，题目为"马克思的幽灵们——债务国家、哀悼活动和新国际"，其中的"马克思的幽灵们"这一复数表达就很明确地揭示了马克思主义的继承者有多种多样的形式，而每一种社会主义都是特定的具体的社会主义，以苏联为代表的社会主义的解体只是其中的一种而已，并不能代表马克思主义本身和其他社会主义形式的终结和瓦解。然而这种批判依然是来自哲学的结构主义，甚至与马克思主义的唯物辩证法没有直接的联系，所以对福山的"历史终结论"并不是有力的批判。对其最有力的批判来自实践领域的中国特色社会主义，即在中国共产党领导下的中国式现代化道路，这是对其真正的历史性反驳。

在世界正经历百年未有之大变局的时代背景下，中国成为当今世界形势和国际格局变化的主要推动者，不确定的世界格局中更加凸显了中国强势发展的确定性。改革开放以来，经过四十多年的艰苦奋斗，在中国特色社会主义理论和实践的推动下，中国式现代化建设取得了全方位的举世瞩目的历史性成就。中国式现代化以不可反驳的现实,有力地证明了马克思主义和社会主义的科学性和强大生命力,不仅直接终结了"历史终结论",而且使得两种社会制度以及两种意识形态之间较量的天平日益倾向于社会主义,中国式现代化成为振兴当今社会主义的主要力量。

(三) 中国式现代化的人民至上性

唯物史观是马克思主义的核心内容之一,不仅正确揭示了人类社会发展的规律,而且深刻阐明了现代化的物质基础、价值目标和前行方向。显而易见,物质生产是人类社会发展的前提条件,同样也是现代化建设的物质保障和成败的关键。新中国刚成立时,中国共产党从旧中国接手的是一个传统农业国,不仅物资匮乏,经济衰败,而且连最基本的工业生产能力都不具备。因而,为了实现人口规模巨大的传统农业大国的现代化,中国共产党首先要解决的问题是解放和发展生产力。

社会生产力的发展是现代化建设的首要条件。党的二十大报告中明确总结了党的十八大召开后十年以来具有重大现实意义和深远历史意义的三件大事,其中之一就是完成脱贫攻坚、全面建成小康社会的历史任务,实现第一个百年奋斗目标。[1] 如此巨大规模的减贫奇迹,在人类历史上只有当今中国实现,脱贫攻坚战的胜利谱写了人类反贫困的历史新篇章。

习近平总书记在党的二十大报告中明确强调:"中国式现代化是全体人民共同富裕的现代化。"[2] 也就是说,实现全体人民的共同富裕是中国式现代化的本质要求,共同富裕是区别于资本主义现代化道路的根本特征。马克思主义认为,资本主义社会的根本矛盾是由于生产资料私人占有与社会化生产之间的矛盾,因为生产资料的私人占有,再加上资本积累的机制,必然会导致资本和劳动之间的对立,社会财富和收入之间的极度不平衡,所以财富的分配不公和两极分化是资本主义社会从本质上就不能解决的问题。马克思和恩格斯通过对资

---

[1] 习近平:《高举中国特色社会主义伟大旗帜 为全面建设社会主义现代化国家而团结奋斗——在中国共产党第二十次全国代表大会上的报告》,人民出版社2022年版,第4页。
[2] 习近平:《高举中国特色社会主义伟大旗帜 为全面建设社会主义现代化国家而团结奋斗——在中国共产党第二十次全国代表大会上的报告》,人民出版社2022年版,第22页。

本主义社会的批判，剖析了导致其陷入两极分化的根本原因，找到了通往下一个新社会形态的路径，并揭示了共产主义社会的本质特征是消灭两极分化和对立。"生产将以所有的人富裕为目的"[①]，而实现"生产以所有人的富裕为目的"的途径，必然是生产资料的公有化，让生产真正能够满足社会需要。

中国特色社会主义作为社会主义的初级阶段，必然要在社会主义现代化的路上实现共同富裕。而中国式现代化之所以能够实现共同富裕，主要是因为在中国具备实现共同富裕的政治前提和社会制度。首先是中国特色社会主义为实现共同富裕提供了政治前提，新中国的成立意味着在中国少数人剥削多数人的历史彻底结束，广大劳动人民群众实现了当家作主的权利，通过全过程民主保证了人民的民主和平等。其次是中国特色社会主义为实现共同富裕奠定了社会制度基础，中国特色社会主义实行以公有制为主体，多种所有制经济共同发展，生产资料公有制意味着社会生产力的发展是为了满足社会需要，国家通过宏观调控有效调节社会财富收入差距，防止社会贫富差距拉大和两极分化严重。全体劳动人民占有社会生产资料，这就意味着从源头上解决了资本主义社会当中，生产社会化和生产资料私人占有之间的基本矛盾。不仅充分发挥了社会主义的制度优越性，把生产力从旧的生产关系中解放出来，解放和发展了社会生产力，为实现共同富裕奠定了坚实的物质基础，而且有效解决了资本主义社会中周期性出现的经济危机，以及由此带来的劳动者的大规模失业及其进而导致的社会秩序的动荡不安，为经济发展提供了稳定良好的社会环境。

（四）中国式现代化的不可逆转性

资本主义在其现代化过程中，开辟了真正意义上的世界历史，把散落在世界的各个相对封闭的民族国家和地区连接起来，把世界上的一切民族国家和地区都卷入到现代化的进程当中来。正如马克思和恩格斯在《德意志意识形态》中所指出的："它首次开创了世界历史，

[①] 《马克思恩格斯选集》第2卷，人民出版社2012年版，第787页。

因为它使每个文明国家以及这些国家中的每一个人的需要的满足都依赖于整个世界,因为它消灭了各国以往自然形成的闭关自守的状态。"① 由此开始,世界上的任何民族国家和地区都需要在世界历史基础上实现现代化,不可能孤立封闭地存在于全球化和现代化的世界历史潮流中,这就为共产主义在全世界范围内的实现提供了现实前提。但值得注意的是,资本主义的现代化伴随着资本的原始积累,而这是通过对外扩张的殖民和侵略战争来实现的,同时由于资本的根本矛盾所导致的生产相对过剩,资本不得不在全世界范围内寻找市场。如果资本在此过程中遇到的同样是资本主义国家时,经常会爆发帝国主义战争;如果遇到的是前现代国家,那么必然会用侵略战争打开其国门。显而易见,从历史事实和资本的本性来看,资本主义在其现代化的过程中,必然伴随着各种各样的战争,哪怕是和平与发展成为世界主流趋势的今天,个别国家依然热衷于通过发动战争谋取利益,导致局部地区的战争状态一直存在。

中国式现代化与资本主义现代化恰恰相反,中国式现代化从始至终贯穿了走和平发展道路的理念和实践。中国式现代化作为马克思主义指导下的社会主义现代化,必然遵循马克思主义所强调的反对资产阶级的殖民主义和民族压迫。"胜利了的无产阶级不能强迫他国人民接受任何替他们造福的办法,否则就会断送自己的胜利。当然,这决不排除各种各样的自卫战争。"② 回顾新中国成立至今的历史,七十多年来,中国始终坚定不移地走独立自主的和平发展道路,在国际交往中始终坚持和平共处五项原则,坚决捍卫自身核心利益的同时尊重他国利益。尤其是党的十八大以来,习近平总书记深刻洞察世界百年未有之大变局,顺势而为创造性地提出了人类命运共同体的理念,科学回答了"世界向何处去、人类怎么办"的时代问题,在彰显中国式现代化走和平发展道路的决心的同时,又为当今处在十字路口的世界发展指明了新的方向。

中国式现代化走和平发展道路既是由中华民族所处的历史环境决

---

① 《马克思恩格斯选集》第 1 卷,人民出版社 2012 年版,第 194 页。
② 《马克思恩格斯文集》第 10 卷,人民出版社 2009 年版,第 481 页。

定的，又是由实现社会主义现代化和民族复兴目标的实践所决定的。中华民族是一个爱好和平的历史悠久的民族，历来追求的是"天下太平"的价值理念。虽然在近代中华民族遭受了帝国主义的侵略，但是中国在崛起之后并没有奉行"强国必霸"的行事逻辑，而是更加珍惜来之不易的和平环境，一直奉行和平共处五项原则，始终坚持以和平的态度对待国际交往关系。对此，习近平总书记明确指出："中国人民从来没有欺负、压迫、奴役过其他国家人民，过去没有，现在没有，将来也不会有。"[①] 所以，中国式现代化走和平发展道路是对中华文明的自觉，同样也是对近代以来遭受侵略战争历史的深刻认识。另外，走和平发展道路是实现社会主义现代化和民族复兴的必然要求。实现现代化和中华民族的伟大复兴，是近代以来中国人民的追求和夙愿，并为此付出了巨大的牺牲和努力。但实现这一历史任务必然需要和平的社会环境。和平与发展是相辅而成的，和平为发展提供稳定的社会环境，发展为保持和平提供物质保障。因此，需要在和平的环境中加快发展，以高质量发展推动中国式现代化建设，为维持持久和平和捍卫国家利益提供强有力的物质基础。同时，要在发展中积极谋求和平，主动参与全球治理，推动全球秩序向着更加公平和稳定的方向变革，为实现社会主义现代化争取更加稳定有利的国际环境。

总之，中国式现代化立足于国情基础对马克思主义进行坚持和创新，站在新的历史方位上展现出了"世界历史意义"。[②] 中国式现代化在实现中华民族的伟大复兴的同时，将使中国成为一个全新的社会主义现代化强国，开创人类文明新形态。中国式现代化之所以能够开创人类文明新形态，是因为中国式现代化不仅仅具有各国现代化的共同特征，更是因为在中国国情特色的基础上，扬弃而且超越了资本主义逻辑，在本质上实现了与其他文明形态所不同的规定性。具体而言，中国式现代化的战略目标是全面建成社会主义现代化强国，实现

[①] 习近平：《在庆祝中国共产党成立100周年大会上的讲话》，人民出版社2021年版，第17页。

[②] 吴晓明：《世界历史与中国式现代化》，《学习与探索》2022年第9期。

中华民族伟大复兴。首先从整体上来看，中国式现代化的目标范畴是全面的，这就意味着要在政治、经济、文化、生态和社会各个领域充分而全面地实现现代化。其次从方向上看，中国式现代化是社会主义的现代化，这就是说它并不从属于现代资本主义文明的现代化，而是在扬弃了当前人类文明现代化的基础上，在马克思主义所指明的方向上创造开辟了全新的人类文明形态。中国式现代化是人类现代化历史上最为宏大和独特的实践创新，不仅拓展了人类社会走向现代化的途径，而且在创造人类文明新形态的同时作出了具有世界历史意义的贡献。

二　国家治理现代化中的"人民性"阐释

党的十八届三中全会提出以全面深化改革推动国家治理体系和治理能力现代化，开启了国家治理现代化的新进程。习近平总书记强调："一个国家选择什么样的治理体系，是由这个国家的历史传承、文化传统、经济社会发展水平决定的，是由这个国家的人民决定的。"[①] 国家治理现代化是探讨国家、社会和市场的互动方式的最佳化，以达到"善治"的理想状态。马克思在《黑格尔法哲学批判》中强调了市民社会的重要作用，它是"全部历史的真正发源地和舞台"[②]。治理要从市民社会出发，最终回到市民社会，服务于最广大人民群众的根本利益，就是说，在以改革的手段探寻实现"善治"的最佳路径的进程中，善治是治理的最理想化状态，其"本质特征就在于它是政府与公民对公共生活的合作管理，是政治国家与市民社会的一种新颖关系，是两者的最佳状态"[③]。善治更加突出公民对于公共事务治理的参与，相比管理更强调以人为本。在国家治理的历史长河中，中国共产党始终把人民拥护不拥护、人民赞成不赞成、人民高兴不高兴、人民答应不答应作为制定各项方针政策的出发点和归宿，

[①]《习近平谈治国理政》第1卷，外文出版社2018年版，第105页。
[②]《马克思恩格斯文集》第1卷，人民出版社2009年版，第540页。
[③] 俞可平：《治理和善治：一种新的政治分析框架》，《南京社会科学》2001年第9期。

作为判断各项工作成败得失的最高标准,强调治理工作要得到人民的检验、满足人民的需求才能真正确保治理为了人民。推进国家治理现代化离不开"人民性"这一鲜明特征,在此基础上阐释好、贯彻好"人民性"具有十分重要的理论和现实意义。

(一) 人民是国家治理现代化的原动力

1. 人民立场是国家治理现代化进程的鲜明底色

人民群众是一个历史范畴,其具体内涵在不同历史时期具有不同的内容,在治理领域则主要表现为对人民政治身份的认同。毛泽东在《关于正确处理人民内部矛盾的问题》中首次对人民范畴作出重要解读,指出在社会主义革命和建设时期,一切赞成、拥护和参加社会主义建设的阶级、阶层和社会集团都属于人民的范围。[1] 改革开放和社会主义现代化建设新时期,邓小平强调全体社会主义劳动者、拥护社会主义的爱国者和拥护祖国统一的爱国者在内的最广泛的联盟都属于人民的范畴。[2] 之后江泽民进一步明确了人民范畴,"这些新的社会阶层中的广大人员,通过诚实劳动和工作,通过合法经营,为发展社会主义社会的生产力和其他事业作出了贡献。他们与工人、农民、知识分子、干部和解放军指战员团结在一起,他们也是中国特色社会主义事业的建设者"[3]。中国特色社会主义进入新时代,人民概念的内涵和外延不断变化。习近平总书记依据新时代的历史方位转变和历史任务划分了人民范畴,即新时代中国特色社会主义建设的主体"包括全体社会主义劳动者、社会主义事业的建设者、拥护社会主义的爱国者、拥护祖国统一和致力于中华民族伟大复兴的爱国者的最广泛的各阶层联盟"[4]。在不同的历史阶段,人民的政治范畴发生了改变,但是其根本性质没有改变,人民是社会主义事业的推动者和参与者的身

---

[1] 参见毛泽东《关于正确处理人民内部矛盾的问题》,人民出版社1964年版,第1—2页。
[2] 参见《邓小平文选》第2卷,人民出版社1994年版,第203页。
[3] 江泽民:《在庆祝中国共产党成立八十周年大会上的讲话》,人民出版社2001年版,第31页。
[4] 《中国共产党统一战线工作条例(试行)》,《人民日报》2015年9月23日第5版。

份没有改变。

2. 人民群众是国家治理现代化的主体

毛泽东在新民主主义革命与社会主义建设中重视农民群体的力量，强调其力量势如破竹、坚不可摧。历史反复证明，人民群众是社会历史发展的主体力量，中国共产党正是依靠人民，才能取得使中国实现从站起来、富起来到强起来的伟大功绩。在新时代人民主体进一步升华，时代赋予了其治理主体内涵。坚持马克思主义的人民观，以人民为中心集中表现为治理为了人民、依靠人民。从宏观层面把握人民是治理主体，一是要理解治理为了人民的价值导向，要把这种导向渗透到治理的各个环节和要素中，我们需要以人民为导向的治理，不管是国家治理，还是社会治理，归根结底都是为了人民的治理。二是要把握治理依靠人民，人民群众是治理的中心和重心，国家治理要依靠人民对一般公共事务或具体事务进行治理与服务，以人民为中心向上向下构成治理的联结脉络。正确发挥人民的主体作用需要形成以人民为中心的治理关系群，完善治理脉络。治理的最佳状态是实现各治理主体合力的善治，达到这一目标的关键在于拒绝治理单轨化，实现国家治理、社会治理与人民治理的互动。具体来说，一方面要在坚持中国特色社会主义的大方向下推动治理政策走向一线，走到治理最前线，贯彻上传下达的基本指令；另一方面要保证公民主动有序地参与政治，汇集民情、集中民智，鼓励人民参与社会公共事务的治理。

3. 人民实践是国家治理现代化的动力之源

"从来治国者，宁不忘渔樵。"国家治理体系中的人民力量的最具体的形式存在于基层治理之中，单个的个体扮演国家治理的最小单位，是基层治理不可或缺的主体，是基层治理网络的建设者、完善者。首先，人民群众通过自我管理，参与村民自治和城市社区居民自治，在社会的每个角落践行人民治理的理念，进一步巩固合作治理的模式。治理协同要求明确基层政府、基层群众自治组织和人民三者在基层治理中各自所扮演的角色，基层党组织发挥领导功能，利用制度法规或道德教化等方式引导和保障人民实现自我管理和政治参与。其次，人民群众是基层群众自治的必然主体，要在基层治理中发挥主体自觉性。基层治理的效果取决于人民群众的治理参与度和治理能力，

"一个国家的社会治理状况,既取决于政府对社会的管理能力,更取决于公民的自我管理水平"①。当前要着重以教育和宣传提升公民自我管理水平,特别是乡村区域,由于受到城市化浪潮的冲击,大量农村资源流入城市,村民自治缺乏人才支撑,就会遭遇一系列现实难题而陷入治理困境,乡村教育亟待振兴。千里之堤,溃于蚁穴。基层治理是社会治理最坚实的支撑力量,也是各种利益关系的交汇点、社会矛盾的集聚点,是党和国家治理政策实践的"最后一公里"。

(二) 人民口碑是检验国家治理现代化效果的根本标准

"群众意见是一把最好的尺子。"② 国家治理政策是否落到实处,治理效能是否提高,治理体制是否适应经济基础,归根结底要在实践中接受人民的检验,以人民口碑为治理检验的最高标准。习近平总书记在纪念毛泽东同志诞辰120周年座谈会上的讲话中指出,"我们党的执政水平和执政成效都不是由自己说了算,必须而且只能由人民来评判。人民是我们党的工作的最高裁决者和最终评判者"③。人民检验是一种发展性的价值评判,从检验层次来看,具有根本性和终结性的特点;从检验对象来看,具有综合性和复杂性的特点;从检验成果来看,具有客观性和公正性的特点。人民检验采用直接的运作方式,在广泛的空间范围和现实的基层治理中进行直击要点式的检验,从中获得成或败的二重性效果,以此判断治理是否满足人民物质需求,是否提升人民生活幸福感和满足感。

1. 人民主体性是检验国家治理现代化的最高标准

"自由人联合体"是一种理想的社会形态,是人类社会历史发展的最高阶段,是人摆脱了物的束缚关系自由全面发展的阶段,是基于个体自由构成的社会共同体。马克思和恩格斯从历史唯物主义的视角出发考察现实的人及其实践活动,提出的"自由人联合体"概念基

---

① 黎永红:《新时代习近平"以人民为中心"的国家治理现代化思想研究》,《湖南科技学院学报》2018年第4期。
② 习近平:《在党的群众路线教育实践活动总结大会上的讲话》,人民出版社2014年版,第10—11页。
③ 《习近平谈治国理政》第1卷,外文出版社2018年版,第28页。

于两个方面的现实基础。一是消灭私有制，促进生产力发展。生产力发展是社会发展最基础的物质条件，"它不是指单独的、个人的、独自性的生产，它是一种共同的、范围较广的活动性生产"①，它与人们的交往活动密不可分，物质生活生产方式对于个体或集体现实活动具有根本性的制约作用。生产力的发展推动社会由封建社会迈向资本主义社会，资产阶级一方面取得了物质财富上的极大满足，另一方面在一定程度上促进了人的解放发展。但生产方式的变革没有改变纯粹剥削的社会关系，没有改变资本主义社会的根本性质，它仍处于对物的依赖性阶段，无法实现个体自由发展。实现自由人联合体、资本与劳动的统一状态，根本在于消灭牺牲大多数劳动者自由时间和个人权益为剥削阶级提供利益增值的生产资料资本主义私有制，使异化劳动转为自由劳动。二是消灭阶级与旧式分工。旧式分工带来资本与劳动的分离，随之产生剥削与被剥削阶级，被剥削阶级的个体丧失劳动自主性为剥削阶级创造剩余价值，创造剩余价值的过程也是加深他们受剥削程度的过程。在马克思设想的自由王国，国家与阶级这种特定社会历史时期的产物是不存在的，"把全部国家机器放到它应该去的地方，即放到古物陈列馆去，同纺车和青铜斧陈列在一起"②，它是社会分工发展的必然结果，也必将随着旧式分工的消失而消亡。在由自由人联合体组织构成的社会，人的主体性才是唯一旨归，个体或集体都能实现自由全面发展。

2. 人民需求是检验国家治理现代化的现实标准

社会主要矛盾是关系全局的历史性变化，其中蕴含了国家对人民实际需求与现实国情的关注。党成立伊始就将人民放在重要位置，关注各个历史阶段人民的新需要，进而对社会主要矛盾作出新的判断。回顾社会主要矛盾的转变，主要反映两个关注及一个逻辑中心：关注人民是否享受到了改革开放的物质成果与人民是否得到了幸福感及满足感，在这一维度上，国家治理与社会主要矛盾有相同的人文关怀；

---

① 张飞：《马克思自由人联合体的实现条件及当代启示》，《辽宁工业大学学报》2021年第6期。
② 《马克思恩格斯选集》第4卷，人民出版社2012年版，第190页。

以更好满足人民日益增长的美好生活需要为主要逻辑。抗日战争时期，"帝国主义与中华民族、封建主义与人民大众的矛盾"① 体现为民族独立与人民解放的需求，推动建立不被西方列强奴役的新中国。进入社会主义革命和建设时期，我国社会的主要矛盾是人民对于经济文化迅速发展的需要同当前经济文化不能满足人民需要的状况之间的矛盾，从此开启了全面建设社会主义的艰辛探索。进入改革开放和社会主义现代化建设新时期，我国社会主要矛盾是人民日益增长的物质文化需要同落后的社会生产之间的矛盾，本质上是社会生产与人民需求的供求矛盾。中国特色社会主义进入新时代，在继续推进发展的基础上，强调提高发展质量与发展效益，更好满足人民日益增长的美好生活需要，更好协调社会生产与人民需要的矛盾。"新时代中国特色社会主义建设就是要更好满足人民在经济、政治、文化、社会、生态等方面日益增长的需要，更好推动人的全面发展。"② 改革开放40多年使得社会整体面貌发生重大改变，人民生活水平提高，随之产生的需求层次逐渐提升。社会主要矛盾的变化向我们传递了两个信息，一是国家对人民需求的关注，从规模需求到结构需求，从物质需求到发展需求，人民不单单是对物质生活提出要求，也在法治、民生与生态各个领域都提出了总体发展要求；二是人民群众在通过民主参与、民主监督、民主决策等渠道参与国家治理的过程中，更加真切地表达了人民意志与人民需求。新中国成立70多年来，社会主要矛盾的转变呈现出历史性与综合性的特点，历史性源于每个时期的社会主要矛盾都是对当下或未来一段时间人民最迫切需求的真实反映，从物质到精神，始终遵循历史发展的脉络；综合性源于国民经济的提高与人民生活水平的提高，随着全面脱贫目标如期完成，人民最基本的生存需求已经得到满足，生活需求随之表现为对美好生活的追求。

3. 人民中心是检验国家治理现代化的核心标准

以人民为中心的国家治理实践围绕着两个向度展开：一是国家治理的法治化；二是国家治理的多元化。法治与人治是截然不同的两种

---

① 本书编写组：《中国共产党简史》，人民出版社、中共党史出版社2021年版，第2页。
② 《十九大以来重要文献选编》（上），中央文献出版社2019年版，第8页。

治理模式，法治更加突出秩序、公正、效率与和谐，是国家治理现代化的基本方式。治理法治化要求推进国家治理向法治思维与法治实践转变，并将法治融入治理制度设计、组织构架、主体实践与行为监督的全过程，明确"国家治理现代化的过程也就是国家治理法治化的过程，国家治理现代化必然要表现为国家治理法治化，并通过法治化引领来保障现代化"①。具体来说，立法机关通过科学立法提供治理的规范性与层次性，司法机关监督治理过程的程序正当性并对治理行为偏颇予以纠正。国家治理多元化涵盖治理主体多元化、治理中心多元化，前者突出治理主体的多元协同，合力形成强大的主体治理力量；后者强调多元主体在区域内的合作治理。"多元"针对的是国家治理的参与主体。现代国家治理体系是一个开放的有层次的体系，它摒弃了传统治理中对单一治理主体的强调，转而对公共治理主体进行理念与机制重构，在治理的各个层级对各个主体的治理范围及参与方式进行了划分，重新构造"主体间"的治理关系网，在保证治理目标正确的前提下，引导各主体力量有序进入治理体系，达到多元共治的和谐状态，形成协同共治的治理格局。

（三）国家治理现代化中贯彻"人民性"的根本要求

国家治理现代化以人民为现实取向、以人的发展为价值取向，内含国家治理、社会治理、政党治理等多重治理系统。历史与现实的经验告诉我们，以人民治理串联起国家治理与社会治理是治理的最本质要求，在治理中始终坚持人民立场、人民利益、人民路线和人民民主才能下好治理这盘大棋。

1. 坚持党的领导，确保人民主体地位不动摇

中国共产党是我国革命、建设与改革事业的领导者，是人民治理的火车头，是引领人民治理在坚持中国特色社会主义方向的同时衔接国家治理与社会治理的端口。坚持党的领导是国家治理现代化的根本保证，将党的领导融入国家治理的全过程和全领域，才能确保治理落到实处发挥实效。党的十九大提出要全面推进党的政治建设、思想建

---

① 张文显：《法治与国家治理现代化》，《中国法学》2014年第4期。

设、组织建设、作风建设和纪律建设，推进全面从严治党纵深发展，在治理领域为更好发挥党的引领作用，要着眼于两个方面的工作。首先，要增强党员干部为人民服务的责任感与使命感，不忘初心、牢记使命。中国共产党人的初心和使命，就是为中国人民谋幸福，为中华民族谋复兴。坚守初心和使命，一方面要以科学理论武装头脑，打造学习型的马克思主义政党；另一方面，要坚持人民历史本位论，建设服务型的马克思主义政党。人民意志是执政党的政权基础，政党只有坚持"服务人民、服务社会"的理念并主动承担服务职责才能夯实党的执政基石，坚持为人民服务的宗旨，积极主动贯彻服务理念并外化为实际行动。其次，保障民主体现在从选举到决策、管理、监督的全过程，保证人民意志贯穿治理始终。中国国家治理现代化中的"人民性"表现为国家一切权力属于人民。一方面，党员干部要走进群众，深入群众倾听民意，没有调查就没有发言权，只有认真听取人民群众的意见建议，将之凝练提升为理性认识，才能确保政策制定与实施方向的正确性，充分践行"代理人"职能，深入群众倾听民意，反映民情。另一方面，要尊重群众首创精神，拓宽网络时代民主政治参与的渠道。充分肯定群众在现实实践中发现新事物、提出新观点的创新精神，尤其在网络时代，互联网缩短了政府与群众间的时空距离，群众的观点建议得以及时传递，推动人民群众成为观点信息的主动参与者及分享者是网络时代贯彻群众路线的必然要求。

2. 全面深化改革，保障人民共享发展成果

党中央明确全面深化改革的总目标是坚持和完善中国特色社会主义制度，推动国家治理体系和治理能力现代化，也必须在国家治理现代化目标的指引下推进全面深化改革。2017年6月26日，习近平总书记在主持召开中央全面深化改革领导小组第三十六次会议时强调，"注重系统性、整体性、协同性是全面深化改革的内在要求，也是推进改革的重要方法"[①]。在此基础上推进治理改革有两种方向：一种是自上而下的，先在政府治理机构内部进行组织结构的优化，明确各部门权责关系，从中央到地方层级纵向优化，打造一个整体性的系统

[①] 《习近平谈治国理政》第2卷，外文出版社2017年版，第109页。

完备、民主高效的国家治理体系；另一种是自下而上的，基层治理是最能表达人民迫切需要的领域，它以利益关系的复杂性和治理矛盾的多变性要求群众在自我管理的过程中根据实际进行规章制度的调适，这种调适可以被收集起来向其他区域推广试行。国家治理本身就是一种创新，它不简单遵从传统也不盲目照搬西方，它是理论创新与实践创新的统一体，涵盖社会治理创新、社群组织创新、基层自治创新等，着力解决社会发展过程中出现的问题。党的十九大报告正式提出"打造共建共治共享的社会治理格局"①，党的十九届五中全会提出"市域社会治理现代化"②概念，标志着我国治理理念走向现代化，将党的领导作用、政府的行政职能与社会的自治力量有机结合起来，在理论层面破除以政府为中心的单向治理理论，真正塑造多元协同的治理意识。"社会治理共同体"指引着多元主体遵照共同的规章制度协同行动，以基层治理创新为例，要推动自治、法治与德治三者的有机统一，以自治为根本、以法治为保障、以德治为依托推动城乡基层治理协同行动，打破城乡二元化结构，乡村与城镇共享优质治理经验，共建基层服务设施，共治城乡发展总格局，实现区域、领域、地域治理沟通一体化。

3. 推进制度创新，激发人民参与积极性

"建筑师在修建一座大厦之前，要勘测和探查一下此地的土质，看它是否能承载大厦的重量。"③治理制度要根据社会不断涌出的经济、政治、生态等新变化反复进行调适，以制度创新为制度完善提供不竭源泉，在"坚持和完善中国特色社会主义制度"④的大方向下，对治理制度布局进行现代化构建是社会发展的必然要求。经国序民，正其制度。治理制度布局包括宏观与微观两个层次：宏观层面，坚定以人民发展为价值导向进行顶层设计，以中央权威支持治理布局搭建，事半功倍；微观层面，要细化经济、政治、文化、社会、生态文

---

① 《习近平谈治国理政》第3卷，外文出版社2020年版，第38页。
② 本书编写组：《〈中共中央关于坚持和完善中国特色社会主义制度 推进国家治理体系和治理能力现代化若干重大问题的决定〉辅导读本》，人民出版社2019年版，第31页。
③ [法]卢梭：《社会契约论》，何兆武译，商务印书馆2009年版，第55页。
④ 《习近平谈治国理政》第3卷，外文出版社2020年版，第118页。

明等领域的治理细则，扩大治理制度的现实供给。当前我国治理制度碎片化问题成为制约城乡发展、区域发展、总体发展的关键因素，制度碎片化问题源自对制度制定与实施缺乏整体性意识，一方面政府组织或自治机构对于制度政策的颁布思考不周全，未从治理全局思考政策的适用性，导致政策打架；另一方面公职人员换届会产生政策沟通与继续实施的滞后性，制度实施缺乏连续性导致"新政旧政打架"。制度碎片化问题，不仅会过度浪费治理资源，破坏治理总体布局，还会降低党组织在群众心中的公信力，削弱政策的执行力。解决这一问题要求治理主体从整体性的视角出发，仔细考察每一项治理政策的制定、颁布与实施，对碎片化的制度进行有效整合，强化新旧制度之间的衔接。对国家治理布局进行细化塑造，要遵循习近平总书记提出的"守住底线、突出重点、完善制度、引导预期的工作思路"[1]，统筹推进"五位一体"总体布局、协调推进"四个全面"战略布局，尤其重视解决与人民切身利益最为贴近的社会民生领域的治理问题。细化治理制度就注定要使制度走向人民、走进现实，将不同群体的利益诉求合力于制度规范之中，打造有限的高效政府与有为的人民自治。古人讲"民贵君轻"[2]，"民者，万世之本也"[3]。人民是社会发展的主体，是国家的根基，是国家兴旺所在，民族命运所系，是融入民族血脉的精神脊柱，"百姓，所以养国家也"[4] 是国家与社会构造的基础，人的自由全面发展是人类社会发展的理想状态，也是治理模式不断调适的根本尺度。新时代，基于人民性逻辑的治理模式正在完善。贯彻人民性的治理基本逻辑，在治理实践中以现代治理理念重新构建公共权力、人民权力，与国家机关、社会组织一同搭建治理网络，打造民主、法治、高效的治理体系，是治理现代化的必然要求。

---

[1] 《习近平谈治国理政》第 2 卷，外文出版社 2017 年版，第 374 页。
[2] 参见张立立《中国学术通史（先秦卷）》，人民出版社 2004 年版，第 177 页。
[3] 参见张政《红船初心——"红船精神"的理论与实践》，人民出版社 2019 年版，第 132 页。
[4] 参见刘汉俊编著《重民本》，人民出版社 2016 年版，第 220 页。

三 制度优势转化为国家治理效能机制创新

社会制度是人类社会交往的产物,是社会关系的规范化与秩序化。"制度稳则国家稳",习近平总书记强调,"中国发展进步的根本制度保障是具有鲜明中国特色、明显制度优势、强大自我完善能力的先进制度"[1],具有党的领导最大优势与十三个方面的显著优势。党的十九届四中全会深刻诠释了中国之制的优势何在,"中国特色社会主义制度和国家治理体系是以马克思主义为指导、植根中国大地、具有深厚中华文化根基、深得人民拥护的制度和治理体系,是具有强大生命力和巨大优越性的制度和治理体系"[2]。习近平总书记在党的十九届四中全会第二次全体会议上的讲话中指出:"制度优势是一个国家的最大优势,制度竞争是国家间最根本的竞争",准确把握中国之制的先进优势,就是把握三个维度的统一:主体维度上人民当家作主的人民本位与坚持党领导一切的统一;生成维度上马克思主义基本原理与中国具体国情的统一;历史维度上中华优秀传统文化与社会革命、改革及建设现实实践的统一。中国特色社会主义制度与国家发展相伴而生,随着中国特色社会主义的发展,形成与健全了一整套党的领导和政治、经济、社会、文化、生态等制度体系,谱写了世界视野与历史视野的宏大篇章,创造了让世界瞩目的伟大功绩。

制度与治理是国家现代化语境中不可或缺的一对依存范畴,中国之制支撑着中国之治,中国之治依托于中国之制。中国之制是中国之治的制度基础,是保证治理不偏离既定方向的根本准则,是治理的首要出发点与最终落脚点。持续保持中国之制的先进优势,要求人们明确中国特色社会主义制度优势是国家最大优势,是中国之治依托的客观条件,要在制度优化改革中深化制度认识、增强制度认同、坚定制度自信。中国之治是中国之制的实践彰显与理性升华,是个人、社群

---

[1] 习近平:《在纪念红军长征胜利80周年大会上的讲话》,人民出版社2016年版,第13页。

[2] 《中国共产党第十九届中央委员会第四次全体会议文件汇编》,人民出版社2019年版,第84页。

与组织机构发挥主观能动性参与社会公共事务管理的过程,并伴随增强制度优势的认知活动。"没有制度参与的治理是无法解决根本性问题的,没有治理磨砺的制度也是难以彰显出生机与活力的"①,联结制度与治理就是将制度与治理纳入整体考量,就是在实践中推动制度优势、政策优势、执行优势与治理效能有序转化,搭建一个有机、协调、动态、稳定的治理系统,实现稳步提升治理速率基础上的高质量治理,实现构建和谐社会的价值目标。

积极推进制度优势更好转化为治理效能是有效抵御外在风险,加强内部向心力的关键。因而如何更好转化直接关系国家现代化建设成效,本书将从内在衔接机制、外在转化机制、横向协同机制、纵向对接机制与动力平衡机制五个维度探讨转化机制问题。

(一) 内在衔接机制:厘定及塑造制度与治理关系

制度与治理关系紧密而不可分割。在概念上,制度与治理在表现方式、构造模式、作用形式等方面存在一定差异。在实践上,制度与治理的有效衔接是实现治理有效化、程序规范化、效果最大化的关键环节。因而推进制度与治理内在衔接,在"推进国家治理体系和能力现代化"的当代语境中具有重要意义。

1. 制度与治理的辩证关系

知是行之始。所谓制度是在一定条件下的社会活动和社会关系的规范系统,外化为社会活动和社会关系;所谓治理,是"指运用一定的手段和方式,对特定的事物加以管理、调整、改造,使其达到有序状态、符合一定要求的活动和过程"②。制度与治理首先在表现方式上具有差异,制度是程序规范,往往以理论语言制定实践程序、规范主体行为;治理是集成行为,主要以实践方式参与社会公共事务的管理建设。其次在构造模式上依赖不同的组成因素。制度广义上包含正式的经过国家意志认同的制度与非正式的社群公约等,主要由组织、

---

① 周虎、王明生:《制度优势转化为治理效能的深层逻辑与实践路径——党的十九届四中全会精神学习体会》,《南京大学学报》(哲学·人文科学·社会科学) 2020 年第 2 期。
② 李忠杰:《全面把握制度与治理的辩证关系》,《经济日报》2019 年 11 月 20 日第 12 版。

法律、习俗与意识形态等因素构成，满足合规律、合价值、合逻辑，以层级方式构造。治理关注对现实问题的解决与利益冲突的化解，对数据、信息与资源进行横纵调配，由主体、介体与客体构成。最后，在作用形式上存在差异。制度无法直接发挥作用，而是通过规定与制约主体相互关系或社会互动关系等发挥程序作用；通过教育与约束人、事、物，促进理念内化于心来降低不确定性与风险性，发挥规范作用。反观治理，由于直接与人民或治理对象接触的独特属性，治理通常以实践方式直接践行社会职能，按治理方向分为横向协同作用与纵向对接作用，实现对现有事物的变革与社会关系的调整。

制度与治理是一对互补范畴，具有方向一致、进退同步的相互关系，将制度优势更好转化为治理效能重大命题的提出就是更好发挥制度优势对治理效能的基础作用，反映治理效能对制度优势的彰显属性，从而塑造正向前进的同步关系。制度与治理相互联系也相互区别，界定与厘清二者的基本范畴是准确掌握制度与治理的辩证关系，在制度与治理矛盾运动中形成合力，建设一体化的制度与治理体系的前提。首先，制度以相对静止的稳定状态呈现，侧重于对社会关系与社会活动的规范制约；治理则处于绝对运动的活性状态之中，侧重于对具体事务或公共事务的管理建设。其次，治理体系反映与彰显制度体系，制度体系的科学性、规范性需要通过治理得到检验与证明，其尚待补充的制度空白也会在治理中得到体现。同时，治理活动内含制度认识—实践—再认识的增强制度优势过程，紧扣制度循环发展的动态轨迹。制度体系决定治理体系的理念、尺度与方法论遵循，以人民为中心的制度理念决定了为人民服务的治理理念，社会主要矛盾的制度语言决定了治理以提升人民获得感、幸福感、安全感为主要标准。最后，制度是治理的基础，良好的治理效能一定程度上依靠系统完备、科学规范、运行有效的制度体系建设；而治理广义上包含制度，相较制度具有更广阔的外延。厘定制度与治理的逻辑关系，是理解国家现代化制度与治理体系的基石，是推动制度与治理更好衔接的必然要求。

2. 制度与治理体系衔接建设

中国特色社会主义制度体系与治理体系相辅相成、互促互进、相得益彰，健全内在衔接机制就是在厘定制度与治理相互关系的前提下，从全局一盘棋的战略高度，实现制度与治理体系整体性联结。

从治理全局出发，制度因素内在融入国家治理全过程，加强二者衔接建设，就是在治理层面关注制度因素，在制度建设中提升治理效能，做到你中有我、我中有你，实现制度与治理更好互动、更好联结。首先，考察差异化，发挥治理衔接功能。制度的程序化与规范化决定了制度的相对稳定，而复杂多变的社会情境赋予了治理动态灵活的特性，如何在相对静止与绝对运动中求得最佳发展？这一问题关键在于聚焦现实治理对理论与实践的集成，将制度规范落实为治理程序，在实践行为中衔接制度与治理。其次，综合治理条件差异，因地制宜选择治理政策。第一，中国疆域辽阔，各地区治理条件南辕北辙，治理质量参差不齐。在特定地域条件下，制度与治理的联结应选择与地区治理资源和治理情境相呼应的衔接模式。第二，各地所处治理过程进度不一，要根据实际选择以制度建设为主融入治理行为或以治理实践为主体现制度优势的衔接方式。最后，持续扩大输出，拓宽整体性建设范围。在多种情境循环往复中的治理是一个持续发力的过程，任何一个环节失灵都会导致治理后续乏力。要扩大制度优势与治理效能持续输出，就是完善发现问题—寻找对策—解决问题—总结经验的治理过程，在治理各环节补充制度因素，推动治理长效化、制度化建设。

治理内在涵盖制度体系，使得内在衔接机制对治理理念、主体能力与治理格局提出了更高要求。第一，尽心才能知性，主体行为受到意识层面的直接影响，要培育共同价值理念。第二，提高主体能力以突破地域、行业、个体限制，改善因主体能力不足而导致的治理分散碎片化的局面。第三，打破区域隔膜，打造纵横交错、平衡和谐的复合治理格局。制度以理论语言规范治理行为，治理以实践活动彰显制度优势，统筹制度与治理是国家现代化的实践必然。

(二) 外在转化机制：聚焦理论与实践的更好转化

联结为转化提供可行性，转化是治理效能彰显制度优势的中间环节，是"将制度优势更好转化为治理效能"的关键环节。外在转化机制是制度优势更好转化为政策优势、执行优势的综合表达，聚焦理论与实践的综合作用。从转化到更好转化，变的是转化的内容与形式，不变的是转化的本质与归属。

1. 明确"将制度优势更好转化为治理效能"是价值理念与时代背景的双重加持

在转化的语义上增加更好的指向，明确制度优势向治理效能的转化是转化目标明确、转化过程流畅、转化效果突出的转化，是在现代治理理念的影响下关注时代背景，以整体性视角考量转化各层级内转化客体、介体与主体的联结。

转化目标明确，强调转化要准确把握指导思想与社会主义核心价值观。科学的理论是实践的先驱，指导思想是意识层面的"制度"，指导人民实践、动员人民参与、凝聚人民力量、约束人民行为，以马克思列宁主义、毛泽东思想、邓小平理论、"三个代表"重要思想、科学发展观、习近平新时代中国特色社会主义思想为行动指南，培育和践行社会主义核心价值观，是制度与治理体系科学化的灵魂。转化过程流畅与转化效果突出，强调搭建协调、动态的纵横交错治理执行系统的重要性，推进横向协同与纵向对接机制互补互促，将政策设计、制度制定、治理实践、治理评估与反馈等纳入整体性考量，推动制度优势更好转化为政策优势、政策优势更好转化为执行优势、执行优势更好转化为治理效能。

时代背景是制约或推动制度与治理体系发展的重要因素。国家治理是一个面向世界的重大命题，它既受到国内政治经济因素的影响，也受到国际不稳定局势的冲击，如何在世界浪潮中站稳脚跟，将不稳定局势带来的外在冲击转化为治理发展的内在动力，考验着一个国家制度与治理体系的定力与韧劲。时代因素的两面性要求在制度优势向治理效能的转化环节要充分估量治理环节中的变量，制度适当"留白"以及时根据治理情境变化转化形式，坚决祛除照本宣科的僵化思维。

2. 明确"将制度优势更好转化为治理效能"是理论层面与实践环节的综合作用

执行是联结客体与主体的基本方式与根本环节，转化是执行的第一步，是将制度优势更好转化为政策优势与执行优势的基础性活动，相比具体的治理实践，更加突出为治理打地基的准备工作。

第一，加强治理程序化、规范化建设。程序化是一个理论体系成熟的标志，是前人对治理经验的认知总结后的升华，蕴含了前人试错失灵的教训与开展治理工作的经验，按程序办事是制度与治理体系专业化的第一步。制度是各领域的理论规范，往往以简明扼要的文字揭示一般规律，要用以指导具体的实践，需要先将抽象制度转化为具体的、通俗易懂的、详细的政策程序。程序设定统筹宏观思考与微观实操，遵循法律规则、符合公共利益、保证一定公共参与，满足法治与德治的统一、个人利益与集体利益的统一、社会公平与正义的统一等，淬炼成中立性、权威性与规范性的文件。

第二，加强干部队伍治理能力建设。治理是人的实践活动，治理效能一定程度上依赖于治理干部队伍的能力强弱，加强队伍建设，打造一支高效率、有能力、办实事的干部队伍是推进国家治理体系和治理能力现代化的有力保障。从加强理论学习出发建设一支高素质人才队伍；加强党性修养培养一支对党忠诚的干部队伍；加强反腐倡廉建设打造一支清正廉洁的干部队伍。习近平总书记在参加十二届全国人大四次会议黑龙江代表团审议时指出，"干部干部，干是当头的，既要想干愿干积极干，又要能干会干善于干，其中积极性又是首要的"[①]，队伍的内部建设是打基础，外在和人民的联系互动才是垒高楼。干部是直接与人民群众接触的国家意志的"代理人"，只有始终坚持群众路线，积极主动与人民"打成一片"，在实践中接受人民检验与监督才能当好"代理人"，才是名副其实的"干部"。

第二，分类整合治理评估与实践反馈信息。科学的评估与反馈是对上一阶段治理活动的全方位总结以及对下一阶段既定治理行为的修正与完善。制度与治理体系不是一成不变的僵化的文字，治理实践也不是一板一眼地照本宣科，随着社会治理的深入和互联网技术的发展，人民可接收与反馈信息的渠道大幅增加，对治理程序的规范性与透明度提出了更高要求。信息时代，数字治理外在表现为信息交换、

[①] 《习近平关于全面建成小康社会论述摘编》，中央文献出版社2016年版，第209页。

信息生产、信息传播等信息互动行为,将信息整合成为可供利用的评估资源,对检验治理是否真正落实、人民是否真正享有治理成果具有关键意义。治理评估是一个复杂的评定系统,需要兼顾社会整体性与个体差异性、动态开放性与主体差异性,构建动态灵活的评估尺度并形成全面综合的评估结果。

(三) 纵向对接机制:央地垂直对接层层落实

纵向对接机制本质上是在垂直层面建立一个有机、协调、动态、稳定的治理系统,以系统性思维重构"自上而下与自下而上"的传统治理模式,解决层级性治理问题,更加突出治理分层与权力分工。以中央政府为中心对各层级配置不同的治理权力,适应不同的治理情境。规范党政部门、群团组织、事业单位与市民群众各主体的权责关系,推进中央对中层与基层垂直治理同地方分级治理相结合,在发挥中央与地方两个积极性中推进国家治理现代化。

1. 宪法赋予了中央政府核心地位

治理的纵向维度是一个以中央政府为出发点的垂直系统,在这个系统中,中央政府是治理权力配置的决策性机构,对治理所有权归属进行配置。中央掌握权力与资源,以中央为中心形成了传统的自上而下的垂直治理模式,中央政府的权威性在与各行政机构的隶属关系中得到彰显。而如何更好发挥中央政府在垂直治理中的领导核心作用关乎整个治理体系的效能。

中央政府指导与制定治理顶层设计。治理顶层设计是治理理论与实践的"蓝图",是中央政府基于"自上而下"的宏观视野对国家治理作出的总体安排部署,对于治理目标、治理思想、政治法治、协商民主的结构设计,要在融合人民诉求、政党意志与法制司法的基础上符合中华传统价值理念与人类社会一般发展规律。顶层设计要目标清晰、方向明确;为实现"到本世纪中叶实现国家治理体系和治理能力现代化"[①]的战略目标,谱写新时代中国特色社会主义新篇章奋进。顶层设计要前瞻精准、平衡稳定;基于现实对未来一定阶段内有可能

---

① 《习近平谈治国理政》第3卷,外文出版社2020年版,第111页。

产生的问题进行提前部署或预先留白，增强治理体系的相对稳定性。顶层设计要逻辑清晰、开放包容；治理顶层设计将治理理念、治理目标、法治基础、科学管理、实践程序等强大的信息资源，以及分权与集权、协调与管控、民主与专政等治理方式纳入联动之中。"方向不变、道路不偏、力度不减"①的科学的顶层部署是一切实践的前提。

维护中央权威与健全党对重大工作的领导机制相结合。习近平总书记强调"确保党中央集中统一领导和国家制度统一、政令统一，中央和国家机关要做好对本行业本系统的指导和监督"②。在治理全局谈中央的权威地位，就是发挥中央政府的"领头羊"作用，带动各级治理系统纵深发展；就是采用考核问责与监督督查的方式关注治理全局变化，实现治理有序化发展；就是在制度化、法治化的框架下履行中央职能，完善治理规范化与专业化进程。

2. 地方治理贯彻自主性与创新性

中国幅员辽阔，政策实践面临多种复杂的治理情境，因此以地方政策为主，治理实践需要长时间、多次数的试验、摸索与学习，地方治理需要相应的治理自主空间以实现政策试验。充分发挥地方治理自主性要求，我们将中央分权纳入制度化、法制化的框架之中，尊重地方治理在结合当地特色的基础上自主创新，给予基层治理更广阔的增长空间。

首先，治理创新要求结合当地特色推进政策创新。基层治理拥有充足的治理自主性，在充分发挥基层自治组织主观能动性的前提下，尊重规律、利用规律，坚持走创新治理之路。以脱贫攻坚为例，中国脱贫攻坚的最大经验在于挖掘本地区特色，发展新型特色产业。果蔬种植、花卉培养、菌菇养殖、水产养殖等，多种产业模式是地方政府结合当地特有地理环境与产业基础作出的政策抉择。其次，鼓励和允许基层治理创新。一方面要开展治理创新活动，变革老化、僵化的治理机制，同时加强治理的自我纠偏，将试错失灵产生的错误与对应问题解决缩小在基层，不扩大、不拔高。另一方面上层机关要提升政策

---

① 《习近平谈治国理政》第3卷，外文出版社2020年版，第112页。
② 《习近平谈治国理政》第3卷，外文出版社2020年版，第107页。

容忍度、创造宽松的政策环境,为地方治理创新提供有利条件。最后,鼓励基层党组织与政府剔除僵化过时思维,有效运用信息化手段,实现治理手段信息化与治理过程开放化的有机结合。

3. 充分发挥中央与地方两个积极性

"中央—地方政府关系本质上是一个多阶段讨价还价过程"[①],央地关系的动态性决定了二者不是单纯的领导与隶属关系,而是牵涉权力配置的不断调适、彼此学习、彼此适应的分工合作关系。央地频繁互动就是充分发挥中央与地方两个积极性,从央地独立的二元格局中解放出来,坚持党中央集中统一领导下的治理体系构建,同时划定中央活动范围,保证地方自治空间。新时代,传统的自上而下与自下而上的治理思维,已经无法充分应对多样的治理需求,打造有机、协调、动态、稳定的垂直治理系统,是回应多样治理需求、迎接现实挑战的关键。

首先,改革中央对地方监管与考核机制。祛除唯经济论、"唯GDP论"的考核方式,淡化GDP在地区考核中的作用,依据地区差异与地理位置等因素划分考核层级,实现针对性、差异性考核。其次,关注导致政策执行扭曲的变量及治理的不同阶段,动态选择收权与放权。例如,中央及时上收地方应急指挥权,是在面对重大公共危机时的灵活应变。最后,重视在中央集中统一领导下的程序规范与治理自主相结合。央地关系是相对静止与绝对运动的结合,上升为国家意志的治理程序是党领导人民经过理论升华与实践检验的结果,具有一定借鉴价值与普遍适用意义,从而具有相对静止性。但是由于治理情境差异与不可避免的现实变量的影响,地方治理是一个不断变化的动态发展过程,时刻处于运动之中。

"建国以来中国的央地关系始终处于'复杂且灵活的动态调整'之中。"[②] 良好的央地关系要走出大政府小市场导向的思维误区,在集权、分权、有选择的集权与分权中及时根据现实需求选择适当的权利配置。在充分拓宽市场与地方机构的治理空间和平衡中央与地方权

---

① 殷华方、潘镇、鲁明泓:《中央—地方政府关系和政策执行力:以外资产业政策为例》,《管理世界》2007年第7期。

② 朱旭峰、吴冠生:《中国特色的央地关系:演变与特点》,《治理研究》2018年第2期。

力配置失当间,保证两个位面的良性互动,合作应对治理常态化问题及非常态挑战。

(四) 横向协同机制:跨主体跨部门与跨领域协调联动

国家治理不是简单的直线型发展或点与点独立发展,而是各个分支相勾连,点带线构成了治理面。横向协同治理是对传统政府治理模式的改造重构,以提升整体效能为目标推动同一层级不同治理主体及其内部要素之间相互协同,资源跨主体、跨部门、跨领域流通,通过协商互动化解冲突,实现治理横向高质量发展。

1. "一核多元"多主体的协同互动体系构建

协同治理模式在主体维度具有两个共识:一是除政府之外,多个主体参与;二是多方主体目标与行动的一致性。多元主体共治是改革开放以来对传统政府包揽一切治理模式的突破,借由数字治理与信息共享打破治理壁垒的契机,以政府为中心聚集各方主体,辅以社会化、市场化及必要行政手段,健全"党委领导、政府负责、社会协同、公众参与"的"一核多元"治理模式。

精准定位,协调国家体系与市场体系。市场经济蓬勃发展催生了市场体系的形成,其内在的自由与自发属性造成了市场体系的相对独立性,市场体系在与国家体系的对立与磨合中摸索实现"1+1>2"的最佳路径,逐渐形成以人民或社群勾连国家与市场的治理机制,即在水平截面发挥多方主体的共同作用。在中国共产党领导下的各级政府发挥政治领导、组织引导作用,完成党的委托,执行党的决策。社会组织在一定层面上可以理解为由精英人才构成的协商组织,它是公共关系的主体,为协调各种社会关系而产生、存在,在治理语境中具有极为宽广的职能范围,是协同治理的关键组成部分。人民参与是一切治理的基点,保障人民有序政治参与、推动人民主动政治参与、夯实人民政治参与载体,是有效连接国家体系与市场体系的桥梁。在精神层面培育人民的契约精神与理性意识,在实践层面推动人民在政府、社会与市场之间的"流通",才能更好地实现国家、社会与市场的良性互动。

横向带动,实现跨主体、跨部门资源协调配置。国家治理是"全局一盘棋"的宏大工程，同一层级内部各要素间会产生极为重要的"化学反应"。区域治理是国家治理的重要板块，也是地方政府跨区域协同治理的实现平台。传统区域治理蕴含了一定的"竞争"理念，在引导不恰当的情况下容易发生资源重复建设、投资盲目使用等浪费现象。现代协同治理是不同部门、不同主体之间的经验交换、资源置换，是基于水平面共同面临的治理难题，将区域内资源优化组合、重新配置，实现经济效益与社会效益的叠加。这种横向协同关系往往不牵涉领导与隶属关系，以利益关系为中心辅以必要的行政关系组建。良好的协同治理有利于区域资源配置合理化、科学化，有利于地方政府互相带动行政能力的提升，有利于缩小区域发展差距，促进区域整体发展。

2. "五位一体"多领域的联动集成网络搭建

治理贯穿政治、经济、文化、社会、生态等各个领域，是新时代统筹推进"五位一体"总体布局的实践方法。国家治理体系与治理能力现代化也是"五位一体"的现代化，二者拥有同样的价值取向与目标导向。

"五位一体"总体布局是整个社会主义初级阶段的总事业，同治理现代化有着同样的目标归属，具体来说，治理在五大领域的目标可以细分为：第一，建设持续健康高效的经济治理体系，完善社会主义市场经济体制及建设现代化经济体系，推动经济高质量发展；第二，建设人民民主法治的政治治理体系，完善立法、司法、监督体系，在发展社会主义民主政治的道路上铸牢中华民族共同体意识；第三，建设正本清源、守正创新的文化治理体系，推动文学艺术创造与哲学社会科学研究扎根人民、深植时代，不断增强文化软实力；第四，建设政治安全、社会安定、人民安宁的社会治理体系，打造共建共治共享的社会治理格局，打造社会治理共同体；第五，建设可持续发展的生态治理体系，坚持节约优先、保护优先、自然恢复为主的方针，加快形成资源节约型、环境友好型社会。"孟不离焦，焦不离孟"，政治、经济、文化、社会与生态各要素联动集成为一个有机整体，互相影响、互相促进，相适配的跨领域治理也具有同等属性，必须统筹兼顾、协同发展以求与此产生整体效应。

（五）动力平衡机制：治理速率与治理质量并重

"动力—平衡—治理是任何社会历史发展中普遍存在的三种根本因素或三种根本机制"①，动力与平衡是治理的过程，治理是动力与平衡的依托。治理动力包含内部动力与外源动力，是治理前进的"马达"；治理平衡牵涉利益关系、主体关系及行政关系等多个维度的关系平衡，是和谐治理的前置条件。动力平衡机制旨在协同治理速度与治理质量的步伐，探寻治理稳步推进的最佳路径。

1. 内部动力与外源动力协调治理速度

治理动力的强弱直接影响治理速度与治理效能，制约多元主体能否有效发挥治理自觉，实现国家治理现代化的总体目标。当下，治理动力主要源自社会主要矛盾运动，即人民日益增长的美好生活需要和不平衡不充分的发展之间的矛盾，即理想与现实的恒定差距和缩短差距的需求。治理动力按照形成来源分为内部动力与外源动力。其中，内部动力强调主体系统内部的自觉性，绝大部分源自人民满足生活需要以及降低生活交往成本的强烈需求，需求外化于行，促使人民主动进入治理过程。而外源动力亦称外源压力，是治理的外部推手，具有行政属性和目标导向。具体而言，制度体系规定的治理程序、各级党委政府拟定的治理阶段目标、党中央制定的顶层蓝图，会以外部施压的方式进入治理过程，让治理行为受到目标驱动与行政"强迫"。内外并行，治理才能受到多方向的驱动；内外并重，治理才会避免动力失衡。

国家治理既需要"自觉"又需要"推手"，更好融合内部动力与外源动力，关键在于完善行之有效的治理动力机制。首先，坚持国家治理体系和治理能力现代化总体目标的顶层驱动。自党的十八届三中全会明确提出全面深化改革的总目标是"完善和发展中国特色社会主义制度，推进国家治理体系和治理能力现代化"②以来，国家治理就

---

① 韩庆祥：《习近平新时代中国特色社会主义思想蕴含的马克思主义立场观点方法》，《毛泽东邓小平理论研究》2019年第3期。

② 习近平：《论坚持人民当家作主》，中央文献出版社2021年版，第45页。

有了明确方向和坚定目标，党和政府在总体目标指引下坚持用现代治理理念培育多元主体、构建治理关系、优化资源配置、创新运行模式、提升行政管理能力，内外发力以缩短目标差距。其次，关注治理主体内部分层，健全内部动力运转机制。按照作用方式的差异，治理主体可以划分为发起层与参与层，发起层发现问题、提出问题；参与层寻找对策、解决问题。在现代治理体系中，发起层任务主要由各级人大代表采用"提案"的方式承担，实践要求要以问题导向培育人大队伍，以群众路线切合现实生活；而参与层范围广阔，涉及各级人民政府、社群团体与社会自治组织等，是承担治理主观能动性的主要主体范围。实践要求增强主体个人能力、对资源的调配能力、合作能力等，更好更有效率地完成既定任务。最后，协调内部动力与外源动力，内外驱动提升治理速度。一方面，要优化政府职能、鼓励主体参与、激发主体活力、畅通内驱运转渠道；另一方面，要正确处理政府干预与市场博弈、顶层设计与分层对接、总体目标与阶段进程的关系，形成强大的社会推手。

2. 和谐治理下的利益关系、主体关系及行政关系等多维度平衡

和谐社会是中国社会的价值归属，和谐平衡也是治理的目标旨归。平衡既是治理的手段，也是治理的目标，通过对治理全过程中各要素、各环节牵扯的利益关系、主体关系及行政关系等社会关系的约束与管控，有利于实现治理和谐有序、社会平衡稳定的发展局面。

治理最关切的社会关系是个人利益与集体利益、利益输出与分配的辩证关系。地区之间、部门之间、社群之间及公民之间，治理利益关系呈现复杂的态势，竞争形态、互补形态及非竞争形态交织，利益冲突直接影响治理目标的达成。故而设定统一利益目标来规范和约束治理主体参与协同治理的价值理念与行为方式，从而增强治理凝聚力与向心力，是化解利益冲突的第一要义。治理最广泛的社会关系是治理主体间的协同与对立关系。在治理水平截面，国家与社会、中央与地方、企业组织与社会组织、政府与公民，超过二元对立与无序博弈形成了当下相对稳定的互相支持的动态平衡关系。主体关系的和谐有序充分依靠主体互动的条理性与秩序性，依靠厘定主体行为边界与明确主体权责，各司其职、各尽其能。治理最核心的社会关系是行政关

系，既包含垂直层面治理权力配置平衡又包含水平截面行政与市场的治理手段平衡。一方面要加大垂直监管体系建设，保障纵向治理权力的合理配置，调整行政关系与监督行政关系共同作用；另一方面，要充分结合国家干预的行政手段与市场对资源配置的决定作用，平衡行政与市场两种治理手段。

将制度优势更好转化为治理效能是回应时代需要的重大命题，更好转化视域下的国家治理现代化就是要协同五个发展机制，综合多方合力。其中，内在衔接机制是"连接器"，是制度与治理体系整体性联结的初始步骤；外在转化机制是"翻译器"，是制度语言与治理语言转化的程序密码；纵向对接机制是"处理器"，是治理效能提升的优化环节；横向对接机制是"稳定器"，是均衡治理地区差异的关键要义；动力平衡机制是"发动机与刹车器"，是时代跌宕中的国家治理步伐的调节方法。五大机制环环相扣，协同发力，从制度到治理，囊括了制度设计、制度制定、执行实践、治理反馈等所有环节，将复杂的制度语言转化为一套人民接受的、社会可以把握的治理体系，将传统政府包揽一切的单边治理转化为多方协同、多元合力的综合治理，如此，国家治理体系与能力现代化的进程才会事半功倍。

四 中国式现代化的历史进路与实践意义

马克思用唯物史观理论揭示了人类社会发展的一般规律，认为社会经济是推动历史发展的动力，生产方式和交换方式的变换发展是社会转变的主要原因。在此理论框架下，马克思阐释了由传统社会向现代社会转变的现代化过程，即资本主义社会的现代化发展道路，并解剖了资本主义社会现代化过程中的结构性缺陷，进而构建了符合人类社会发展的非资本主义社会的现代化道路。中国式现代化就是在马克思主义理论原则指导下符合中国国情的实践运用，社会主义发展道路决定了中国式现代化的非资本逻辑，中国共产党的领导使得以人民为中心的理念贯穿了中国式现代化的整个历程。在世界历史意义上，中国式现代化所创造的人类文明新形态丰富了人类社会的发展模式，拓宽了人类历史由传统社会转向现代社会的理论和实践路径。迄今为止，现代化是人类社会发展史上最为重大的历史性转折，标志着由传统社会向现代社会的历史性转型，直接改变了人类社会与自然的关系。以民族国家为单位的现代化，由于各个民族和国家之间的历史和现实的差异性，所以不同民族和国家的现代化模式也不尽相同。西方发达国家首先通过资本主义道路实现了现代化，主导和确立了以资本为主线的现代化模式，但由此所促进社会生产力的极大发展并没有带来社会的整体发展，反而陷入了社会两极分化的困境。在马克思的唯物史观视角下，资本主义社会现代化道路所出现的现代性困境是其结构性的缺陷。而与之相反的是，中国式现代化在中国共产党的领导下，吸收其他现代化模式的经验和教训，走出了一条以全体人民为中心的现代化道路。因此，从马克思主义的唯物史观出发，揭示中国式现代化所蕴含的唯物史观理论内涵及其实践价值具有重要的历史和现实意义。

（一）现代化的唯物史观遵行与衍生逻辑

1. 现代化的缘起及发展动能

第一，从人类社会发展演变历程来看，现代化最初的显现主要缘起于西方国家从前资本主义时期进入资本主义时期这样一个社会转型阶段。依据马克思的发展观点，任何事物的发展都是循序渐进的，需要经历一个过程，而现代化的发展本质上就是人类生产方式不断进步的结果。通过对前资本主义社会与现代工业社会的比较，马克思认为现代化亦非静止不变状态，而是社会形态演变的阶段性动态发展过程。据此，马克思进一步指出，"亚细亚的、古希腊罗马的、封建的和现代资产阶级的生产方式可以看做是经济的社会形态演进的几个时代"[①]。在这个社会形态演进过程中，"现代资产阶级社会"被马克思主义认为是人类社会进入现代化的起点，这一论断无疑揭示出了人类社会发展的重要维度之一就是生产力和生产方式相互促进，从落后到先进不断进步的结果。但需要注意，人类社会发展从原始社会一直到资本主义社会，虽然是生产力和生产方式相互促进发展的结果，却并

---

① 《马克思恩格斯文集》第 2 卷，人民出版社 2009 年版，第 592 页。

第一章　国家治理体系和治理能力现代化：中国式现代化的新拓展　51

不意味着所有国家和民族的发展都是按照"原始社会—奴隶社会—封建社会—资本主义社会"这一单线条流程逐个经历的，而是多要素综合作用辩证发展的过程。最后，基于马克思的唯物史观，现代化背后是生产力和生产方式的质变突破，据此可以认为，欧洲16世纪以来的社会转型变化和之后发生的工业革命，打开了人类社会现代化的大门，所以马克思主义理论语境中，"现代"往往与"资产阶级时代"紧密相连。

第二，从生产方式的变化发展视角来看，从人类进入工业社会开始，生产工具愈发先进，催生了一系列生产关系革命，最终促成了生产方式的大变革，而这一变革则是现代化的内驱动力。在马克思唯物史观视域下，生产方式变革对于社会发展进步而言具有革命性意义，因为生产方式变革所内蕴的先进生产工具能创造巨大的生产力，进而在较大程度上改变人类社会的存在形态。恩格斯曾指出，"随着蒸汽机和棉花加工机的发明而形成的。大家知道，这些发明推动了工业革命，工业革命同时又推动了整个市民社会的变革"[①]。关于生产工具引发生产方式变革进而促成"现代化"的问题，马克思也认为西方社会的现代化主要源于机器大工业，其中蒸汽机和棉花加工机等现代生产工具是其直接动力。所以综合来看，现代化的出现并非意外，而是有着一套严密的基于唯物史观的生产方式演变逻辑，并始终处于现代化生产工具牵引驱动下生产方式的大范围、不间断的动态更新中。

第三，从世界发展一体化进程来看，现代化是商品经济在工业化助推下向全世界传递并不断取得革命性进步的具有世界历史性的动态过程。从马克思的观点来看，现代化生产方式在全世界范围内的传递，并由此形成的一系列的链式反应是驱使现代化形成的重要动力之一，他指出现代化生产方式"所固有的以越来越大的规模进行生产的必要性，促使世界市场不断扩大，所以，在这里不是商业使工业发生革命，而是工业不断使商业发生革命"[②]。从马克思的观点中不难看出，正是由于工业的不断发展，给商业取得革命性进展提供了物质条

[①]《马克思恩格斯文集》第1卷，人民出版社2009年版，第388页。
[②]《马克思恩格斯文集》第7卷，人民出版社2009年版，第371页。

件，进而促成了商品经济全球化，形成资本主义世界市场，造就西方现代化局面。从世界发展史视角来看，虽然现代化的全球发展进程具有发展不平衡性，造成了"使农民的民族从属于资产阶级的民族，使东方从属于西方"①的局面，但总体上处于进步态势。发达国家领先发展中国家的现代化水平，从而在一定程度上为后者提供了其未来现代化的一种参照，预示了一种趋势，促成其现代化。发达国家的现代化同样也无法离开发展中国家而单独存在，不然也会因封闭静止而停滞不前。所以现代化的前进发展，是世界范围内合力助推的结果。

2. 资本主义国家现代化的结构性缺陷

第一，资本的野蛮无序扩张是西方现代化进程中一系列问题的主因。而西方的现代化过程又是以资本为核心，凭借资本扩张逻辑建立起来的，所以资本之于西方社会的现代化具有支配地位，是一种区别以往的全新生产关系。不过从马克思的观点来看，这种主要依靠资本推进现代化的手段，虽然能产生很好的效果，但也充满了毁灭性。这种毁灭性不但能纵向毁灭过去的传统生产方式和关系，还能横向毁灭其他国家的生产方式和关系及其文明，以致最后毁灭自身。在西方现代化依靠资本发展过程中，有过一段"土著居民的被剿灭、被奴役和被埋葬于矿井，对东印度进行的征服和掠夺"②的血泪史，这段历史带来了西方资本主义现代化，但也充斥着"最下流、最龌龊、最卑鄙和最可恶的贪欲"③。综合看来，马克思主义视域下的西方现代化终究是具备双向毁灭性的资本的衍生发展历程。

第二，西方现代化进程中最突出的社会矛盾是社会资源分配两极化、贫富人群比例极度失衡。在资本扩张过程中，由于追求财富增值和效率提高是其内蕴价值逻辑，因而凭借资本立足的西方现代化必然会使得大部分社会资源流向少数人，进而加深资本主义社会内部的各种矛盾。马克思对此曾指出，资产阶级时代"使阶级对立简单化了。

---

① 《马克思恩格斯文集》第2卷，人民出版社2009年版，第36页。
② 《马克思恩格斯全集》第42卷，人民出版社2016年版，第769页。
③ 《马克思恩格斯文集》第5卷，人民出版社2009年版，第873页。

整个社会日益分裂为两大敌对的阵营,分裂为两大相互直接对立的阶级:资产阶级和无产阶级"①。社会资源的分配不均在很大程度上造就了这两大对立阶级的出现,也映射出了西方现代化的缺陷。另外,基于资本推动下的西方现代化,其缺陷并非单个偶然,而是伴随资本的发展而呈现出链式样态分布,环环相扣。除了社会资源分配不均,这种现代化模式发展过程中还将持续伴随无序生产、周期性经济危机和商品拜物教等社会发展缺陷。依据唯物史观,当西方的现代化社会由于资本扩张而引发的重重社会矛盾达到一定程度时,马克思所预示的"资产阶级的灭亡不可避免"也就降临了,依靠资本发展起来的现代化社会结构也随之崩解了。

第三,西方现代化进程使人的异化逐渐加深。在马克思主义唯物史观中,人类社会的发展随着生产力的发展逐渐摆脱了对自然界的依赖,进入了依赖物的工业社会,并随着生产力的进步最后会进入人自由全面的状态。但在西方资本主义主导下的现代化社会却把人束缚在对物的依赖中,这种把人束缚在对物的依赖的行为是异化的表现。在这种异化状态下,人沦为物的附庸,"人的社会关系转化为物的社会关系;人的能力转化为物的能力"②。在被异化的群体中,劳动阶级的异化表现尤为突出。由于资本的盘剥,"工人生产的财富越多,他的生产的影响和规模越大,他就越贫穷"③。也就是说,资本主义现代化社会中的劳动者付出的劳动最终成为控制自己的力量,不断奴役着自己。除了劳动,人的精神同样不能幸免,随着技术的进步,资本主义的现代化将逐渐通过资本和技术在政治领域和话语领域实现对普通人的封闭和话语领域的封闭,最终击败人的精神中的抗议逻辑,将其变成一个"单向度的人"。最后,在资本主义社会中存在的基本矛盾没有得到改变和扭转的条件下,其现代化进程越是向前,那么人的异化在很大程度上将更加深重。

---

① 马克思、恩格斯:《共产党宣言》,人民出版社2014年版,第28页。
② 《马克思恩格斯文集》第8卷,人民出版社2009年版,第51页。
③ 《马克思恩格斯选集》第1卷,人民出版社2012年版,第51页。

(二) 中国式现代化的历史进路与定位

1. 历史起步：社会主义发展方式决定中国式现代化的非资本主义性

以欧美为代表的西方资本主义现代化模式究竟是不是唯一的现代化道路。对于这一问题，从马克思主义理论中可以得出结论：以资本为导向的现代化并非唯一。在《共产党宣言》中，马克思深刻揭示了西方资本主义发展的历史起点和发展本质，进而有力地论证了资本主义发展道路的缺陷是客观存在且无法自我克服。而在此基础上发展起来的现代化，必不可免将顺承这些缺陷，最终使自身的发展陷入停滞。基于资本主义现代化模式的固有弊病，马克思论证了以"跨越卡夫丁峡谷"为前提的新型现代化道路存在的可能性，即建立在科学社会主义基础上发展起来的现代化道路，并否定了将"西欧资本主义起源的历史概述彻底变成一般发展道路的历史哲学理论"[①] 这一观点。所以，立足于科学社会主义并实现社会形态跨越的中国式现代化道路是合乎人类社会历史发展规律并具有光明前景的道路。

从理论层面，依据马克思主义经典作家对社会主义发展道路的相关论述，既然社会主义能够在"一国或少数几国"取得胜利，加之社会主义相较资本主义具有制度上的优越性，那么立足社会主义发展逻辑并避开资本主义发展逻辑的现代化发展道路从很大程度上是可行的。马克思与恩格斯在晚年对东方社会发展道路的研究中提出了关于俄国农村公社跨越资本主义"卡夫丁峡谷"的设想，并论证了其在一定前提条件下实现的可能性，这也间接为经济文化相对落后的国家超越资本主义现代化阶段进而选择符合自身实际的现代化道路提供了有力依据。针对马克思的跨越"资本主义卡夫丁峡谷"，列宁进一步提出了"一国胜利论"并全面论证了资本主义相对落后的俄国可以取得社会主义革命胜利，实现自身发展的观点。综上所述，马克思主义视域下的社会主义现代化道路在一定条件下能够实现对资本主义现代化道路的超越，所以，基于马克思主义基本原理指导下的中国式现

[①] 《马克思恩格斯文集》第 3 卷，人民出版社 2009 年版，第 466 页。

代化道路从发展理论层面承续了非资本现代化发展的历史基因。

从实践层面，新中国通过"一化三改"等一系列措施取得了社会主义革命的胜利，奠定了后续现代化的物质基础和制度条件，然后通过改革开放解决了计划与市场的矛盾关系问题，协调了资本与社会主义有机共存关系，最终证实了非资本现代化发展逻辑存在的可能性。列宁曾指出："一切民族都将走向社会主义，这是不可避免的，但是一切民族的走法却不会完全一样，在民主的这种或那种形式上，在无产阶级专政的这种或那种形态上，在社会生活各方面的社会主义改造的速度上，每个民族都会有自己的特点。"[1] 而中国式现代化就正好如列宁所指出的这样，是在科学理论指导下探索开创出的符合历史发展规律和本国实际的社会主义新型现代化模式。尤其进入新时代以来，随着中国社会发展基本矛盾的转变，第一个百年奋斗目标的完成，中国式现代化之于西方资本主义现代化而言，其优越性愈加凸显，这从实践上有力论证了社会主义现代化发展逻辑的科学性、正确性。

2. 纵向定位：党的独立领导促成中国式现代化

第一，中国共产党的精神主动和实践先行翻开了中国式现代化历史进程的第一页。纵观世界现代化历史趋势，根据推动现代化发展的动力类型划分，大致存在两类现代化模式：一是马克思主义唯物史观下由于自身社会内部生产力与生产方式矛盾推动而自发遵循历史发展规律的"内发型"现代化；二是后起国家在外部环境刺激和引领带动下而开启的"外驱型现代化"。从近代中国的发展来看，早期中国的现代化属于后者，其现代化的驱动力主要依靠外部力量。不过，自中国共产党成立以来，始终坚持以先进理论指导下的精神主动去推动构建符合自身实际的中国式现代化模式。毛泽东同志曾指出："自从中国人学会了马克思列宁主义以后，中国人在精神上就由被动转入主动。"[2] 而中国共产党作为马克思主义的先行者，在推动中国式现代化发展的进程中，更是将这种把握历史主动的精神信念融进实践范式中。从新民主主义革命到社会主义革命，再到改革开放和"中国梦"

---

[1] 《列宁选集》第2卷，人民出版社2012年版，第777页。
[2] 《毛泽东选集》第4卷，人民出版社1991年版，第1516页。

的提出,这些无一不是党推进中国式现代化的精神主动的具象化。

第二,"四个现代化"的提出与践行,表明了党探索中国式现代化道路决心与信念得到承续延伸。新中国成立后,党推出了一系列政策,采取了一系列措施来探索推进"四个现代化",这种不懈探索不仅体现为党的指导理论的不断丰富创新,更体现为党团结领导各族人民进行的革命、建设和改革实践。1949年,当毛泽东同志在七届二中全会上首次提出"现代化"这一概念时,就在很大程度上埋下了中国社会发展迈向现代化的种子。毛泽东同志指出"古代有封建的土地所有制,现在被我们废除了,或者即将被废除,在这点上,我们已经或者即将区别于古代,取得了或者即将取得使我们的农业和手工业逐步地向着现代化发展的可能性"①。在这之后的十几年中,党领导各族人民陆续实施了一个又一个"五年计划",将中国建设成了一个拥有完整独立工业体系的现代化工业国家的同时也赋予了中国人民现代化的生活和思想方式。党领导下的中国式现代化道路,既未模仿西方,也未完全参照马列经典教科书,而是依据自身实际,实践加总结,坚持"四化并举",努力将自身建设成为社会主义现代化强国,彻底改变国家和人民的命运,走向光明未来。

第三,中国式现代化,究其社会性质而言,是党在探索社会主义道路基础上建立起来的现代化,是具有中国特色的社会主义现代化。而中国特色的社会主义现代化就意味着这种现代化是不同于其他任何国家的一种新型现代化模式,它推动形成的是区别并超越资本主义现代化的新型社会形态。邓小平指出:"我们搞四个现代化建设,人们常常忘记是什么样的四个现代化,是社会主义的四个现代化。"② 这表明中国式现代化必须是紧紧契合社会主义的。此外,由于社会主义并非中国独有,因而中国式现代化要在保证社会主义性质的基础上,贴合中国具体实际,有机融入中国历史传统,凸显民族特色,绝不是通过仿照他人、消解自我来打造一种现代化发展的"万能模板"。习近平总书记在党的二十大报告中指出:"中国式现代化,是中国共

---

① 《毛泽东选集》第4卷,人民出版社1991年版,第1430页。
② 《邓小平选集》第3卷,人民出版社1993年版,第173页。

产党领导的社会主义现代化，既有各国现代化的共同特征，更有基于自己国情的中国特色。"① 这从辩证统一的角度充分说明了中国式现代化在集世界各国现代化之共通点的同时，也在着力打造属于自身的优势即统摄于中国共产党领导下的社会主义目标。

3. 横向定位：人民共享凸显中国式现代化

第一，基于理论层面，马克思主义人学理论是指导中国式现代化发展的基础理论之一。在马克思主义人学理论中，包含了人的存在、本质和发展等基本内容。首先，从人的存在来看，"现实的人"是唯物史观观察、理解历史现象的前提和出发点。所谓现实的人，即在一定条件下从事活动的人。"现实的人"决定了中国式现代化发展的价值追求必须立足广大人民的现实根本利益，谋求人民的现实幸福生活。对此，习近平总书记在2018年湖北考察时的讲话中指出："要抓住人民最关心最直接最现实的利益问题，把人民群众的小事当作我们的大事，从人民群众关心的事情做起，从人民满意的事情做起。"② 其次，从人的本质来看，在马克思看来，人的本质"是一切社会关系的总和"③，而其中于人而言最重要的社会关系是生产关系，发展良好的生产关系是人的本质所决定的。党的二十大报告指出："我们要构建高水平社会主义市场经济体制，坚持和完善社会主义基本经济制度，毫不动摇巩固和发展公有制经济，毫不动摇鼓励、支持、引导非公有制经济发展，充分发挥市场在资源配置中的决定性作用，更好发挥政府作用。"④ 这里对公有和非公有制经济的有机协调，也正是在一定程度上基于"人的本质"的考虑，根本目的是实现和维护广大人民的根本利益，进而实现人的本质。最后，从人的发展来看，与西方现代化的"资本逻辑"不同，马克思主义强调实现人的全面自由发展，力求规避资本对人的压制，避免人的异化。党的二十大报告指出中国式现代化的本质要求是"发

---

① 习近平：《高举中国特色社会主义伟大旗帜　为全面建设社会主义现代化国家而团结奋斗——在中国共产党第二十次全国代表大会上的报告》，人民出版社2022年版，第22页。
② 《习近平谈治国理政》第3卷，外文出版社2020年版，第135页。
③ 《马克思恩格斯选集》第1卷，人民出版社2012年版，第139页。
④ 习近平：《高举中国特色社会主义伟大旗帜　为全面建设社会主义现代化国家而团结奋斗——在中国共产党第二十次全国代表大会上的报告》，人民出版社2022年版，第29页。

展全过程人民民主,丰富人民精神世界,实现全体人民共同富裕,促进人与自然和谐共生,推动构建人类命运共同体,创造人类文明新形态"①。由此表明,发展中国式现代化,不是为了维护少数人的利益,而是为了实现人民共赢。

第二,基于实践层面,习近平总书记指出:"我们要着力提升发展质量和效益,更好满足人民多方面日益增长的需要,更好促进人的全面发展、全体人民共同富裕。"②按照这一要求,进入新时代以来,为了实现人民对幸福生活的向往,党坚持在"脱贫攻坚""民生就业"和"疫情防控"等诸多关乎民生的重大问题上持续发力、多措并举,用行动来深刻诠释人民至上理念。此外,除了满足人民对于物质生活的需求,对于人民的政治生活,党和国家也力求做到让其满意。为了追求最广泛、最真实、最管用的社会主义民主,习近平总书记提出要在中国式现代化过程中贯彻全过程人民民主,要让社会主义民主贯穿选举、协商、决策管理、监督等环节,实现全链式运行。2013年,"全过程民主"作为一种实践机制写入了国家法律。自此,广大人民参与政治生活,为国家发展建言献策的一些相关权利得到了更好的保障,人民的积极性、主动性得到了进一步提高。最后,无论是改善提高物质生活,还是保障政治权利,党始终以人民作为出发点和落脚点,这充分凸显了中国式现代化与西方现代化的不同之处,说明了中国式现代化是由广大人民参与并分享成果的现代化,不是少数人推动并独享的现代化。

(三) 中国式现代化的实践意义

1. 中国式现代化对资本发展逻辑的辩证否定和超越意义

人类社会进入现代化的路径是不是单一的,从世界各国已有的实践来看,答案显然是否定的。西方工业文明的发展虽然是世界现代化进程的开端,打开了人类社会发展新局面,但从辩证的角度来看,这种

---

① 习近平:《高举中国特色社会主义伟大旗帜 为全面建设社会主义现代化国家而团结奋斗——在中国共产党第二十次全国代表大会上的报告》,人民出版社2022年版,第23页。
② 《习近平谈治国理政》第3卷,外文出版社2020年版,第133页。

"新"主要是相对于前资本主义时期的人类社会生产力和存在状态而言的。西方国家开创的这种以资本为核心、以工业为基础的现代文明以一种近乎野蛮的方式将整个世界联结为一个整体，它迫使其他相对落后的国家卷入了这种现代文明，俨然将自己打造成了世界先进文明的中心。但这种现代化文明在长期的发展中也逐渐暴露出了一些本质特点，包括阶级分化与对立、人的异化与片面发展等。对此，马克思指出，"新的工业的建立已经成为一切文明民族的生命攸关的问题"①，西方现代化文明暴露出的种种缺陷表明人类现代化道路尚未到达终点，需要在此基础上继续向前迈进。以资本增殖为核心发展逻辑的西方现代化文明虽然造成了人的片面化，颠倒了人与物的位置，但不可否认的是它在历史中起到过非常具有革命性的作用。相对于前资本主义时期的奴隶制、农奴制而言，资本主义文明获取人的剩余价值的方式显然更为"文明"，这带来了社会的进步和生产力的极大发展，为更高级的现代化文明的出现创造了有利条件。在马克思看来，基于西方工业发展基础上的未来文明，是人类文明的新进路。由此再结合中国特色社会主义数十年的实践来看，可以确认中国式现代化正是基于对西方工业文明的辩证否定，超越了资本发展逻辑，指向未来文明的新进路。

建立在对西方资本主义工业文明批判反思基础上的中国式现代化，不仅用实践证明了科学社会主义比之资本主义的优越性，更在文明层面对西方支配全世界的工业文明形成了冲击与超越。这种冲击与超越可以通过中国的发展历程得以体现。一方面，在党的领导下，中国式现代化道路已然改变了以往的东方落后农业大国被西方支配的命运，实现了走向独立自主和繁荣富强的目标，激活了中国人民迈向现代化的主动性，使得一个具有五千年文明的古老民族重新在现代化进程中散发活力。对此，习近平总书记指出中国式现代化"使中国大踏步赶上时代，实现了社会主义现代化进程中新的历史性跨越，迎来了中华民族伟大复兴的光明前景"②。另一方面，中国式现代化续写了

---

① 《马克思恩格斯文集》第 2 卷，人民出版社 2009 年版，第 35 页。
② 《习近平论把握新发展阶段、贯彻新发展理念、构建新发展格局》，中央文献出版社 2021 年版，第 472 页。

科学社会主义的新篇章，也勾画出了资本主义之后的新型文明形态。迄今为止，中国式现代化是唯一将社会主义文明与自身历史文化有机融合并形成新的实践逻辑的发展道路，或许这条道路还尚未完全成型，但它对资本主义文明的辩证否定，对人民美好生活的实现已然将世界进步的未来图景描绘了出来。

2. 中国式现代化为广大发展中国家提供重要参照

世界各国在其现代化的进程中，有依靠自身内部力量推动自觉加入现代化的，也有被外部力量驱使被动加入的，但不论何种缘由，它们中的大多数国家都无一例外不同程度地借鉴了西方的现代化模式，更有落后国家甚至全面照搬西方模式。这些国家的现代化进程在一定程度上就是西方现代化模式的不断外延和散射过程。不过令人惋惜的是，部分落后的发展中国家自从全面照搬西方现代化模式后，不仅未对本国经济社会发展产生进步作用，反而适得其反，并在相当程度上沦为西方主要资本主义国家的政治经济附庸，发展受到限制。纵观世界各国，当前依旧有很多发展中国家继续紧跟西方现代化模式，遵循着这种单一选项，然后按照被划定的道路亦步亦趋。不过，与很多发展中国家不同，中国选择了遵循科学社会主义理论的指导，并结合自身实际独立自主地走出了属于自身的中国式现代化道路。经过不断的实践，中国式现代化道路已被证明是超越西方现代化道路的科学的道路，是区别于西方现代化道路的第二个发展道路选项，它值得广大发展中国家学习、参考和借鉴。

对于广大发展中国家而言，中国式现代化的参考意义主要表现在两方面：一是让自身发展趋于独立。中国式现代化的独到之处在于自身立足社会主义道路发展的同时又通过对外开放充分吸收了西方资本主义的一切优秀成果，这样一来就使得自身独立自主发展和降低国际资本进入本国蛮横生长风险同时并举，并在全球化浪潮中掌握历史主动，在较大程度上脱离西方掌控。二是让自身历史文化、风土人情有机融入现代化进程。中国式现代化之所以能另辟蹊径，重要原因之一在于它根系于本国各民族特色，深耕各民族优秀传统历史文化，进而探索适合自身的现代化发展道路、方式，而绝非照抄"作业"，复制粘贴西方现代化模式。此外，在对待发展公平问题上，中国式现代化强调在坚守"公有制为主体"和"共同富裕目标"两大原则的基础上，实现广大人民在现代化进程中的共建共享。所以，中国式现代化给广大发展中国家的重要参照总体上在于它"拓展了发展中国家走向现代化的途径，给世界上那些既希望加快发展又希望保持自身独立性的国家和民族提供了全新选择，为解决人类问题贡献了中国智慧和中国方案"①。

3. 中国式现代化实现了对科学社会主义实践的继承和发展

人类社会的历史自从迈入近代以来，现代化的道路就以西方资本主义为模板，但资本主义社会内在的结构性矛盾，致使其必将成为进化到下一个社会形态的阻碍。科学社会主义的产生意味着资本主义内部的基本矛盾已经初见端倪，资本主义正逐渐朝着毁灭自己的方向行进。但现实是，几百年来资本主义仍处于发展上升期，全世界大多数国家和地区依旧为资本主义所支配。所以，科学社会主义的存在对于大多数资本主义国家和地区而言无异于洪水猛兽，为很多人所批评和谩骂，以至于曾经"旧欧洲的一切势力，教皇和沙皇、梅特涅和基佐、法国的激进派和德国的警察，都联合起来了"②，围剿这个所谓的幽灵。但即便一些激进的西方学者和政客在一些方面否定科学社会主义，进而否定立足科学社会主义的社会主义现代化道路，也无法扼杀凭科学社会主义走上现代化道路的可能性。而中国共产党自诞生伊始，便致力于领导中国人民独立自主地探索属于自身的现代化道路。20 世纪末，东欧剧变和苏联解体致使全世界的社会主义运动陷入低潮，以科学社会主义为基础探索现代化道路的可能性一度被人质疑。不过，中国共产党凭借自身对科学社会主义的坚定信仰和对先进理论的创新运用经受住了考验，并通过总结正反两方面经验成功在 21 世纪再度将科学社会主义的伟大旗帜扬起。"由于中国特色社会主义不断成功，冷战结束后世界社会主义万马齐喑的局面得到很大程度的扭

---

① 《习近平谈治国理政》第 3 卷，外文出版社 2020 年版，第 8—9 页。
② 马克思、恩格斯：《共产党宣言》，人民出版社 2014 年版，第 26 页。

转，社会主义在同资本主义竞争中的被动局面得到很大程度的扭转，社会主义优越性得到很大程度的彰显。"①

作为面向未来社会形态的现代化，中国式现代化在马克思主义的指导下，自诞生以来就与资本主义现代化有着本质上的区别，是在对资本主义现代化的批判和超越的基础上，继承了人类社会先进的文明成果，在其独特的历史和现实环境中形成的现代化道路。新中国成立以来，尤其是改革开放以来，中国式现代化道路的开辟，使中国人民在相对稳定的环境下创造了经济社会发展奇迹，一举完成了首个百年奋斗目标，并朝着下一个百年奋斗目标迈进，继续追逐属于全体人民的中国梦。纵观中国式现代化发展历程，就是科学社会主义的不断创新运用的过程，是对社会主义现代化道路可行性问题的正面肯定回答。尽管，在迄今为止的文明中，还没有哪个文明能够将科学社会主义的优越性全部发挥出来。但是在当下，在中国共产党的引领下，中国式现代化道路继续守正创新，创造历史，用实际行动和现实结果让"社会主义失败论"失败，让"历史终结论"终结，并将不断向中国和全世界人民证明科学社会主义能够从实践和理论上经受住时代考验。

---

① 任仲文主编：《共产党人的必修课：学习马克思主义理论》，人民日报出版社2020年版，第350页。

第二章 21世纪马克思主义：中国式现代化的指导思想

一 深刻领悟21世纪马克思主义"三力"

习近平新时代中国特色社会主义思想作为全党全国人民为实现中华民族伟大复兴而奋斗的理论指南，是在大学习理论、大调研实际、大兑现承诺的基础上产生的。习近平新时代中国特色社会主义思想作为当代中国化马克思主义，不是背弃割裂马克思主义，而是在大学习中坚持对马克思列宁主义、毛泽东思想、邓小平理论、"三个代表"重要思想、科学发展观的继承与发展。习近平新时代中国特色社会主义思想作为解释和改造世界的知行合一统一体，不是脱离现实的理论设想，而是在深调研中坚持对世情、国情、党情、民情的全面统筹把握。习近平新时代中国特色社会主义思想作为实现国家富强、民族振兴、人民幸福的大势所趋，是对民意、民心、民生、民主的通盘考虑。习近平新时代中国特色社会主义思想是马克思主义基本原理与中国实际和时代特征相结合而产生的，具有强大的生命力、创造力和感召力（即"三力"），其生命力、创造力和感召力是在大学习、深调研和真落实中拥有的，过去拥有并不代表现在拥有，现在拥有并不代表永远拥有，要使习近平新时代中国特色社会主义思想永葆活力，就必须与时俱进地大学习、深调研和真落实。因此，大学习、深调研、真落实不是一劳永逸的，而是永远在路上。

（一）习近平新时代中国特色社会主义思想是在继承马克思主义基础上产生的新时代中国化马克思主义

习近平新时代中国特色社会主义思想作为新时期中国化马克思主

义,与马克思主义一脉相承又与时俱进,这个一脉相承就是"承"在人民至上的政治立场、实事求是的基本方法、共产主义的远大理想和与时俱进的理论品质四个方面。而与时俱进就是"进"在发展以后面临的"平衡发展与充分发展"的"时"上,也就是说习近平新时代中国特色社会主义思想就是要用马克思主义立场、观点、方法解决中国发展中的不平衡不充分的问题。习近平新时代中国特色社会主义思想所具有的价值导向与问题意识不是理所当然、自然而然得来的,是全党上下在大学习中形成的,大学习不仅是我们党的优良传统,也是我们党的现实需要。我们党历来重视学习,尤其重视对马克思主义的学习,而且要全面学、贯通学、深入学、带着信念学、带着感情学、带着使命学,不仅领导集体学习,而且党员全体学习,不仅党员学习,而且全社会学习,我们的党是学习型政党,我们的社会是学习型社会,我们的人民是终身学习的人民。我们党和人民靠学习走向现在,靠学习走向未来,学习不是一劳永逸、一蹴而就的,而是常学常新、常新常学,大学习永远在路上、永无止境。

(二) 习近平新时代中国特色社会主义思想是在通晓世情国情党情民情基础上形成的实践真知

习近平新时代中国特色社会主义思想作为着眼现实基础的理论创新,是对现实的经验总结与理论提升。习近平新时代中国特色社会主义思想作为一个科学理论体系是在实践中逐步形成和发展的,这也是一个深入调查研究的过程。调查研究不仅是我们党一以贯之的优良传统,也是我们党带领人民办大事的现实需要。毛泽东曾提出,没有调查就没有发言权,没有正确的调查就没有正确的发言权,调查就像十月怀胎,解决问题就像一朝分娩。[①] 邓小平非常重视调查研究,曾说要把调查研究作为永远的、根本的工作方法;实事求是是马克思主义的精髓,[②] 实践是检验真理的唯一标准;领导者必须多干实事。那种只靠发指示、说空话的坏作风,一定要转变过来。习近平总书记在继

[①] 《毛泽东选集》第1卷,人民出版社1991年版,第110页。
[②] 《邓小平文选》第3卷,人民出版社1993年版,第382页。

承革命传统的基础上指出，调查研究是谋事之基、成事之道。没有调查，就没有发言权，更没有决策权。习近平总书记通过调研作出全面深化改革重大决策，推进全面从严治党重大工程，实施京津冀协同发展重大战略，推动供给侧结构性改革，破解环保短板重大现实问题，关心百姓民生大计，从调研中发现问题、认识国情、寻求规律，在调研中孕育新认识、谋划新战略、形成新举措、汇聚新思想。习近平新时代中国特色社会主义思想是在深调研、细调研、实调研中形成，并在进一步调研中发展的，没有调研，就没有发言权、决策权，调查是常态、动态，需要承前启后、继往开来，因此，我们要在坚持和发展调研中展现习近平新时代中国特色社会主义思想的实践魅力。

（三）习近平新时代中国特色社会主义思想是在通晓民心、民意、民生、民主基础上的人心所向

习近平新时代中国特色社会主义思想是在不断回应和兑现对人民的承诺的基础上形成和发展的。习近平新时代中国特色社会主义思想具有人民性。习近平总书记从梁家河一路走来，就是在为人民办实事、解难题中一路走来的，习近平新时代中国特色社会主义思想形成和发展的过程，就是接受实践检验的过程。所谓接受实践检验，就是把设想变为现实的过程，是把理想付诸实践的过程，是获得人民认同和支持的过程，就是真落实过程。真落实不仅是我们党的优良传统，也是现实需要。我们党历来都重视实践性，都秉承解释世界与改造世界的统一，都坚持知行合一、理论与实践相结合。不管是毛泽东还是邓小平都坚持干中学、学中干，都关注解决实际问题。习近平总书记更是坚持求真务实，坚持现场解决问题。习近平新时代中国特色社会主义思想是在真落实一系列承诺、一系列举措中办成了过去想办而没有办成的大事、解决了过去想解决而没有解决的难题，获得人民认可与支持的。真落实不是一阵子，而是长期的。现在真落实，不代表永远真落实，我们要在不断真落实中把习近平新时代中国特色社会主义思想推向深入。

(四）大学习、深调研、真落实是习近平新时代中国特色社会主义思想永葆生命力、创造力和感染力的内在要求

习近平新时代中国特色社会主义思想的生命力、创造力和感召力来自其与中国国情相结合、与时代同进步、与人民共命运，是深入调研实际，是真落实人民承诺、真学习时代大势的过程。开展大学习、深调研、真落实的过程，也是寻找、保持、践行和实现初心的过程，是我们党在对人性升华的基础上把人民对美好生活的向往作为我们奋斗目标的过程。开展大学习、深调研、真落实的过程，就是武装全党、教育人民、统一思想的过程，就是直面现实、触动思想的过程，就是提振精神、凝聚合力的过程，就是强化担当、勇攀新高的过程。大学习、深调研、真落实是了解应然、把握必然、立足实然的过程，是集中民智、体现民意、反映民情、联系群众、为民办事的过程，是对真实情况了然于胸，使工作有抓手、破题有办法、推动工作的过程，是向群众学习、向实践学习，认识能力、判断能力和工作能力的自我提高过程，也是促使党员干部正确认识客观世界、改造主观世界、转变工作作风、增进人民感情的过程，这个过程说到底就是为民服务、造福人民的过程。

（五）实现人民对美好生活的向往，增强人民的安全感、获得感和幸福感

人民对美好生活的向往与我们党全心全意为人民服务的宗旨是一致的，我们要在升华人性、增强人民性、坚定党性三者统一中实现人性、党性与人民性的统一，人民的期待就是我们党的追求，人性的光辉就是党性的荣光。我们要在大学习、深调研、真落实中实现党的意志与人民期盼的无缝对接，在实现党的奋斗目标中兑现对人民的承诺。通过大学习、深调研、真落实让全国人民心往一处想，劲往一处使，形成以人民发展为中心的命运共同体，你中有我、我中有你，我为人人、人人为我，形成一种氛围、气势、精神。这种精神，就是人人都是实干家、主人翁，都有干的动力和冲劲，是想干、会干、能干的身体力行者，是学习者、调研家、落实者。只有这样，大学习、深调研、真落实才能蔚然成风，习近平新时代中国特色社会主义思想才

能走向人民、走向实践,成就人民对美好生活的期待,才能实现强国梦、振兴梦、富民梦,才能实现充分发展、均衡发展,才能实现既定奋斗目标。我们党是一个有远大理想的党,也是一个善于把远大理想与眼前目标结合起来的党,更是一个通过奋斗把理想变为现实的党。我们的人民是有想法、有办法,勤劳朴实、吃苦肯干,能用劳动托起中国梦的人民,我们的民族是伟大的民族,是具有创造精神、奋斗精神、团结精神和梦想精神的民族,我们要发扬民族精神、建党精神、人民精神、革命精神,以一往无前的姿态和永不懈怠的精神实现中华民族的伟大复兴。

二 在解决重大现实问题中把21世纪马克思主义引向深入

习近平新时代中国特色社会主义思想作为马克思主义基本原理与中国实际和时代特征相结合而产生的中国化马克思主义,具有马克思主义的身份与身价,这个身份就是习近平新时代中国特色社会主义思想是马克思主义,这个身价就是新时代中国化马克思主义,作为具有马克思主义身份与身价的习近平新时代中国特色社会主义思想,是在回应人民对美好生活向往的实践中产生的具有鲜明人民性的当代中国马克思主义,是为中国人民谋幸福、为中华民族谋复兴、为中华人民共和国谋富强、为世界各国谋进步、为世界人民谋和平的理论,这个理论是中国人民与世界人民都需要的理论,是解决中国人民与世界人民诉求的理论,也就是说,习近平新时代中国特色社会主义思想是在探索和回答中国人民与世界人民面临的问题中产生的,具有鲜明的问题导向,也是在进一步回应中国人民和世界人民诉求中走向人民与走向世界。因此问题意识贯穿习近平新时代中国特色社会主义思想始终,这个问题意识不是见物不见人的问题意识,而是针对人民生存与发展问题而言的问题意识,也就是说习近平新时代中国特色社会主义思想是在实事求是地解决中国人民和世界人民的现实重大问题中走向深入的。

（一）习近平新时代中国特色社会主义思想是在直面人民最关心、最直接的重大现实问题中从理论创新走向实践创新的

作为着眼现实基础上的理论创新，习近平新时代中国特色社会主义思想是在"解决了过去长期想解决而没有解决的难题，办成了许多过去想办而没有办成的大事"① 基础上产生的，也就是说习近平新时代中国特色社会主义思想是在解决人民最关心最直接最现实的利益问题中产生的。习近平新时代中国特色社会主义思想的产生过程解决了与人民切身利益相关的许多难题，办成了关乎人民根本利益的许多大事，但是并没有穷尽完难题与大事，这些需要进一步解决的难题，需要接力办成的大事，就是邓小平说的"发展起来以后的问题"。也就是说，习近平新时代中国特色社会主义思想在从理论创新走向实践创新的过程中需要进一步深入持续解决的问题就是发展起来以后的问题，就是强起来的问题，就是发展不平衡与不充分的问题，这个不平衡主要是就发展不当而言，这个不充分是就发展不足而言，也就是说习近平新时代中国特色社会主义思想就是要在解决发展不足与发展不当中走向深入。发展不足与发展不当问题不仅体现在经济方面，也贯穿在政治、文化、社会、生态方面，这些发展不足与发展不当的问题不是抽象的政治、经济、文化、社会、生态问题，而是与人民切身利益相关的经济、政治、文化、社会、生态问题，因为人不仅是一个经济人、政治人、文化人、社会人，而且是一个生态人，人不仅有经济方面的追求、也有政治、文化、社会、生态方面的期盼，人的需要是综合的。因此，习近平新时代中国特色社会主义思想过去解决的问题、现在解决的问题与将来要解决的问题都是与人的利益密切相关的问题，都是关乎人的美好生活需要和幸福生活的问题。因此，习近平新时代中国特色社会主义思想是在解决人民最现实利益的问题中产生的，也是在解决人民最关心的利益问题中进一步发展的，因此，解决人民最关心、最直接的重大现实利益问题是贯穿习近平新时代中国特色社会主义思想的主旨。

---

① 习近平：《决胜全面建成小康社会 夺取新时代中国特色社会主义伟大胜利——在中国共产党第十九次全国代表大会上的报告》，人民出版社2017年版，第8页。

（二）习近平新时代中国特色社会主义思想不会自然而然地在解决人民最关心、最直接的重大现实问题中从理论创新走向实践创新，而是需要用习近平新时代中国特色社会主义思想武装起来的时代新人在真学真懂真信真用中使其从理论创新走向实践创新

习近平新时代中国特色社会主义思想作为马克思主义基本原理与中国实际和时代特征相结合的理论成果，是真理、是科学，具有普遍的指导意义，然而它并没有针对具体问题给出现成答案。尽管习近平新时代中国特色社会主义思想不能给我们提供解决具体问题的现实答案，但是它能帮助我们找到解决现实问题的具体答案，就是靠习近平新时代中国特色社会主义思想蕴含的马克思主义立场与方法，这个立场与方法就是以人为本的政治立场，实事求是的基本方法，我们只有运用习近平新时代中国特色社会主义思想中蕴含的以人为本的政治立场与实事求是的基本方法，才能找到解决中国现实问题的具体答案。这就需要用习近平新时代中国特色社会主义思想武装起来的时代新人在实践中把习近平新时代中国特色社会主义思想从理论创新推向实践创新。

（三）掌握习近平新时代中国特色社会主义思想的时代新人就是学深弄通做实习近平新时代中国特色社会主义思想的人民大众

习近平新时代中国特色社会主义思想作为马克思列宁主义、毛泽东思想、邓小平理论、"三个代表"重要思想、科学发展观的继承和发展，是马克思主义中国化的最新理论成果，是党和人民实践经验和集体智慧的结晶，是一切从群众中来，一切为了群众，为了群众的一切，造福群众幸福生活的理论，是发自人民内心的，对群众具有天然的感召力、感染力和亲和力的理论。毕竟只有发自内心才能打动人心，只有打动人心才能说服人、武装人、教育人，才能从精神变为物质，从理论变为实践。要真正学懂弄通做实习近平新时代中国特色社会主义思想，就必须走近实践中的习近平总书记，因为习近平新时代中国特色社会主义思想是在习近平总书记主导下创立的新理论，习近平总书记在其中的作用最大、贡献最大，要学深弄懂做实习近平新时代中国特色社会主义思想,就要走进习近平总书记的七年知青岁月。梁家河的七年知青岁月是习近平新时代中国特色社会主义思想的历史起点、实践起点和情感起点,正如习近平总书记所说:"我们读了很多书,但是书里面有水分,只有和群众相结合,才能把水分蒸发掉,得到真正知识。"[1] 习近平总书记说:"七年上山下乡的艰苦生活对我的锻炼很大,最大收获有两点:一是让我懂得了什么叫实际,什么叫实事求是,什么叫群众。这是我获益终生的东西。二是培养了我的自信心。"[2] "当年,我人走了,但是我把心留在了这里。"[3] 这些融合了生命体验的真知灼见,才能给我们启发。我们要学深弄懂做实习近平新时代中国特色社会主义思想,还要了解习近平总书记在正定的三年经历,在福建的十七年经历,在浙江的五年经历,在上海的一年经历,要读《知之深爱之切》《摆脱贫困》《之江新语》《干在实处走在前列》《习近平谈治国理政》等,只有这样,才能理清贯穿习近平新时代中国特色社会主义思想的实事求是基本方法与以人为本的政治立场,才能把握其中贯穿的科学社会主义理论逻辑、中国人民长期奋斗的实践逻辑、中国社会发展的历史逻辑,才能把握实现中华民族伟大复兴中国梦的过程,才能知晓实现伟大梦想,必须进行伟大斗争,进行伟大斗争必须建设伟大工程,建设伟大工程必须推进伟大事业之间的逻辑关系,才能真正把握习近平新时代中国特色社会主义思想的主流与主线,才能真正做到学深弄通做实。

(四)学懂弄通做实习近平新时代中国特色社会主义思想就是把习近平新时代中国特色社会主义思想的"四梁八柱"转化为自己的认知结构与行动指南

作为党的十九大重要理论成果贡献和核心内容的习近平新时代中

---

[1] 中央党校采访实录编辑室:《习近平的七年知青岁月》,中共中央党校出版社2017年版,第81页。

[2] 中央党校采访实录编辑室:《习近平的七年知青岁月》,中共中央党校出版社2017年版,第401页。

[3] 中央党校采访实录编辑室:《习近平的七年知青岁月》,中共中央党校出版社2017年版,第447页。

国特色社会主义思想,通过指导思想层面的"八大明确",实践纲领层面的"十四个坚持",对新时代坚持和发展什么样的中国特色社会主义、怎样坚持和发展中国特色社会主义这个重大时代课题进行了创造性回答,使我们从历史方位上,明白了中国特色社会主义进入新时代;在理论主题上,明白了坚持和发展中国特色社会主义是当代中国的鲜明主题;在奋斗目标上,明白了分两步走"在本世纪中叶建成富强民主文明和谐美丽的社会主义现代化强国"的新目标;在发展理念上,明白了中国社会主要矛盾的转化与新发展理念;在发展布局上,明白了中国特色社会主义事业发展过程中的总体布局是"五位一体"、战略布局是"四个全面";在发展动力上,明白了全面深化改革总目标和主要内容;在发展保障上,明确了全面依法治国的总目标和主要内容;在安全保障上,明白了新时代的强军目标与方略;在外部环境上,明白了新时代中国外交的理念;在政治保障上,明白了新时代党的建设的"新要求";在治国理政方法上,明白了要把马克思主义哲学的创新成果作为治国理政的世界观方法论。对于我们用发展的理论指导新的实践具有思想上和行动上的指导意义,我们要内化于心、外化于行,在理论武装中实现理论创新向实践创新的转化。

(五)**学深弄通做实习近平新时代中国特色社会主义思想的过程,就是党团结带领广大人民群众艰苦奋斗再创业的过程,全面深化改革再出发的过程,就是对"什么是马克思主义,如何对待马克思主义;什么是社会主义,如何建设社会主义;建设一个什么样的党,如何建设党;实现什么样的发展,如何实现发展;坚持和发展什么样的中国特色社会主义,如何坚持和发展中国特色社会主义"再认识、再思考、再回答的过程**

对以上四个基本问题再认识、再探索、再回答的过程,就是党带领人民实现国家富强、民族振兴、人民共同富裕的过程,就是党把马克思主义与中国实际相结合,推进中国化马克思主义最新成果的过程,就是党通过自我革命推动社会革命的过程,就是党通过体制变革完善根本制度的过程,就是党通过体制转型实现发展转型的过程,就是党通过国家治理体系与治理能力现代化过程完善和巩固中国特色社会主义制度的过程，也就是党通过带领和团结全国各族人民以永不懈怠的精神状态和一往无前的奋斗姿态，坚持以人民对美好生活的向往与不平衡不充分发展之间的矛盾为主要社会矛盾，以全面建成小康社会，基本实现社会主义现代化、建成富强民主文明和谐美丽的现代化强国为系列目标，接力奋斗的过程，就是党保持自身内部团结与人民团结携手共进的过程，就是中国共产党结合世界变动、中国变化对马克思主义指导思想，对社会主义道路，对中国共产党领导，对人民主体作用新觉醒的过程，这个新觉醒的过程就是解放思想、实事求是、与时俱进、求真务实的过程，就是践行富强民主文明和谐、自由平等公正法治、爱国敬业诚信友善社会主义核心价值观的过程，就是践行创新、协调、绿色、开放、共享新发展理念的过程，就是推动全面建成小康社会、全面深化改革、全面依法治国、全面从严治党的过程，就是坚定中国特色社会主义道路自信、理论自信、制度自信、文化自信的过程，就是通过坚持发展中国特色社会主义实现中华民族伟大复兴中国梦的过程，就是通过坚持中国道路、弘扬中国精神、凝聚中国力量实现中国梦的过程，也是实现和平发展合作共赢世界梦的过程，也是把习近平新时代中国特色社会主义思想转化为清醒的理论自觉、坚定的政治信念、科学的思维方法，做信念坚定的表率、做为民服务的表率、做勤政务实的表率、做敢于担当的表率、做清正廉洁的表率的过程。

（六）在解决重大现实问题中把习近平新时代中国特色社会主义思想推向深入，必须坚持党的领导

因为习近平新时代中国特色社会主义思想不会自然而然地去解决现实问题，用习近平新时代中国特色社会主义思想解决现实问题不仅是武装人民的问题，而且是教育党的问题，也就是说用习近平新时代中国特色社会主义思想解决现实问题，不仅依靠人民群众，而且需要党的领导，也就是要抓关键少数，用先进理论教育党，再由关键少数调动广大人民对习近平新时代中国特色社会主义思想真学真懂真信真用，也就是存在一个以党的先进带动人民的先进，以党的理论武装带动人民理论武装，也就是党要团结人民、动员人民。首先在于党要先进行自我教育。这里面就存在一个如何处理人民与英雄的关系的问题，过去我们坚持英雄主义，忽视人民的作用，现在坚持人民创造历史的主体定位，延伸到党与人民也是一样的关系，不能削弱党的领导，不能忽视人民的蓬勃力量、人民的智慧，也就是要合理定位、分工合作、通力合作、形成合力、实现目标，因此在解决重大现实问题中坚持党的领导，在用习近平新时代中国特色社会主义思想解决重大现实问题中坚持党的领导不是一句话，而是要处理好一系列关系，只有理顺关系，形成合力，才会实现先进理论对现实的改造作用，也是党与人民同频共振齐发力，以永不懈怠的精神状态和一往无前的奋斗姿态，把党建设成为始终走在时代前列、人民衷心拥护、勇于自我革命、经得起各种风浪考验、朝气蓬勃的马克思主义执政党，坚持走中国特色社会主义道路，坚持和发展中国特色社会主义，继续朝着实现中华民族伟大复兴的宏伟目标奋勇前进。

（七）在解决重大现实问题中把习近平新时代中国特色社会主义思想推向深入是其中国化、时代化、大众化的过程

这个过程就是与中国国情相结合、与时代特征同进步、与人民共命运的过程，也是一个在实践基础上理论指导新的实践的过程，这个过程就是以习近平新时代中国特色社会主义思想为指引，开新局于伟大社会革命、强体魄于伟大自我革命，激活人民伟力，实现中华民族伟大复兴的过程，是中国共产党自我革命、自我监督、自我反思、自我总结的过程，就是人的全面发展与文明全面提升的过程，是以特定社会关系把握现实，诉诸实践改变现实的过程，是突出整体性与协调性的过程，是以我们正在做的事情为中心，着眼于马克思主义的运用，着眼于对实际问题的思考，着眼于新的实践和发展的过程，也是统筹推进"五位一体"总体布局、协调推进"四个全面"战略布局，坚定"四个自信"，强化"四个意识"，统揽"四个伟大"，将中国特色社会主义伟大事业推向前进的过程。

（八）习近平新时代中国特色社会主义思想是当代中国马克思主义、21世纪马克思主义

习近平新时代中国特色社会主义思想走向现实深处、走向人民内心、走向世界,是一个理论创新走向实践创新、理论武装人民、人民"坚持读原著、学原文、悟原理,坚持全面学、贯通学、深入学、带着信念学、带着感情学、带着使命学,真正做到学深悟透、融会贯通、真信笃行"①的过程,是一个少数人带着问题学、实事求是学、与时俱进学、求真务实学,带动多数人在干中学、学中干的过程,是一个认识与实践良性互动的过程,是一个理论与实践相结合的过程,是一个遵循规律与发挥主观能动性相结合的过程,是一个把理想变为现实、把历史必然性与现实可能性结合起来的过程,是一个接受实践检验、人民考验的过程,是一个坚持立场与方法寻找解决难题答案的过程,对于这样一个知行合一、言行一致、边干边学、合理性变为现实性的过程,我们要在学深弄通做实基础上下功夫,不仅在办好中国的事情中实现对世界的贡献,而且在为解决好世界问题提供中国方案中作出中国贡献。

三 用 21 世纪马克思主义铸魂育人

习近平新时代中国特色社会主义思想作为强起来的理论,具有丰富的内涵和深刻的教育性,这个丰富的内涵就是全面协调可持续"强",也就是科学"强",这个深刻的教育性,就是在成人成才上,能力要强、品质要好、境界要高、视野要宽、知识要深、做人要实,做事要稳,也就是要做到三严三实,要做到求真务实,只有用强起来的理论武装强起来的人,才能实现国强民富,才能实现中华民族伟大复兴和人类命运共同体的构建,进而实现各强其强、强人之强、强强与共、天下共强。

(一) 习近平新时代中国特色社会主义思想蕴含着"强起来"的内在规定性

首先,习近平新时代中国特色社会主义思想是一个在承接"站起

---

① 中共中央宣传部编:《习近平新时代中国特色社会主义思想三十讲》,学习出版社 2018 年版,第 348 页。

来""富起来"基础之上"强起来"的理论。这个"强起来"不是说"站起来"和"富起来"的问题都解决完了,都穷尽了,而是说"站起来"要接着"富起来","富起来"要接着"强起来","站起来"和"富起来"是指全面协调可持续地"站起来"和"富起来",要"以人为本"地"站起来"和"富起来",要"统筹兼顾"地"站起来"和"富起来",这个"强起来"不仅是经济强起来,而且指政治、文化、社会、生态都要强起来,也就是改革发展稳定、内政外交国防、治党治国治军都要涉及。

其次,习近平新时代中国特色社会主义思想作为一个强起来的中国化马克思主义理论,是在回应"马克思主义之问""社会主义之问""党建之问""发展之问""世界之问""中国之问"中强起来的。"马克思主义之问"就是关于"如何认识马克思主义、如何对待马克思主义、如何运用马克思主义"的问题,也就是马克思主义观的问题;"社会主义之问"就是关于"如何认识社会主义、如何对待社会主义、如何实现社会主义"的问题,也就是社会主义观的问题;"党建之问"就是关于"如何认识中国共产党、如何对待中国共产党、如何建设中国共产党"的问题,也就是中国共产党观的问题;"发展之问"就是关于"如何认识发展、如何对待发展、如何实现发展"的问题,也就是关于发展观的问题;"世界之问"就是关于"如何认识世界、如何看待世界、如何贡献世界"的问题,也就是关于世界观的问题;"中国之问"就是关于"如何认识中国、如何对待中国、如何发展中国"的问题,也就是关于中国观的问题。即什么是马克思主义、如何发展马克思主义,什么是社会主义、如何实现社会主义,建设一个什么样的党、如何建设党,实现什么样的发展、如何实现发展,如何认识中国、建设一个什么样的中国,如何认识世界、建设一个什么样的世界的问题。我们的强起来,是在搞清楚建设一个什么样的党,如何建设党的情况下实现强党,是在搞清楚实现什么样的发展,如何实现发展的情况下实现经济、政治、文化、社会、生态五位一体的全面强,是在搞清楚建设什么样的社会主义,如何实现社会主义的情况下实现社会主义强国,是在搞清楚坚持什么样的马克思主义,如何坚持马克思主义的情况下实现中国共产党强,是在搞清楚建设一个什么样的中国、如何建设中国的情况下强起来,是在搞清楚建设一个什么样的世界、如何建设世界的情况下实现强起来。因此,强起来是在马克思主义的正确指导下,在中国共产党的坚强领导下,与时代同进步、与国情相结合、与人民同命运、回应重大问题实现强起来。也就是说强起来是与"为人民谋幸福、为民族谋复兴同为世界求大同有机地联系在一起"①的。也就是说"思想关照实践、理论回应现实、创新聚焦问题,是习近平新时代中国特色社会主义思想的鲜明风格"②。即习近平新时代中国特色社会主义思想解答了"欠发展国家如何建成社会主义的问题,它解决了社会主义制度与市场经济相结合的问题,它解决了世界历史进程中中国实现跨越式发展的问题,它解决了中国特色社会主义成长进程中为解决人类问题贡献中国智慧和中国方案的问题"③。

再次,习近平新时代中国特色社会主义思想作为一个强起来的理论是通过强党实现强国的。是党强带动国强的过程,办好中国的事情关键在党,中国的事情不仅指解决挨打、站起来的事情,也指解决挨饿、富起来的事情,还指解决挨骂、强起来的事情。关键在党,就是党要强,不仅政治上、思想上、组织上要强领导,而且在改革发展稳定、内政外交国防、治党治国治军上要强执政,因为党不仅是一个执政党还是一个领导党,不仅要治国理政,而且要集中统一领导,这个国要强,不仅在硬实力上要强,而且软实力也要强。治国必先治党,强国必先强党,党强带动国强,也就是通过党的领导、党的建设加强国家建设,通过党的长期执政实现国家长治久安,也就是通过全面从严治党强党,通过全面依法治国强国,也就是通过全面从严治党实现全面依法治国。

最后,习近平新时代中国特色社会主义思想作为强起来的理论,

---

① 李捷:《从六大维度全面认识习近平新时代中国特色社会主义思想》,《开放时代》2020年第1期。

② 齐卫平:《习近平新时代中国特色社会主义思想:时代回应与理论功能》,《理论与改革》2018年第5期。

③ 韩庆祥:《深化研究习近平新时代中国特色社会主义思想十个重要学理性问题》,《中共中央党校(国家行政学院)学报》2020年第2期。

不仅在化解中国问题中使中国强起来，而且在使中国强起来的过程中使世界强起来。这一方面是指，中国作为世界的一分子，拥有全世界四分之一的人口，中国强就意味着四分之一的世界强；另一方面指中国强对世界其余四分之三的带动作用，这个带动作用，就是中国经验的辐射作用，就是中国理论的影响作用，就是中国道路的示范作用，就是中国制度的治理作用，就是中国文化的转化作用，也就是中国理论不仅具有解决中国问题的功效，而且具有解决世界问题的功效。这不是说中国理论可以为世界问题的解决提供现成的答案，而是说中国理论里面蕴含的实事求是、以人为本、知行合一的基本观点和方法可以指引人们找到解决问题的办法，中国理论既具有特殊性，也具有普遍性，即方法论意义上的启示性、价值立场的导向性，因而具有化解问题的功效。

（二）凸显习近平新时代中国特色社会主义思想教育性的理由

首先，突出习近平新时代中国特色社会主义思想教育性具有必然性。习近平新时代中国特色社会主义思想作为马克思主义中国化的最新理论成果，是中国共产党人运用马克思主义基本原理解决中国现实问题形成的中国化马克思主义，是我们实现中华民族伟大复兴的行动指南，要实现习近平新时代中国特色社会主义思想对我们所从事伟大事业的指导，就必须以理论武装全党，教育人民，也就是要把习近平新时代中国特色社会主义思想内化于心、外化于行。过去我们在马克思主义中国化大众化的过程中侧重于从科学性角度进行论证，没有从科学性和教育性有机统一的角度进行论证；侧重于从政治性和国家需求的角度进行论证，较少从国家和个人相结合的角度进行论证；侧重智育角度，相对而言德育角度比较弱化，为此，突出习近平新时代中国特色社会主义思想的教育性，就是突出其在德、智、体、美、劳方面的教育性，就是五育并举，就是不仅从知识传授角度看习近平新时代中国特色社会主义思想的教育性，而且要从价值塑造、能力提高、素养提升与人格养成角度来把握习近平新时代中国特色社会主义思想，也就是知识、能力、素养、人格协同。

其次，突出习近平新时代中国特色社会主义思想教育性的重要性。突出习近平新时代中国特色社会主义思想的教育性有利于其在武装全党、教育人民中往深里走、往心里走、往实里走，有利于发挥习近平新时代中国特色社会主义思想在知识传授、能力提升、价值塑造、素养提高、人格养成方面的作用，从而真正把习近平新时代中国特色社会主义思想的教育性转化为育人性。突出习近平新时代中国特色社会主义思想的教育性有利于深入对习近平新时代中国特色社会主义思想内涵和实质的把握，有利于实现中国化马克思主义的理论提升。突出习近平新时代中国特色社会主义思想的教育性有利于推进习近平新时代中国特色社会主义思想进教材、进课堂、进头脑，有利于习近平新时代中国特色社会主义思想大众化，有利于"不忘初心、牢记使命"主题教育活动的开展。

最后，突出习近平新时代中国特色社会主义思想教育性的可行性。习近平总书记本身具有丰富的从政经历，曾经先后任职县委书记、市委书记、省委书记、国家副主席等职务，从政的地方遍布西北、华北、东南沿海。分管和主管过政治、经济、文化、社会等工作，中共中央党校出版社根据习近平总书记从政经历先后出版了《习近平的七年知青岁月》《习近平在正定》《习近平在宁德》《习近平在厦门》《习近平在福建》等从政访谈，我们既可以通过习近平总书记在不同地方的从政访谈受教育，也可以实地感受习近平总书记从政地方，如梁家河、正定等。另外，也可以通过每次的党代会宣讲受教育。

（三）习近平新时代中国特色社会主义思想教育性的丰富内涵

首先，习近平新时代中国特色社会主义思想具有实事求是的科学性、人民中心的价值性和知行合一的实践性。实事求是的科学性就是说习近平新时代中国特色社会主义思想是从实事中提炼出来的"是"，具有实践基础，具有一切从实际出发，实事求是、理论联系实际、经过实践检验的品质，是马克思主义与时代特征和中国实际相结合的成果。人民中心的价值性，就是一切以人民为中心，全心全意为人民服务，想人民之所想，急人民之所急，忧人民之所忧。知行合一的实践性，就是求真务实，说到做到，真抓实干。以人民为中心的价值性与实事求是的科学性和知行合一的实践性是统一的。人民中心，就是一切来自人民、一切为了人民，也就是从人民中来、到人民中去，这个从人民中来、到人民中去的过程就是从实践中来、到实践中去的过程，也就是实事求是的认识过程，因此，我们说习近平新时代中国特色社会主义思想的价值性、科学性和实践性是统一的、一致的。

其次，习近平新时代中国特色社会主义思想教育性的本质规定性就是把实事求是、人民中心、知行合一思想通过传授化为知识，然后化知识为能力、化能力为价值、化价值为素养、化素养为人格，就是把实事求是、人民中心、知行合一通过讲授转化为德育、智育、体育、美育、劳动教育。也就是要通过知识、能力、素养、价值和人格五个维度、德智体美劳五个方面来把握习近平新时代中国特色社会主义思想的教育性。这个教育性不是一蹴而就的，也不是一劳永逸的，而是与时俱进的。这个教育性包括教育和受教育两个方面，不管是教育主体，还是受教育客体都是全面协调可持续的，而不是片面、静止、孤立的。

最后，习近平新时代中国特色社会主义思想的教育性集中体现在精神上的主动性。这个精神上的主动性，体现在思想上，就是解放思想、实事求是、与时俱进；体现在道路上，就是坚持马克思主义基本原理与中国实际相结合，走中国特色社会主义道路，对中国特色社会主义道路自信；体现在理论上，就是坚持中国特色社会主义理论指导，对中国特色社会主义理论自信；体现在文化上，就是坚持中国特色社会主义文化指引，对中国特色社会主义文化自信；体现在制度上，就是坚持党的集中统一领导、坚持人民当家作主、坚持全面依法治国、坚持全国一盘棋、坚持以人民为中心等十三个优势，对中国特色社会主义制度自信。知道我们坚持巩固什么、发展和完善什么、倡导什么、反对什么，也就是在价值观上、世界观上、发展观上、马克思主义观上、社会主义观上清醒明白。

（四）习近平新时代中国特色社会主义思想教育性的实现路径

首先，习近平新时代中国特色社会主义思想教育性通过"三进"

来实现。"三进"就是进学校、进课堂、进头脑。进学校就是在学校教育中贯穿习近平新时代中国特色社会主义思想，这个学校包括大学，也包括中学和小学，进课堂，就是进学生课堂，学生课堂包括两个课堂，第一课堂是教师讲授，第二课堂是校内实践，也就是社团活动。第一课堂，不仅包括思政课程，而且包括教师教育课程、创新创业课程、专业课程、通识课程，也就是说习近平新时代中国特色社会主义思想不仅要进思政课程，而且要进课程思政，就是要在所有课程中贯穿和体现习近平新时代中国特色社会主义思想。进头脑，就是内化于心、融会贯通，就是通过使习近平新时代中国特色社会主义思想进校园、进课堂、进头脑，武装青年、教育青年，造就社会主义的可靠接班人和合格建设者。

其次，习近平新时代中国特色社会主义思想教育性通过深度学习来实现。习近平新时代中国特色社会主义思想丰富深邃，需要我们自主、自觉、主动来深度学习，所谓的深度学习，就是理论联系实际、现实联系历史、国内联系国际，就是纵向贯通、横向衔接、纵横结合，既要把握其形成的纵向动力机制，又要把握其横向拓展的平衡机制，既要结合实现中华民族伟大复兴中国梦的大局，又要结合走向人类命运共同体的大局，既要从整体上把握一个中国梦、"两个一百年"、"三个倡导"、"四个全面"和"五位一体"来理解，又要从坚持和发展中国特色社会主义主题来理解，也就是要从整体上深度全面把握。

最后，习近平新时代中国特色社会主义思想教育性要从有效转化上来实现。习近平新时代中国特色社会主义思想具有教育性，思想本身蕴含的潜在教育性要转化为显在教育性，需要有效转化机制、需要有效转化路径，这个有效转化就是对习近平新时代中国特色社会主义思想真学、真信、真懂、真用，也就是说教育性来自实践，实践出真知，只有在运用习近平新时代中国特色社会主义思想所蕴含的原理来解决现实重大问题时，才能激活其内在教育性，才能唤醒主体身上的教育需求，因此教育性的凸显、呈现、内化需要主体在实践中激活，需要活化、转化，只有着眼重大现实问题才能实现习近平新时代中国特色社会主义思想的教育性。

（五）用习近平新时代中国特色社会主义思想的"强起来"内涵教育时代新人

习近平新时代中国特色社会主义思想是"强起来"的理论，支撑这个理论的"价值层是对人的自由而全面发展的追求，理念层是新发展理念，方法论层是五位一体与四个全面，制度实践层是制度建设和社会实践"[1]。这个"强起来"的理论具有"理论渊源和实践基础"[2]。这个"强起来"是全面协调可持续的，是以人为本的，不管是强党还是强国，说到底都是强人，只有人强才能党强国强，反过来，党强国强，人才能更强。这个人强，就是人的"德、智、体、美、劳"强，就是人的"知识、能力、素养、人格、价值"强；这个强不是精致利己主义的强，不是事不关己高高挂起的强，而是心中大爱兼济天下的强，是真善美有机统一的强，就是强在理想信念上、强在爱国主义情怀上、强在品德修养上、强在知识见识上、强在奋斗精神上、强在综合素质上，也就是强在世界视野未来远见上，就是既要有定力，又要有动力，还要有平衡力，也就是强在全面协调可持续发展上，只有这样强起来的人，才能实现党强国强民族强世界强。

---

[1] 王立胜：《论习近平新时代中国特色社会主义思想的层次结构》，《开放时代》2020年第2期。

[2] 双传学：《习近平新时代中国特色社会主义思想形成的理论渊源和实践基础》，《江苏社会科学》2019年第3期。

第三章　中国共产党：中国式现代化的领导力量

一　中国共产党领导是大势所趋与人心所向

2015年9月9日，王岐山在人民大会堂会见参加"从严治党：执政党的使命——2015年中国共产党与世界对话会"的与会代表时谈道："中国共产党的合法性源自于历史，是人心向背决定的，是人民的选择。"① 这一论断不仅明确使用"执政合法性"这一概念，而且赋予"执政合法性"以中国内涵，就如杨光斌教授所说的："当代中国政治满足了合法性理论的最大公约数，即合法律性、有效性、人民性和正义性，所以才有如此高的民意支持率。"② 因此，这一论断科学揭示了中国共产党执政的规律性，阐明了中国共产党长期执政的力量源泉，对于我们理解中国共产党执政的合法性，提高党的执政能力，具有极强的启示意义，对于这一命题我们需要从理论上进一步加强论证与深入阐释。

（一）中国共产党执政合法性是大势所趋与人心所向的有机统一

我们深知带领我们坚持和发展中国特色社会主义伟大事业，协调推进"四个全面"战略布局，引领新时期具有许多历史特点的伟大斗争，实现中华民族伟大复兴的领导核心不是别人，而是中国共产党。之所以是中国共产党，而不是其他的阶级力量，不是中国共产党

---

① 赵再兴：《王岐山首论中共"合法性"》，《理论与当代》2015年第11期。
② 杨光斌：《不能做"合法性"概念的囚徒》，《北京日报》2015年11月23日。

自封的，而是历史的选择、时代的选择、人民的选择，也就是说，中国共产党在当代中国的执政地位是大势所趋与人心所向的有机统一，是合目的性与合规律性的有机统一。这个大势所趋与人心所向的有机统一，集中体现在共产党提出的伟大斗争、伟大工程、伟大事业、伟大梦想，是着眼于实践、着眼于马克思主义理论的运用，是着眼于人民的期待、现实的需要，是着眼于世情、国情、党情、民情基础上的理论思考，是科学社会主义的理论逻辑与中国社会发展的历史逻辑的有机统一，是中国共产党着眼于广大人民的生存与发展现实而提出的解决问题的方针政策，具有鲜明的人民性、时代性、现实性、针对性，集中体现了习近平总书记所说的"人心向背是最大政治"[①]"为人民服务、担当起该担当的责任"[②]的执政理念，体现了历史必然与人民选择的有机统一。过去我们侧重于强调和论证中国共产党执政的合法性是历史的必然，侧重于从打江山坐江山的角度进行论证，一定程度上忽视了人民的主体性与选择性，忽视了人民的价值选择性，也就是说中国共产党执政是历史发展的客观规律，不以人的意志为转移，而忽视了从人民的主体性和选择性角度进行论证和思考。而实际上所谓历史与逻辑的统一，就是历史必然性与人民选择性的内在统一，就是大势所趋与人心所向的有机统一。

（二）作为中国共产党执政合法性的"人心向背"是具有综合规定的多样性统一

人心向背，作为决定中国共产党执政合法性的重要来源，不是抽象的，而是具体的，之所以具体，是因为它是许多规定的综合，因而是多样性的统一。[③]也就是说，这个"人心向背"不仅指感性，更指理性，是感性与理性的统一，是社会历史展开过程中的必然，这种必然体现在中国革命、建设、改革的一脉相承而又与时俱进的有机统一中，体现在革命、建设、改革作为一个完整的事业的历史整体、实践

[①] 《十八大以来重要文献选编》（中），中央文献出版社2016年版，第764页。
[②] 《习近平关于全面从严治党论述摘编》，中央文献出版社2016年版，第61页。
[③] 参见《马克思恩格斯文集》第8卷，人民出版社2009年版，第25页。

整体与发展整体之中，体现在我们理论创新的一脉相承与与时俱进的有机统一之中。这在毛泽东确立的"为人民服务"的宗旨，告诫全党坚持"两个务必"继续"赶考"之路，邓小平提出的"三个有利于"标准，江泽民提出的"三个代表"重要思想，胡锦涛指出党面临的"四个风险"和"四个考验"，习近平的"人心向背是最大政治"等论述中有鲜明的体现。这个"人心向背"不仅具有理论上的整体性、实践上的整体性、历史上的整体性，而且在内容上具有民生与民主的具体内涵，也就是说这个"人心"既包括反腐败的大快人心，也包括促民生的大获人心，是大快人心的反腐败与大获人心的促民生的有机统一。这个"人心"的获得不仅体现在获得感、幸福指数、满意度这些具体结果上，而且体现在逐步完善、不断改进、持续拓展的进程中，也就是说"人心"的获得是过程与结果的有机统一。这个"人心"不仅有经济、政治、文化、社会、生态方面的具体内容，同时也具有一定的实现形式，也就是说这个"人心"是内容与形式的有机统一，也就是目标维度与手段维度的统一，进一步说，这个具体的"人心"，不仅是一个"有没有"的问题，还是一个"对不对""好不好"以及"行不行"的问题。其实就是要求我们从存在论、认识论、价值论、实践论的有机统一中去理解"人心"。所以说，"人心向背"在中国是有特定含义和具体内容的，对于这些具体内容的把握离不开理论思维，这个理论思维就是辩证唯物主义与历史唯物主义，只有具备这样的思维，以这样的方式与思维来把握"人心向背"，才能从社会历史发展的必然中获得对其具体的整体的认识与把握。

（三）中国共产党执政合法性的"人心向背"是经济、政治、文化、社会、生态、党的建设在绩效与话语上的有机统一

中国共产党的执政地位或者说执政的合法性在于人心向背，这个"人心向背"，既包括反腐败的大快人心，也包括促民生的大获人心，也就是说要把反腐败的成果及时地转化为公众能够切身感受到的公平正义，如果反腐败的成果不能转化为人民感同身受的公平正义，就难以得到人民的真心认同，更谈不上人民的支持与参与，因此，这个

"人心向背"是大快人心的反腐败与大获人心的促民生的有机统一。中国共产党的执政认同或者执政合法性不仅要有民生绩效,也要有民生话语,也就是说中国共产党要实现人民对自己执政的内心认同,除了在民生绩效上让人民持续受益,还必须建立民生的话语优势。民生的话语优势指在纵向比较与横向比较中占据语言上和道义上的制高点,用通俗的话说就是"占理",这个"理"不仅是"有理",而且是"合理"。民生绩效与民生话语是中国共产党获得认同的相辅相成的两个方面,缺乏绩效,民生即使拥有话语优势,也因为民众感受不到实实在在的好处而无法获得认同;缺乏话语优势的民生即使拥有较高的绩效,也会因为民众始终认为还有更好的替代,而把相对不足的问题误解为根本性问题,并因无法达成改革共识而不断恶化,民生方面的成就也容易被归功于非民生因素,甚至让民众产生更好绩效的幻觉,最终同样无法获得。因此,人心向背是民生绩效与民生话语的有机统一。

中国共产党要获得人民的执政认同,不仅要关注人民的民生,还要关注人民的民权,也就是民主,这个民主不是"为民作主"的民主,而是"由民作主"的民主,这个民主的本质含义就是党的领导、依法治国、人民当家作主的有机统一,这个民主就是让人民享有行使权利自由和承担责任义务的有机统一,在民主问题上不能搞虚无主义,不能看不到民主是共产党执政合法性的主要来源之一,在发展民主问题上的任何犹豫,都会直接削弱党执政的合法性,尽管发展民主不能解决所有问题,发展民主也不必然带来政治生态的改善,相反,发展民主也可能带来一系列新的问题,但是,相比之下,如果说发展民主会削弱权威,那么,缺乏民主则可能导致合法性丧失。我们不仅要让人民真实感受到实实在在的民主,而且要让人民知晓这个民主具有自己的比较优势。因此,人心向背是民主绩效与民主话语的有机统一。

中国共产党要获得人民的执政认可,不仅要加强社会建设促民生,发展政治文明促民主,而且要抓精神文明建设满足人民日益增长的文化需求,这个文化,就是先进文化,就是人民对理想、信念、价值的需求,就是不断增强中国特色社会主义道路自信、理论自信、制度自信、文化自信,坚定中国特色社会主义理想信念,就是倡导和践行社会主义核心价值观,从而满足人民的精神需求。

中国共产党要获得人民的执政认同,不仅要抓经济建设、政治建设、文化建设、社会建设、生态文明建设,满足人民对更好的教育、更稳定的工作、更满意的收入、更可靠的社会保障、更高水平的医疗卫生服务、更舒适的居住条件、更优美的环境的向往,而且要加强党的建设制度改革,也就是说对党自身进行革命。这个革命是党的自我完善和发展,是为了增强党的执政能力,提高党的执政效率,使党成为情为民所系、利为民所谋、权为民所用的执政党,使党成为能够经受执政考验、改革开放考验、外部环境考验、市场经济考验的党,使党成为脱离精神懈怠、能力不足、脱离群众、消极腐败危险的党,也就是要坚持党要管党、从严治党,从而达到执政为民、立党为公、全心全意为人民服务的党,使党和人民成为命运共同体、利益共同体。

所以中国共产党执政的合法性,就是通过全面建成小康社会、全面深化改革、全面依法治国、全面从严治党取信于民,提高人民的满意度、幸福指数和获得感,因此,我们说中国共产党执政的合法性就是从人民生存发展的实际出发,制定出适合人民需要、满足人民需求的政策,从而在为了人民、依靠人民、从群众中来、到群众中去的路径下实现为人民谋福利的宗旨,从这个意义上讲,中国共产党执政的合法性体现在方法上就是实事求是,体现在立场上就是以人为本,体现在品质上就是大公无私,就是通过把现实问题变为理论上的课题,把理论上的课题变成政治上的议题,把政治上的议题变成公共政策,从而通过政策的落实解决人民关心的问题。

(四) 中国共产党执政合法性的获得是中国共产党为人民服务意愿与为人民服务能力的有机统一

中国共产党的执政合法性,说到底就是要讲清楚中国共产党执政的能力与意愿,这个意愿就是执政为民的意愿,这个能力就是为人民服务的能力,这个为人民服务的能力是建立在对人民现实需求的联系、发展、全面把握基础之上的,也就是把人民对美好生活的向往转化为自己的奋斗目标,对人民期待的承诺与兑现,就体现在着眼于现实问题基础上的理论创新，体现在理论创新基础上的理论武装，体现在理论创新走向实践创新的过程，这个过程就是坚持和发展中国特色社会主义伟大事业的过程，就是引领新时期具有新的历史特点的伟大斗争的过程，就是实现中华民族伟大复兴的中国梦的过程，就是倡导和践行社会主义核心价值观的过程，就是中国共产党带领全国各族人民以中国特色社会主义理论体系为行动指南，以中国特色社会主义道路为实现途径，以中国特色社会主义制度为根本保障，以实事求是为总思路，以社会主义初级阶段为总依据，以解放、发展和保护生产力为根本任务，以经济、政治、文化、社会、生态文明建设为总布局，以增进人民福祉为出发点，全面建成小康社会、全面深化改革、全面依法治国、全面从严治党的过程。这个过程是一个急人民之所急，想人民之所想，把人民的所思所想转化为党的政策主张，以及通过理论掌握群众，实现对客观世界的改造的过程，是一个从人民中来、到人民中去，依靠人民、为了人民的过程，是一个走向大众、走近大众、走进大众、服务大众的过程。

（五）中国共产党通过为人民服务获得人心是过程与结果的有机统一

谈到为人民服务，常常会遇到这样两种极端性的思维：一种是把为人民服务当作可望而不可即的目标来看待，认为这一目标或信仰是值得追求的，但实际上是不可能达到的；另一种是把为人民服务过分理想化，并用这种理想化的模式来对待现实，由此更多看到的是现实生活中为人民服务的消极方面，因而常常发出一种道义上的评判和指责。这两种看法虽然截然相反，但在其方法上是一致的，即都是用一种非历史的、非过程性的观点看问题。

按照马克思主义的观点，为人民服务既是一种追求的目标，又是一种发展现实，前者贯穿于后者之中，并通过后者来实现。为人民服务的范围与程度，在历史上是不断发展变化的，在不同时代、不同历史时期有不同的内容，表现为不同的水平。人们所向往和追求的目标的实现则是一个由社会进步所累积起来的过程，是历史长期发展的产物。因此我们需要把长远目标现实化、以阶段性的奋斗目标体现为人民服务的过程性。作为过程来讲，兑现为人民服务的承诺不可能一蹴而就，而是一个逐步形成、发展的过程，正因为我们认识到为人民服务是一个漫长的过程，因此，阶段性的为人民服务只具有相对合理性，这个相对合理性既有存在的必要，也有进一步逐步完善的必要。承认为人民服务是一个过程，是一个长期的过程，一方面说明其实现需要时间，而且时间很长，另一个方面说明实现的曲折性。作为目标来讲，为人民服务是我们党一以贯之追求的目标，主要着眼于一脉相承性。而过程性着眼于与时俱进性，也就是说要从一脉相承和与时俱进相统一的角度来看待为人民服务思想。只有这样，才能使我们既不会因为曲折而丧失信心，也不会因为取得成就而骄傲自满。树立脚踏实地、循序渐进、身体力行、不懈努力的为人民服务理念。

　　按照这样的观点，在对待为人民服务的问题上，应当具体地、辩证地看待。首先，必须反对把为人民服务抽象化和空想化。为人民服务是过程和目标的统一，是一个发展过程。不能因为暂时实现的困难就视其为"乌托邦"，也不能因为现实与理想的差距而对现实生活一味批判、指责。为人民服务并不是一成不变的模式，随着人类生活的进步，一方面会不断趋于为人民服务的目标，另一方面也会改变、深化对"为人民服务"的认识。为人民服务就存在于这种认识与实践的互动之中。其次，必须处理好为人民服务的总目标与具体目标或阶段目标的关系。不管时代发展已经发生了多么大的变化，我们党提出的为人民服务的思想仍然是合理的，仍然是社会发展的总目标与价值取向。离开了这个总目标和价值取向，人的发展也就失去了正确的方向。但是，这个总目标是通过一系列阶段性目标实现的。阶段性目标又是如何确立的呢？这当然不是从抽象的原则推演处理的，而是根据现实生活中人的实际发展问题提出来的。所谓阶段性目标，实际上就是该阶段人的发展的具体任务和具体内容。不同的阶段有不同的任务和内容，不同的国家、民族在同一阶段自然也会有不同的任务和内容。所以，要顺利实现为人民服务，必须认真面对现实，从中发现问题、研究和解决问题，以具体落实阶段性目标，并向新的目标靠近。为此，应当正确对待和处理不同阶段的不同发展要求，这就是要从实际出发，既不能在目前的社会主义初级阶段就提出共产主义高级阶段才能实现的为人民服务的过高要求，也不能因我国长期处于社会主义初级阶段就轻视为人民服务的本质要求，放弃对人的全面发展这一总方向、目标的现实追求。在当代中国，对于社会发展和人的发展来说，最为重要的是要提高人们的思想、道德和科学文化素质。

（六）中国共产党通过为人民服务获得人心是理论与实践的有机统一

为人民服务作为中国共产党获得执政合法性的重要理念和方式，从来都是中国共产党追求和践行的目标，中国共产党之所以能够由小到大、由弱到强地发展起来，就是因为贯彻了为人民服务这个理念，获得了大多数人的拥护。中国共产党立志把人民从被压迫、被奴役的状态下解放出来，让人民当家作主，过上幸福生活。正是相信这种承诺，老百姓才支持和认同中国共产党，愿意跟党走。可以说，为人民服务是中国共产党执政合法性的一个最主要的来源，在为人民服务问题上的任何犹豫，都会造成对执政党借以立足的基本信义的损害，都会直接削弱党执政的合法性。因此中国共产党执政的合法性由人心向背所决定，是理论与实践的统一，是理论创新与实践创新的统一，是说与做的统一，正如王岐山所说："执政党的使命决定了必须从严治党，执政党对人民的承诺就是她的使命。要兑现承诺，执政党必须对自身严格要求。执政党代表人民、服务人民，就要确立核心价值观，坚守在行动上。"[①]

我们说，没有纯粹的理论，只有与实践相联系的理论，没有普适的理论，只有与一定的历史条件相联系的理论。那么，对于为人民服务理论而言也是，没有纯粹的为人民服务理论，只有随着实践而不断发展的为人民服务理论，也没有普适的为人民服务，只有切合中国实际的、与中国特定阶段历史背景相联系的为人民服务理论。只有从理论与实践相统一的角度看待人心向背理念，才能从动态的角度把握人心向背理念，才能把握为人民服务理论的内在发展机制，从而在新的历史条件下进一步认识和践行为人民服务思想。

---

① 转引自蒋硕克《城镇化背景下的干部选任制度研究》，人民出版社2018年版，第172页。

人心向背是一个系统性的工程，需要具备整体性的思维，不仅需要科学理性地筹划，而且需要在实践中不断进行理论创新。从一定意义上说，人心向背思想是一回事，人心向背实践是一回事，把人心向背理论与人心向背实践结合起来又是一回事。因此，我们不要因为有了关于人心向背的呼吁与文件性规定，就想当然地认为人心向背的实践就能自然而然地发展，我们也不要因为没有人心向背的理论，人心向背的实践也会推进，就因此否定理论的指导作用。对人心向背理论的定位一定要具体，人心向背理论在什么意义上能对为人民服务实践起到指导作用，这个指导作用的有效发挥需要哪些支撑性条件，这些相关性因素都不是自在自成的，而是需要我们细致地去分析和挖掘的。因此，尽管我们在人心向背理论方面相对过去而言有很大的进展，但是面对新世纪新阶段凸显的新社会问题，仅仅照搬过去的经验不足以有效应对，而新问题的解决又不能离开过去在人心向背方面的理论创新，因此从过去的经验以及理论中吸取智慧，结合新的实际，新的问题，进行理论创新，才是研究人心向背理论的要义。

不管是理论还是实践，都是具体的、历史的，理论对于我们的作用，取决于我们是否在真正关注社会问题，真正努力想解决问题。只有在干中学、学中干中产生的理论才是真理论，才能知道已有的理论的真正价值在什么地方，局限在什么地方。真正的理论只能来自具体的实践，并在实践中接受检验和不断完善。

（七）中国共产党通过为人民服务获得民心的过程就是把人民对美好生活的向往转化为自己奋斗目标的过程

基于人心向背来理解党的合法性，尤其联系党的政策与主张来理解党与人民之间的荣辱与共的命运共同体具有一定说服力，进一步深化了我们对党与人民之间关系的认识，也从另一个角度彰显了我们党为人民服务宗旨的彻底性。立党为公、执政为民不是一句空洞、抽象的口号，而是中国共产党发自内心一以贯之的理念，不仅体现在理念上，而且体现在政策上，更体现在政策的落实上，这个可以从党的十八大以来党的理论创新与实践创新得到具体体现。

中国共产党执政的合法性不仅源于其执政的绩效，也源于其执政的话语权，这个执政的绩效不仅体现在教育、医疗、就业、居住等具体民生的实际改善上，也体现在基层民主、党内民主、协商民主、人民民主等具体民主的不断提升中，这个执政话语不仅体现在从革命到建设、从计划到市场、从封闭到开放的不断转变中，也体现在对社会主义的认识从特征到本质，发展是硬道理、是执政兴国的第一要务到新发展理念上，这些话语转变不是为转变而转变，而是建立在对人民生存发展的客观实际的把握基础上的理论创新，是着眼于世情、国情、党情、民情变化基础上的理论思考，这些变化的背后，是人民对国家富强民主文明和谐的向往，是人民对社会自由平等公正法治的追求，是人民对个人爱国敬业诚信友善的追求，因此，这些政策、措施、话语变化的背后是价值观的变化，是人的需求的变化，因此，有意愿为人民服务，也有能力为人民服务，并且能着眼于人民的需求进行理论创新进而实践创新的党必定能长期执政，能长期合法执政，这个执政说到底不仅源于历史，更源于人心所向，这种长期执政的历史基础与民意基础的牢固性与坚定性不仅源于共产党为人民服务的宗旨，也源于共产党所具有的忧患意识、底线意识、战略思维、持续定力。这个定力不仅体现在坚持发展中国特色社会主义的伟大事业上，也体现在中华民族伟大复兴的中国梦上，还体现在加强党的建设伟大工程上，引领新时期具有历史特点的伟大斗争上，这四个伟大都是事关民意、民心、民主、民生的大工程。

（八）建立在历史、人心、民意基础上的合法性才是最大的合法性

牢固确立"人心向背"的执政意识，是不可能仅仅以宪法和法律规定来保证的，它同时也是一项艰巨的长期的理论研究和宣传工作，是克服各种"左"的和右的错误理论和思潮的过程，也是用"人心向背"占领思想阵地的过程。理论上的自觉与自信是党成熟发展的根本标志。党在理论上的进步，并不是简单地等同于党的每一级组织和每一级党员干部理论素质和理论水平的提高。按照实践、认识、再实践、再认识的马克思主义认识论，从实践上升为理论，是一个过程，

再从理论到实践，又是一个过程，而且往往是更艰苦的过程。要使党的创新理论真正成为教育人民和指导实践的强大思想武器，真正变成亿万人民的自觉行动，还要做大量艰苦的工作。"人心向背"思想的形成是一个从价值认知到价值认同再到价值实践的循环往复的过程，是价值观内化与外化的统一。因此，要推进"人心向背"理念大众化，使其真正成为广大党员干部的普遍价值准则，内化为广大党员干部的价值追求，外化为广大党员干部的行为自觉，实现理论一经掌握群众就会变成物质力量的目标，必须推动人民群众的价值认知、价值认同和价值实践三个要素均衡协调发展。"人心所向"就是做好自己的事情，办好中国的事情，关键在党，因此我们要通过建设学习型、创新型、服务型政党来增强我们为人民服务的本领。做好自己的事情、做好当前的事情就是中国对世界最大的贡献，在某种意义上，为人民服务就是专业、敬业、爱业，就是当我们行有余力的时候，全心全意为人民服务，因此，我们说中国共产党的执政合法性是基于大势所趋基础上的人心所向，它不是一句空话，而是中国共产党一以贯之的宗旨与始终不渝的行动，我们中国共产党的执政合法性不只是挂在嘴上、写在文件上，而是理论与实践的统一，不仅是理论与实践的统一，而且是理论创新与实践创新的统一，这种理论创新与实践创新的统一，体现在发展上，就是，发展不仅是硬道理，而且发展是党执政兴国的第一要务，作为解决中国问题的金钥匙的这个"发展"是以人为本的发展，是全面协调可持续的发展，是统筹兼顾的发展，是符合经济发展规律的可持续发展，是符合自然发展规律的可持续发展，是符合社会发展规律的可持续发展，是创新发展、协调发展、绿色发展、开放发展、共享发展，是符合大势所趋基础上的人心所向的发展，这样的合法性是建立在合理基础上的合法性，是形式与内容的统一，是程序与效果的统一。建立在历史、人心、民意基础上的合法性才是最大的合法性，才是具有话语权的合法性，对于这样的执政合法性，我们要始终不渝地身体力行，从而把人民对美好生活的向往变成我们党奋斗的目标，实现人民的福祉，让人民有获得感，实现人民的自由全面的发展。

二 中国共产党政治建设的百年历程与经验启示

"政治问题，任何时候都是根本性的大问题。"① 作为党的建设的组成部分，党的政治建设早已展开。习近平总书记在党的十九大报告中结合新时代的实际明确提出"党的政治建设"这一命题。在2020年12月中共中央政治局召开的民主生活会上，习近平总书记进一步明确指出："我们党即将迎来百年华诞……我们党要始终做到不忘初心、牢记使命，把党和人民事业长长久久推进下去，必须增强政治意识，善于从政治上看问题，善于把握政治大局，不断提高政治判断力、政治领悟力、政治执行力。"② 这一论断进一步丰富了党的政治建设的时代内涵。百年来，中国共产党以马克思主义为指导，在革命、建设和改革过程中，依据国情确立了自己的政治立场、政治使命和政治路线等，积累了许多经验，为新时代政治建设提供了诸多启示，为实现社会主义现代化强国夯实了政治基础。

（一）政治建设位居党的建设的首要地位

1. 理论逻辑：政党属性

政党是拥有自己的政治纲领、政治路线和政治目标，并代表和维护特定阶级的政治组织，政治属性是其根本属性。中国共产党成立以来，始终坚持以马克思主义为指导，一直是坚定的马克思主义政党，旗帜鲜明讲政治是其根本要求。马克思主义政党只有解放全人类，才能真正实现人的自由和全面发展，这是其政治纲领与其他政党的根本区别。中国共产党是代表和维护最广大人民群众根本利益的政治组织。党的最高理想和最终目标是实现共产主义。作为一个马克思主义政党，中国共产党从不隐瞒自己的政治观点。中国共产党在马克思、恩格斯、列宁等革命导师的指导下，认识到"无产阶级在反对有产阶

---

① 习近平：《在第十八届中央纪律检查委员会第六次全体会议上的讲话》，人民出版社2016年版，第19页。
② 本书编写组：《领导干部要提高"政治三力"》，人民出版社2021年版，第142页。

级联合力量的斗争中，只有把自身组织成为与有产阶级建立的一切旧政党不同的、相对立的政党，才能作为一个阶级来行动"①。党在实践中探索，通过政治建设强化自身的主体性，找到一条不同于资产阶级政党的"阳关道"，也寻到不同于其他无产阶级政党的"独木桥"，不但体现了政治属性是政党的根本属性，也揭示了中国共产党的独特性，丰富了马克思主义政党学说。尽管不同时期的政治建设在内容、重点和力度上有所不同，但无论哪个时期、哪个阶段，都必须突出政治。马克思主义政党的根本属性，就是突出表现在其把政治建设摆在首要位置。

2. 历史逻辑：宝贵财富

在百年历程中，中国共产党始终高举马克思主义旗帜，一以贯之地公开表明自己的政治主张，坚定不移地讲政治。马克思、恩格斯认为，无产阶级政党只有拥有自己的政治立场、政治思想、政治使命，才不会被资产阶级政党压制和打败。列宁强调，"最重大的、'决定性的'利益只有通过根本的政治改造来满足"②。毛泽东曾提出"政治是统帅，是灵魂"，"政治工作是一切经济工作的生命线"③等著名论断。邓小平曾指出，"到什么时候都得讲政治"④，"努力改善党的领导"⑤。江泽民要求干部"讲学习、讲政治、讲正气"⑥，善于从政治角度分析和处理问题。胡锦涛提出，我们军队的根本性建设就是思想政治建设，教育引导我们党全体成员要坚持党性，站稳政治立场。习近平总书记提出"讲政治是突出的特点和优势"⑦，"党的政治建设决定党的建设方向和效果"⑧等观点。由此可见，百年来，中国共产党在革命、建设和改革过程中始终体现了

---

① 《马克思恩格斯文集》第3卷，人民出版社2009年版，第228页。
② 《列宁选集》第1卷，人民出版社2012年版，第333页。
③ 《中共中央文件选集（1949.10—1966.5）》第48册，人民出版社2013年版，第353、391页。
④ 《邓小平文选》第3卷，人民出版社1993年版，第166页。
⑤ 《邓小平文选》第2卷，人民出版社1994年版，第268页。
⑥ 《江泽民论讲学习讲政治讲正气（专题摘编）》，党建读物出版社1999年版，第13页。
⑦ 《习近平关于全面从严治党论述摘编》，中央文献出版社2016年版，第80页。
⑧ 《习近平谈治国理政》第3卷，外文出版社2020年版，第92页。

自己独特的政治纲领、政治路线、政治使命，为新时代政治建设提供了丰富的宝贵经验。

3. 实践逻辑：有力举措

办好中国的事情关键在党，关键在党要管党，从严治党。因此，党要加强建设，特别是要加强政治建设。在推进党的建设伟大工程中，政治建设为思想建设、组织建设、作风建设、纪律建设、制度建设等提供指导方向，决定党的建设的方向和成效。党的政治建设是破解党内重大问题、抵御和化解执政风险、取得党建和国家事业历史性成就的有力举措。在社会主义建设时期，由于受"左"倾急躁冒进思想影响，改变了党提出的正确政治路线，导致"左"的错误不断加深，直至"大跃进"和"文化大革命"的发生。有自我修正能力的中国共产党重新开启党的政治建设的新征程，在党的十一届三中全会上，重新确立了符合国情和党情的正确政治路线和方针政策。这一重大决策为党的建设提供了正确的政治方向。特别是党的十八大以来，重视党的政治建设，是全面从严治党的成功经验。党采取了消除重大政治隐患、严肃党内政治生活、加强党内政治教育、营造风清气正的政治生态等一系列措施，对党的政治建设起到了极大的推动作用。

（二）中国共产党百年政治建设的发展历程

1. 从无到有：中国共产党成立至新中国成立

1921年7月，中国共产党正式成立，开创了中国革命的新局面，使中国革命有了坚强的领导核心。自党成立以来，党的政治建设就开始了不断的探索和发展。党的一大指出："我们党承认苏维埃管理制度，要把工人、农民和士兵组织起来，并以社会革命为自己政策的主要目的。中国共产党彻底断绝与资产阶级的黄色知识分子及其类似的其他党派的任何联系。"[①] 党的二大确立了最高纲领和最低纲领，明确了党的长远目标和当前目标。1927年，三湾改编确立了党指挥枪

[①] 《中共中央文件选集（1920—1925）》第1卷，中共中央党校出版社1989年版，第3页。

的原则。1929年,古田会议进一步确立了党对军队绝对领导的原则,强调加强政治工作的重要性,毛泽东明确提出了"提高党内政治水平"①。1939年,毛泽东进一步提出建设一个全国范围的、广大群众性的、思想上政治上组织上完全巩固的布尔什维克式的中国共产党。1940年,毛泽东明确指出,建设中华民族的新社会、新国家,中国共产党必须有新的政治和新的内部政治关系,并提出了提高党的政治水平的相关政策和战略。1945年,党的七大首次把党的纲领纳入党章,并进一步提出了巩固党的群众基础的主张。1946年,党中央成立了政治研究室,对国内党派问题、法律问题和国外政治展开了进一步的探索和研究。1947年,党丰富了以军事促政治的理论,陈毅指出:"我们人民军队建设,是政治建设的一部分。一切军事建设要首先从政治建设做起。"② 1948年,毛泽东完整表达了新民主主义革命总路线,即"无产阶级领导的,人民大众的,反对帝国主义、封建主义和官僚资本主义的革命"③,为我们党取得新民主主义革命的伟大胜利提出了正确的理论指导。自中国共产党成立到新中国成立之前,我们党经过28年的理论和实践探索,从不同方面推动了党的政治建设。

2. 曲折探索:新中国成立至改革开放前夕

1949年10月1日,中华人民共和国成立,中国共产党的执政范围从革命根据地和解放区变为全国,而新的挑战和重任也随之到来,特别是如何巩固和保持新政权这一历史任务是其重中之重。1950年,党中央开展了批评与自我批评的全党整风运动。1956年,毛泽东在《论十大关系》中谈及社会主义建设的若干问题,强调要在党的集中统一领导下,发挥各地方的积极性。紧接着党的八大根据国内外关系的变化,加强了党的集中统一领导,强调需保持党的团结和统一,并结合实际国情提出了正确的社会主要矛盾,为社会主义建设提供了正确的方向,但后因"左"的错误使党的八大提出的正确路线没有坚

---

① 《毛泽东文集》第1卷,人民出版社1993年版,第94页。
② 《建党以来重要文献选编(1921—1949)》第24册,中央文献出版社2011年版,第54页。
③ 《毛泽东选集》第4卷,人民出版社1991年版,第1316页。

持下来。1962年,全党反思了1958年以来"左"的错误,毛泽东强调党是领导一切的,必须坚持和完善党的民主集中制。但"左"的错误仍在蔓延,1966年掀起"文化大革命",使党的思想建设走向歧途,使组织建设停滞,使政治建设偏离正确方向。1976年10月,结束了长达10年的"文化大革命"。随后又出现徘徊的局面。这一时期,党的政治建设呈螺旋式发展,在纠正错误和曲折中前进,党发扬优良传统,敢于展开批评与自我批评,在不断反思中找到正确的指导思想和政治路线。

3. 改善推进:改革开放至党的十八大

1978年12月,党的十一届三中全会在北京召开,将党的工作重心转移到社会主义现代化建设上来,开始了改革开放的探索之路,结束了1976年以来徘徊前行的局面,翻开了政治建设的新篇章。党吸取了历史经验教训,进行了拨乱反正,并强调既要加强党的集中统一领导,又要保障党内民主。1980年,邓小平提出要坚持党的领导,就必须改善党的领导。随后,党制定了12条有关党内政治生活的准则,涉及政治路线和思想路线、党性和纪律等。1981年,《关于建国以来党的若干历史问题的决议》科学评价和确立了毛泽东同志和毛泽东思想的历史地位。1983年,邓小平提出了党在新时期的建设目标,从根本上为党的建设指明了方向。1986年,邓小平意识到市场经济对广大党员干部的考验和冲击,明确指出任何时候都要讲政治,要始终保持党的本质属性。1987年,党的十三大进一步深化了党的建设目标,并确立了党在社会主义初级阶段的基本路线。1992年,邓小平在南方谈话时强调改革开放要坚持正确的政治路线。江泽民在党的十四大上强调:"党的思想、政治、组织、作风建设都面临许多新情况和新问题。我们一定要结合新的实际,遵循党的基本路线,坚持党要管党和从严治党,加强和改进党的建设。"[1] 将党的政治建设推上一个新高度。1994年,党中央推行了提高基层组织和干部队伍政治能力的举措。2002年,党的十六大进一步强调加强党的建设。2004年,党强调以提高执政能力为着力点,全面推进党的建

---

[1] 《十四大以来重要文献选编》(上),人民出版社1996年版,第38—39页。

设伟大工程。2007年,党的十七大加强了反腐力度,将"反腐倡廉建设"纳入党建总体布局之中。这一阶段,中国共产党将政治建设引向正轨,提出了"解放思想,实事求是"的思想路线,提出了"中国特色社会主义"命题,提出了"反腐倡廉建设",为全面推进党的建设新的伟大工程奠定了坚实的理论和实践基础。

4. 高度重视:党的十八大至今

2012年11月,党的十八大召开,中国特色社会主义进入新时代,开创了治国理政新实践。同时,中国共产党面临着新的使命和任务,党内出现了需要解决的新问题。2015年,党中央针对党内出现的新情况,修订了《中国共产党纪律处分条例》。2016年,党的十八届六中全会强调"四个意识""两个维护",提出"党要管党必须从党内政治生活管起,从严治党必须从党内政治生活严起"[1]。这些重要论述突出了党内政治建设的根本性问题。2017年,党的十九大提出:"中国特色社会主义最本质的特征是中国共产党领导,中国特色社会主义制度的最大优势是中国共产党领导,党是最高政治领导力量,提出新时代党的建设总要求,突出政治建设在党的建设中的重要地位。"[2] 2018年,《中共中央关于深化党和国家机构改革的决定》提出以加强党的全面领导为统领,形成各方面总揽全局、协调各方的制度体系,完善党对各方面的领导体制,确保党的领导全覆盖,确保改革有序推进。2019年,《中共中央关于加强党的政治建设的意见》提出了从政治信仰、政治领导、政治能力、政治生态和组织实施这五个方面来加强党的政治建设。10月,党的十九届四中全会提出了党的政治建设制度化的措施,要求完善"两个维护"的各项制度,把政治建设推向新的阶段。自党的十八大以来,党中央以党的政治建设为统领,从思想、组织、作风、纪律、制度等方面不断加强和完善党的建设,提高了党的执政能力和领导能力,为新时代党的建设营造了良好的政治生态。

---

[1] 《十八大以来重要文献选编》(下),中央文献出版社2018年版,第418页。
[2] 习近平:《决胜全面建成小康社会 夺取新时代中国特色社会主义伟大胜利——在中国共产党第十九次全国代表大会上的报告》,人民出版社2017年版,第20页。

(三) 中国共产党百年政治建设的经验启示

1. 理想信念：高举中国特色社会主义伟大旗帜

旗帜是引领信仰之人为最终目标而不懈奋斗的精神力量，引导着奋斗者们不断前进。马克思主义一直是中国共产党坚持的指导思想。自十月革命一声炮响，马克思主义传入中国以来，中国共产党人就开始学习马克思列宁主义，在不断摸索中寻找到了中国特色社会主义道路，提出了中国特色社会主义理论。这正是中国共产党为什么能够推翻三座大山，建立新政权，开创社会主义道路和打开改革开放之门，做到从站起来、富起来再到强起来的经验所在。新时代既需要起指导作用的经典原理，也需要充满生机的新理论。中国共产党人将始终不渝地信仰马克思主义，将社会主义和共产主义视为毕生追求，不断研读马克思主义经典著作，将马克思主义基本原理运用到中国特色社会主义现代化建设之中，在改造客观世界的同时不断升华主观认识，坚决反对各种形式的错误言行，始终坚定"四个自信"。当下，全体党员干部要用马克思主义中国化最新成果——习近平新时代中国特色社会主义思想武装头脑、指导实践、推动工作。

2. 首要任务：坚持和维护党中央权威与集中统一领导

党是最高政治领导力量，党是领导一切的。在国家治理体系这个系统中，党中央是将帅，各个领域、各个方面、各个层级的党员干部都要服从党中央的指挥，必须维护党中央的权威。党的任何组织和成员都必须服从党中央的集中统一领导。自党成立以来，党中央一直强调党的建设的重要性。习近平总书记强调："要坚持党中央集中统一领导，在各级党组织和广大党员、干部中强化政治意识、大局意识、核心意识、看齐意识，确保在思想上政治上行动上始终同党中央保持高度一致。"[①] 新时代不断强化党的政治建设，就必须增强"四个意识"，强化"四个自信"，做到"两个维护"。全体党员干部要以党的政治纪律和政治规矩时刻警醒自己，养成尊崇党章、遵守党纪的行为自觉。

---

① 习近平.《在纪念红军长征胜利80周年大会上的讲话》，人民出版社2016年版，第20页。

3. 根本立场：坚持党性与人民性相统一

立场问题至关重要。中国共产党是中国工人阶级的先锋队，同时是中国人民和中华民族的先锋队，是中国各民族人民利益的忠实代表。刘少奇强调："共产党员的党性，就是无产者阶级性最高而集中的表现，就是无产阶级利益最高而集中的表现。"[①] 加强新时代的政治建设，必须把党性和人民性统一起来，坚定地站在党和人民立场上。习近平总书记反复强调：人民是党执政的最大底气，民心是党最大的政治，造福人民是党最大的政绩，密切联系群众是我们党最大的政治优势，服务人民是党最大的幸福，人民对美好生活的向往就是我们党的奋斗目标。我们党始终认为："江山就是人民、人民就是江山，打江山、守江山，守的是人民的心。"[②]

4. 必然要求：完善和改进党的领导方式

领导方式是完成任务和目的的手段。中国共产党在百年的探索中，把党的全面领导与各方面的合理分工相结合，逐步找到了一种符合党情和国情的领导模式。抗日战争时期，党确立的"三三制"组织形式不仅巩固了党的领导地位，也团结了一切可以团结的中间力量来壮大党的实力。此后，党中央不断强调和完善党的全面领导和民主集中制。在巩固党的领导地位、政企分开的过程中，形成了科学执政、民主执政、依法行政的执政理念和执政方式。党的主张通过法律提升为国家意志，党的领导被自觉纳入制度轨道。不断推进党和国家机构改革，使党对国家的全面领导更加制度化。新时代需发挥党统揽全局的作用，运用民主方法吸纳人民群众和其他党派的意见和建议，坚持用群众路线的基本领导方法反馈决策效应，从而提高党的领导能力。紧跟新时代的步伐，运用互联网向群众宣传党的方针政策并及时有效获取群众的诉求和意见，推进与广大群众的沟通与交流，促进党与群众的关系更加密切。

5. 基本手段：引导和结合党的其他建设

在百年历程中，党的建设不断得到充实和完善，以政治建设为统

---

① 刘少奇：《人的阶级性》，甘肃人民出版社1951年版，第94页。
② 习近平：《在庆祝中国共产党成立100周年大会上的讲话》，人民出版社2021年版，第11页。

领，全面推进政治建设、思想建设、组织建设、作风建设、纪律建设，把制度建设贯穿其中，深入推进反腐败斗争，从而促进党的建设科学化。新时代党的政治建设是党建的核心所在，对党建起到引导作用，为其他建设指明政治方向和政治目的，使其他建设的内容与政治建设的主旨相融合，从而不断推动新时代党的建设新的伟大工程。与此同时，要发挥其他建设的独特作用，推动实现政治建设的目的。新时代要加强党的政治建设，必须高度重视党的政治建设引领作用，并与党的其他建设紧密结合，相互配合，全面推进党的建设新的伟大工程。

三 从学理上洞察"两学一做"的深刻意蕴

"两学一做"学习教育旨在增强党员服务意识，提升党员服务能力，坚定党员理想信念，促使其成为一个有远大追求，有战略定力，有正义感、责任感与担当意识的合格共产党员。中国共产党是以实现共产主义为奋斗目标的党，以为人民服务为宗旨的党，以马克思主义理论武装起来的党，其不仅代表先进生产力的发展要求，而且始终坚持使先进生产力发展所取得的成果为人民所有，也就是把社会主义根本任务与全心全意为人民服务的根本宗旨有机统一起来。因此，只有把生产力标准和群众利益标准结合在一起来考察党的工作，才能认识中国共产党的本质。什么是党性，党性不仅要讲其阶级性，更要突出其人民性；不仅要讲生产力标准，也要讲人民利益标准。坚持党性就是真正坚持人民性，在中国，党性与人民性是高度统一的。

（一）全面把握"两学一做"的基本要求

"两学一做"作为党的群众路线教育实践活动和"三严三实"专题教育活动的延伸和深化，作为推动全面从严治党从"关键少数"向广大党员拓展、从集中性教育向经常性教育延伸的重要举措，不是一次活动，不是一阵风，不是走过场，不是喊口号，而是以尊崇党章、遵守党规为基本要求，以用习近平总书记系列重要讲话精神武装全党为根本任务，从而着力解决一些党员理想信念模糊动摇、党的意识淡化、宗旨意识淡薄、精神不振、道德行为不端等问题，进一步使党员坚定理想信念，提高党性觉悟，增强政治意识、大局意识、核心意识、看齐意识，坚定政治方向，严守政治纪律、政治规矩，强化宗旨观念，勇于担当作为，以在生产、工作、学习和社会生活中起先锋模范作用为目标导向，以正面教育、注重实效、以上率下、分类指导为基本原则，是具有问题意识、目标导向、内在要求、具体原则的有机整体。对于这样一个知行合一、学做统一的学习实践教育活动，我们要全面把握，深刻理解，夯实学理基础，吃透主旨要义，在内化于心、外化于行的接续转化中担当起一个共产党员应该担当的责任，树立一个共产党员应该具有的形象，尽到一个共产党员应该尽到的职责，从而发挥好党的先锋模范作用。

（二）深刻理解共产主义在中国的现实性

"两学一做"基础在学，关键在做。基础不牢，地动山摇；学而不做，等于不学。学不是泛泛而学，而是全面地学，全面地学党章、学党规，学习近平总书记系列重要讲话精神。学党章、学党规，主要是学党的宗旨、知晓党员的权利与义务，增强为人民服务的意识，提升为人民服务的能力。

"两学一做"主要是重温党的奋斗目标，坚定理想信念。坚定对共产主义的理想信念不是没有科学依据的盲目坚持，而是建立在共产主义在中国具有现实性基础之上的。共产主义社会在中国的现实性，不是说共产主义在某年某月某日一定会在中国实现，也不是不管我们是否相信、是否实践都会到来，共产主义的现实性取决于我们相信它会实现，我们愿意为它的到来付出努力。共产主义不仅是必然的，更是必需的，对我们人的发展来讲，共产主义是必需的，只有共产主义社会才会为人的全面发展创造条件，共产主义不仅仅是从客观纯粹意义上来讲的，而是包含着我们的实践追求和实践努力。诚然，对于现代中国来说，我们的社会主义还处在初级阶段，共产主义尚未完全成为现实，但是，这并不意味着共产主义运动没有进行。共产主义是消灭现存不合理状况的现实的运动，这个运动的条件由现实的前提产生。共产主义在中国没有完全成为现实，并不代表中国没有共产主义的要素，作为社会形态的共产主义，是一种长远目标，作为要素的共产主义，就存在于社会主义社会之中，在现时代，没有不为共产主义努力的实践。中国共产党人一直在进行着超越资本主义社会、建设社会主义社会、实现共产主义社会的实践。中国特色社会主义道路的开辟就是我们在现时代的共产主义运动。共产主义理想是远大的、美好的，同时也是与活生生的现实紧密相连的，我们今天进行的中国特色社会主义建设，完全是在共产主义远大理想的指引下，朝着共产主义远大目标而奋勇前进的。我们坚持推进社会主义市场经济建设，最高境界就是实现社会物质财富的极大丰富和生产生活资料的按需分配；坚持推进社会主义先进文化建设，最高境界就是实现人民精神境界的极大提高；坚持推进社会主义民主政治建设，最高境界就是实现每个人的自由全面发展；我们坚持推进社会主义和谐社会建设，最高境界就是实现社会关系的高度和谐；我们坚持推进社会主义生态文明建设，最高境界就是实现人类从必然王国向自由王国的飞跃。

作为共产党人的奋斗目标，共产主义理想始终是高于现实的，现实始终是不完善的，所以理想和现实是有距离的，而我们要通过逐步改变现实来趋近于理想，也就是让理想趋于现实，所以中国特色社会主义只是共产主义框架中的一个过程。共产主义是以现实方式实现现实目标的现实运动。学习习近平总书记系列重要讲话精神，不仅要了解其主要内容，更要把握其精神实质。要把习近平总书记系列重要讲话与马克思列宁主义、毛泽东思想、邓小平理论、"三个代表"重要思想与科学发展观放在一起来学，因为它们之间是继承与发展的关系，是一脉相承而又与时俱进的关系。党的十八大以来，以习近平同志为核心的党中央，紧紧围绕坚持和发展中国特色社会主义的主题，形成一系列治国理政的新理念、新思想、新战略，为在新的历史条件下深化改革开放、加快推进社会主义现代化提供了科学的理论指导和行动指南。这些治国理政的新理念、新思想、新战略集中体现为"一个伟大梦想"、"两个一百年"奋斗目标、"三个倡导"、"四个全面"和"五大发展理念"，也就是"一二三四五"。贯穿其中的政治立场是以人为本，基本方法是实事求是，理论品格是与时俱进，理想追求是共产主义。这些新理念、新思想、新战略，集中体现了以习近平同志为核心的党中央对国家、对民族、对人民的责任感。学习习近平总书记系列重要讲话精神，就是要学习其矢志不渝的民族担当、无私奉献的为民担当、坚定不移的改革担当、恪尽职守的职责担当、互惠共赢的大国担当、强军兴军的治军担当、敢抓敢管的治党担当和做好干部的为官担当。只有每个党员干部都意识到自己作为共产党员的责任担当，并且切实去履行职责，那么，人民对美好生活的向往是我们党的奋斗目标就不是一句空话，而是可以期待的、能够兑现的承诺。

（三）清醒认知办好中国的事情关键在党的重要性

毛泽东曾经说过，"中国应当对于人类有较大的贡献"①。那么到底什么是中国对世界的贡献？后来，邓小平说，中国人民把自己的事情办好了，就是中国人民对世界的贡献。② 那么怎样才算把自己的事情办好？我们用那么少的土地养活了那么多的人，解决了中国人民的吃饭问题，就是中国人民对世界的最大贡献。中国人民依靠自己的力量，不仅解决了中国人民的吃饭问题，结束了中国人民挨饿的局面，而且全面建成小康社会，为实现社会主义现代化而努力奋斗，这就是中国自己的事情。我们经常讲，办好中国的事情关键在党。我们党之所以能成功地领导中国人民办好中国的事情，不是因为我们党是神，不犯错误，而是因为我们党具有忧患意识，具有危机意识，具有为人民利益而奋斗的意愿与能力。我们党清楚地意识到，过去先进并不代表现在先进，现在先进并不代表永远先进，过去拥有并不代表现在拥有，现在拥有并不代表永远拥有。我们党前瞻性地、未雨绸缪地看到自己在领导人民实现全面小康的进程中面临着精神懈怠、能力不足、脱离群众、消极腐败四大危险，面临着长期执政、改革开放、市场经济、外部环境四大考验③，面临着塔西佗陷阱、中等收入陷阱、修昔底德陷阱三大风险，面临着把握人类社会发展规律、社会主义建设规律、共产党执政规律的内在要求，因此我们党明白，发挥社会主义制

---

① 《毛泽东文集》第7卷，人民出版社1999年版，第157页。
② 参见《邓小平文选》第3卷，人民出版社1993年版，第104页。
③ 《十八大以来重要文献选编》（中），中央文献出版社2016年版，第305页。

度集中力量办大事需要加强自身的思想建设,加强党自身思想建设的关键就是使马克思主义中国化、时代化、大众化,要真正地使马克思主义诉诸实践,就必须化理论为方法,化理论为德性,化理论为制度,就必须善于学习,敢于学习,乐于学习,并且在学中干,在干中学,把学与做有机结合起来。"两学一做"旨在保持并发展党的先进性和纯洁性,保持党的先进性,提高党的执政能力,就是要不断地加强和改善党的领导,把思想理论建设放在首位。要坚持和发展马克思主义,不断推进马克思主义中国化,建设马克思主义学习型政党,不断提高认识世界和改造世界的能力。

(四)在中国坚持党性就是最大限度地坚持人民性

开展"两学一做",就是要加强党性锻炼,增强党性觉悟。在中国,不是离开人民性增强党性,不是离开人性增强党性,而是在尊重人性的基础上坚持党性,在尊重人民性的基础上坚持党性,也就是说,在中国,党性与人民性、党性与人性是统一的。这是因为,在中国,坚持中国共产党领导、坚持人民当家作主与坚持依法治国是有机统一的。中国共产党是代表中国先进生产力发展要求的党,是代表中国先进文化前进方向的党,是代表中国最广大人民根本利益的党,中国共产党始终致力于解放发展生产力,消灭剥削、消除两极分化,实现全体人民共同富裕,实现人民对美好生活的向往,这是我们党的奋斗目标。我们党的历史,就是一部通过解放发展生产力不断改善人民生活水平的历史,就是带领人民摆脱人对人的依赖、人对物的依赖、实现人的自由全面发展的历史,是使人做自然的主人、做社会的主人、做自己的主人的历史,因此,在当代中国,坚持党性,就是最大限度地坚持人民性,坚持党性就是真正地坚持人性。

四 通过"四真"贯彻落实"三严三实"

"三严三实"作为群众路线实践教育活动的拓展深化、思想建设常态化的有益尝试、全面从严治党的战略抓手,是马克思主义党建思想的新成果,反映了坚持发展中国特色社会主义的新要求,对于这样一个具有内在逻辑性、现实针对性、实践操作性的过程集合体，需要我们在真学中真懂、在真懂中真信、在真信中真用。所谓真学，就是透过现象把握本质地学、逻辑与历史相统一地学、理论与实际相结合地学；所谓真懂，就是吃透其历史背景，把握其学理依据，掌握其普及机理；所谓真信，就是对"三严三实"充满自信、充满信心、充满信念；所谓真用，就是运用"三严三实"所蕴含的基本立场、基本观点、基本方法帮助我们找到解决现实问题的答案，就是把"三严三实"所蕴含的新思想、新论断、新举措，在现实中落细、落小、落实，就是从理论创新向实践创新转化。

（一）贯彻落实"三严三实"专题教育活动需要党员干部真学

"三严三实"作为我们党对现实问题的理论把握，是一个具有历史整体、内容整体、逻辑整体的集合体。对于这样一个客观全面反映复杂现实矛盾的思想，需要我们理论联系实际地把握、透过现实看清本质地把握、逻辑与历史相统一地把握。具体而言，就是我们要把中国共产党多年来对党员干部的一贯要求联系起来看"三严三实"，就是要联系新时期新阶段中国共产党面临的考验与危险来看"三严三实"，就是要透过"三严三实"具体内涵看其精神实质。经过这样的分析，我们不难看出，"三严三实"专题教育活动与我们党过去的"群众路线"教育实践活动、"科学发展观"专题教育活动、"三个代表"重要思想教育实践活动是一致的，都是着眼于新的实践对党员干部提出的新要求，这个要求是一以贯之的，都是着眼于党员干部受教育、科学发展上水平、人民群众得实惠，都是修身律己慎用权、实实在在干事业、全心全意为人民；我们不难看出，"三严三实"专题教育活动不是为严而严、为教育而教育，而是着眼于中国共产党面对的长期执政考验、改革开放考验、市场经济考验、外部环境考验，着眼于中国共产党面临的精神懈怠、能力不足、脱离群众、消极腐败的危险，着眼于"两个一百年"奋斗目标，着眼于人民对美好生活的向往提出来的，即"三严三实"是着眼于中国共产党承担的使命，着眼于当代中国发展的客观要求，着眼于人民群众的期待而提出来的，是认清形势、把握趋势基础上的人心所向；我们不难看出，严以律己、严以修身、严以用权就是要求我们党员干部管住自己的心、管住自己手中的权、管住自己的行为,谋事要实、创业要实、做人要实,就是要求我们党员干部在做决策时要从实际出发,在行为模式上,要追求实效,在与人相处上,要讲实诚。因此,"三严三实"是一个有其内在逻辑的有机整体,严是主基调、实是着力处,关键在"常"与"长"两个字,就是经常化、日常化、长期化,只有做到"三严","三实"才能落到实处,做到"三实","三严"才能内化于心、外化于行。以"严"促进"实",以"实"倒逼"严"。只有这样对"三严三实"进行真学,才能发挥理论认识世界、改造世界的目的。

(二)贯彻落实"三严三实"专题教育活动需要党员干部真懂

如果说,对"三严三实"的真学,使我们对其理论深度、历史长度及实践维度有了相对宏观把握的话,那么,读懂"三严三实"主要侧重在政治维度上的身份与身价问题、理论维度上的内在逻辑关系问题以及普及维度上的内在机理问题。

从政治维度上看,"三严三实"属于马克思主义党建思想,我们之所以这么定位,是因为其蕴含的实事求是的基本方法与以人为本的价值立场体现了马克思主义真谛,体现了为人民服务的宗旨,体现了一切从实际出发、实事求是、理论联系实际的思想路线,不管是对党员干部做人的"严"还是对党员干部做事的"实",都体现了以人为本与实事求是的内在统一。从理论维度上看,"三严三实"是一个有机整体,既有主基调,又有着力点,也就是"三严"是手段、"三实"是目的,"三严"是从修身开始,到律己再到用权,"三实"是从实际出发,求实效、求实诚,把做人与做事结合起来,体现了做事先做人,正人先正己,把遵循客观规律与满足人的需要有机结合起来,体现了价值性与真理性的统一,把主观与客观结合起来、把内因与外因结合起来,体现了感性与理性的统一;从普及维度上看,"三严三实"体现了以上率下,率先垂范,层层递进的演进路径,体现了内化于心、外化于行的具体机制,体现了党员干部关键少数先严起来、实起来从而带动更多人做到"三严三实",体现了知行合一、言行一致的结合,只有做到真懂,才会真信。

(三) 贯彻落实"三严三实"专题教育活动需要党员干部真信

如果说对"三严三实"真学、真懂，是侧重于认知层面，那么，对"三严三实"的真信就是在理想信念层面，理想信念的核心就是我们相信什么、向往什么和追求什么。具体到"三严三实"而言，就是我们相信中国共产党能够领导广大人民实现中国梦，相信中国特色社会主义道路、中国特色社会主义理论、中国特色社会主义制度，相信我们党制定的基本路线，相信我们党能够通过党风廉政建设取得反腐败的胜利，相信我们党能够通过"严以修身、严以律己、严以用权，谋事要实、创业要实、做人要实"的专题教育活动，实现我们党要管党、从严治党的目标，实现我们从中国实际出发制定政策，从而取得中华民族伟大复兴中国梦的目标，其实，从某种意义上讲，我们党的百年奋斗史，就是一部从严治党、不断践行"三严三实"的历史，就是把人民对美好生活的向往作为我们党奋斗目标的历史，我们要这样看待我们党的历史。同时，"三严三实"集中体现了"四个全面"的精神，是推进"四个全面"战略布局的坚实保障，我们相信融合"四个全面"基本要求的"三严三实"一定能在全面贯彻落实中解决我们面临的问题，我们也相信在贯彻落实"三严三实"的进程中我们一定能实现"四个全面"的预期目标。

对"三严三实"的信念、自信与信心是建立在对当前党情、民情清醒把握基础上的审慎乐观。就党情来说，我们党有理论优势、组织优势、制度优势，同时也面临着长期执政、改革开放、市场经济、外部环境四大考验，面临着精神懈怠、能力不足、脱离群众、消极腐败四大危险，对此我们党有清醒的理性判断。对于民情，经过改革开放40多年的持续发展，人民生活水平总体上有了大幅度的提高。同时，也面临着"拿起筷子吃肉、放下筷子骂娘"的不满情绪，以及期盼更好教育、更稳定工作、更满意收入、更可靠保障、更高水平医疗卫生服务、更舒适的居住条件、更优美的环境等现实需求，对于这些我们党有全面清醒的认识。也就是说，我们的自信、信念、信心，是建立在通识、通达、通变现实基础上的理论自觉，是一种坚持"两点论"，一分为二看问题，从坏处着想，做最充分的准备，争取较好的结果的自信。这种自信是一种对问题倒逼机制的自觉,也就是面对问题,我们既不是六神无主、束手无策,也不是无视问题、自欺欺人,而是在对问题具体分析基础上的突破。我们相信只要深入就会具体、只要具体就会有办法,我们相信只有直面问题才能解决问题,只要直面问题、聚焦问题、以问题为导向、扭住问题不放、从实际出发、发挥人民的智慧,就能战胜问题,而不是被问题打倒,这种认识问题、对待问题的态度,集中体现了马克思主义的认识论、实践观,是对马克思主义的信仰,是真正坚持马克思主义的体现。

(四) 贯彻落实"三严三实"专题教育活动需要党员干部真用

"三严三实"作为基于现实的理论思考,必定要到火热的现实生活中发挥认识世界与改造世界的功能,也就是说"三严三实"要从理论创新走向实践创新。所谓实践创新就是贯彻落实,脚踏实地、身体力行、循序渐进地真抓实干;就是要找到突破口,由点到面,由关键少数人带动大多数人干;就是部署和执行;就是真正地按照"三严"的要求,对照自己,深刻反思与检讨,切实找出自身存在的不"严"不"实"的表现,探寻克服不"严"不"实"的良策,真正通过"三严三实"达到自我净化、自我完善、自我革新、自我提高的目的;就是真正按照"三实"的要求,实地到基层调研、到基层走访,看实际存在的问题,这个实际不仅仅是眼见为实,而是在眼见为实的基础上去粗取精、去伪存真、由表及里、由此及彼地分析,是全面的、联系的、发展的实际,是理性的实际。对于着眼现实基础上的理性实际,我们要出实策,这个实策不是头痛医头、脚痛医脚,而是以人为本、全面协调可持续的实策,也就是经得起历史考验和人民检验的实策,是实际、实效、实诚的统一。

这个真用就是要求我们每个党员干部从坚持发展中国特色社会主义的大局、治国理政的大局、民族复兴的大局出发承担起推进"三严三实"的责任,以一种舍我其谁的担当意识、责任意识自觉主动地参与到"三严三实"的贯彻落实中来。没有领导干部的率先垂范,新一轮改革难题就难以破解,依法治国就难以推进,全面建成小康社会的目标就不能实现,全面从严治党就无从谈起。贯彻落实"三严三实"党员干部人人有责,每个党员干部都争做全面建成小康社会的促进者,全面深化改革开放的推动者,全面依法治国的践行者,全面从严治党的监督者。树立中国特色社会主义事业、中华民族复兴大业与自身根本利益休戚相关、荣辱与共的命运共同体理念,我们就会在党的建设伟大工程中实现人民的福祉,实现人民对美好生活的向往。只要党员干部都认识大局、适应大局、引领大局,我们的目标就会一步一步地实现,我们的梦想就会在我们的共同努力、持续努力和接续奋斗下变为现实。

五 伟大建党精神的内在逻辑与精髓要义

伟大建党精神是中国共产党的精神之源,是中国共产党之所以能的强大生命力所在。伟大建党精神是历史逻辑、理论逻辑和实践逻辑的有机统一,其精髓要义呈现为"真""行""革""忠"四个方面。习近平总书记在庆祝中国共产党成立100周年大会上的讲话中首次提出伟大建党精神,强调伟大建党精神是中国共产党的精神之源,并要求永远把伟大建党精神继承下去、发扬光大。回顾百年党史,中国共产党之所以能从五十多人增为九千多万人,从石库门走到天安门,从"小小红船"成为"巍巍巨轮",正是因为代代中国共产党人对伟大建党精神的继承和发扬。当下,我们正在向第二个百年奋斗目标进军,继续发扬伟大建党精神的作用是十分必要且刻不容缓的。

(一) 伟大建党精神的内在逻辑

1. 伟大建党精神的理论逻辑

伟大建党精神是指"创建中国共产党这一开天辟地的历史实践与伟大事件中所蕴含的精神内涵"[①]。这一精神的形成,离不开中华文明的滋养。中国这个有着五千多年文明史的国家孕育的文化精粹,为

---

① 白显良:《基于四重逻辑深刻把握中国共产党伟大建党精神》,《学校党建与思想教育》2021年第13期。

伟大建党精神提供了丰富的思想养料。同时，随着马克思主义从西方传入东方，并与中国工人运动密切结合，一个新型的无产阶级政党中国共产党顺社会潮流应运而生。因此，伟大建党精神不只吸收了中华优秀传统文化的基因，同样也汲取了马克思主义的精华。而且，不容置疑的是，它又在实践中对两者进行了延伸和拓展。具体来看，首先，"坚持真理"体现了马克思主义的科学性。马克思主义揭示了自然、社会、思维的一般发展规律，并多次在历史实践中得到检验和证实。毫无疑问，马克思主义是不会过时的理论，它总是与时代保持同步伐、同步调，并在现实实践中发展和拓展，从而保持真理性、科学性、时代性。"坚守理想"蕴藏大同思想与共产主义理想。囿于封建思想的根深蒂固和剥削阶级的强大，不平等现象在近代中国十分泛滥。中国共产党的先驱举起平等的大旗，要求在经济、政治、性别等方面实现平等，并要求财产公有，这正是对"人人平等""废除私有"的实践。其次，"践行初心"坚持了中华传统文化中的重民爱民思想和马克思主义的人民观。儒家提倡的"为政以德，治国为民"、法家提倡的"本治国固，本乱国危"等都强调了人民在治国理政中的重要性。马克思、恩格斯强调："无产阶级的运动是绝大多数人的，为绝大多数人谋利益的独立的运动。"[①]"担当使命"遵循了马克思主义的历史观。党带领人民进行的百年奋斗历程贯穿着中华民族伟大复兴这个主题。再次，"不怕牺牲、英勇斗争"彰显了中华传统文化的斗争精神和马克思主义的斗争性。前者要求君子以自强不息；后者要求无产阶级进行武装斗争，不能放弃以革命手段夺取政权。最后，"对党忠诚、不负人民"体现了忠诚这一高尚品质。中华传统文化的首要品格是忠诚，而且，马克思主义忠诚观要求无产阶级必须绝对服从、绝对忠诚于党，因为只有坚持党的领导，无产阶级的任务和最终目标才能实现；还要求共产党人坚持初心，为民奋斗，不抛弃人民，不辜负人民，因为只有忠诚于人民，党和国家才能凝聚其发展需要的智慧和力量。总之，伟大建党精神是中华优秀传统文化的延续和发展，亦是马克思主义中国化的重大成果之一。

[①]《马克思恩格斯选集》第1卷，人民出版社2012年版，第411页。

2. 伟大建党精神的历史逻辑

恩格斯指出：任何新的学说"必须首先从已有的思想材料出发，虽然它的根子深深扎在经济的事实中"①。毫无疑问，要探索伟大建党精神，就必须清楚建党这一实践活动，就必须挖掘出其社会存在。首先，各个阶级的艰苦求索唤起了人民的觉悟。19世纪中叶，在腐朽落后的封建制度的桎梏下和西方列强的猛烈轰击下，清王朝在战争中屡屡败北，为了巩固其摇摇欲坠的统治地位，签下了数条出卖国家和人民的不平等条约，导致中国的社会性质变得畸形，人民的苦难更加沉重。为了探索救亡图存的正确道路，仁人志士奔走呐喊、前仆后继、奋勇斗争，推出了各种救国方案。虽然这些方案和实践都宣告破产了，但其精神是伟大的、永恒的，影响着世世代代的中华儿女，从而为伟大建党精神提供了社会基础。毛泽东指出，中国优秀人物"摸索救国救民的真理，是可歌可泣的"，但是直到十月革命后，"才找到马克思列宁主义"，并将其"作为解放我们民族的最好的武器"②。其次，五四运动找到了科学理论和领导力量。在五四运动爆发前后，随着各种理论思潮铺天盖地地涌入中国，党的先驱对其进行了反复对比和甄别，选择了以马克思主义作为自己的信仰。在五四运动中，中国工人阶级呈现了坚定的、彻底的革命性，成为可以带领中国人民开启中国革命新征程的先进力量。再次，早期党组织的建立和活动为党的成立奠定了组织基础。各党小组的相继成立，使中国有了与共产国际联系的正式组织。并且，党小组在积极的活动下，激发了工人的觉悟，与工人建立了密切关系。由此可见，各种力量的艰苦求索、五四运动、早期党组织的建立和活动为建党提供了许多条件，构成了伟大建党精神的社会存在。

3. 中国共产党成立的实践逻辑

伟大建党精神产生于党的创立这一历史性事件，发展于党的探索与建设的历史实践。伟大建党精神不只存在于建党那一刹那间，而是随着党的成长在不断延伸和发展，与党的生命力同在。习近平总书记

---

① 《马克思恩格斯选集》第3卷，人民出版社2012年版，第391页。
② 《毛泽东选集》第3卷，人民出版社1991年版，第796页。

在当下首次提出伟大建党精神这一科学命题,不仅是为了纪念和肯定建党这一开天辟地的大事,更是为了延续和发扬革命先驱者的精神力量,以此推动党和国家的高质量发展。首先,伟大建党精神是建好伟大工程的内在要求。新时代以来,随着国内、国际两个大局的巨变,党的建设也涌现出新的历史特点,承担着新的历史重任,迎接着新的历史挑战。党的建设在总体上取得了许多辉煌成就,解决了许多世纪难题。然而,党内仍然存在信仰丢失、思想不纯、贪污腐败等现象。要消除这些不良因素,必须用伟大建党精神的精髓要义对党员干部进行思想政治洗礼,从而保证党不变味、不变质。其次,伟大建党精神是建成现代化强国的必然要求。回顾百年历程,社会主义是拼出来的、改革开放是干出来的、全面小康社会是奋斗出来的,这都彰显了中国式治国理政的优越性。在这优越性中,少不了伟大建党精神的强大作用。当下,中国正在走的、将要走的路是前人未涉及的,其难度和挑战也是前所未有的。我们正向着第二个百年奋斗目标迈进,必须"坚持真理、坚守理想"等精神要义。最后,伟大建党精神是实现民族复兴的基本要求。习近平总书记强调:"我们比历史上任何时期都更接近中华民族伟大复兴的目标,比历史上任何时期都更有信心、有能力实现这个目标。"[①] 这一强调体现出了我们的文化自信,体现出了中国共产党人的精神谱系的自信。伟大建党精神是党的精神之源,是我们实现中国梦的动力之源。因此,伟大建党精神的生命不仅在历史中璀璨夺目,还在现实中焕发光彩。

(二) 伟大建党精神的精髓要义

1. "真":坚持真理、坚守理想

伟大建党精神的第一要义是"真",即以马克思主义这一科学理论为指导思想,以共产主义远大理想和中国特色社会主义共同理想为发展方向。习近平总书记强调:"中国共产党为什么能,中国特色社会主义为什么好,归根到底是因为马克思主义行。"[②] 正因为马克思

[①] 习近平:《在文艺工作座谈会上的讲话》,人民出版社2015年版,第2页。
[②] 习近平:《在庆祝中国共产党成立100周年大会上的讲话》,人民出版社2021年版,第13页。

主义本身具有科学性，经得起实践的考验，所以我们党从一开始就主张"坚持真理"。如何理解坚持马克思主义这一真理？具体来说，第一，指坚持学习马克思主义。马克思主义揭示了自然、社会、思维的发展规律，也囊括了哲学、经济、政治等学科的理论知识。其内容博大精深，需用心学习才能领悟其奥秘。第二，指坚持以马克思主义指导实践。任何理论只有运用于实践时，其价值才算得到实现。马克思主义不是书斋的"座上宾"，而是用于革命的武器。第三，指坚持以与时俱进的观念看待。恩格斯曾直言不讳地指出，他们的理论不是教条，而是发展的理论。马克思主义中国化的一系列成果正是在对其继承的基础上，将其与中国实际相结合，并赋予其中国气息、中国特色产生的。"坚守理想"是对马克思主义认同的应有之义。马克思主义追求的是无产阶级和全人类的解放，是对共产主义社会的向往。党在成立之初就明确强调自己是马克思主义政党，并提出了最高纲领和最低纲领。由此可知，党在最初之时就确定了对"真"的追求，"坚持真理、坚守理想"是党的先驱者赋予党的优秀"基因"。

2. "行"：践行初心、担当使命

伟大建党精神的又一要义是"行"，即把为人民谋幸福、为民族谋复兴的初心和使命践行于现实。为什么党能在绝处中逢生，并能实现由小变大、由弱变强？习近平总书记给出了答案，根本原因在于"我们党始终坚守为中国人民谋幸福、为中华民族谋复兴这个初心和使命"[①]。如何理解"践行初心"？第一，站稳政治立场。中国共产党的性质和宗旨都体现了人民性，人民立场是党的政治立场。党的二大确定了党是无产阶级的忠实代表，表明了党是为谁而立，道出了优秀党员干部无私奉献的原因所在。第二，坚持群众路线。从建党伊始，马克思主义的群众观就在中国扎根、发芽、茁壮成长，并结出果实，即群众路线。这条路线说明了党和人民血浓于水的关系，指明了党在政治和组织工作上的根本方法，并要求全体党员与人民保持密切联系，听取民意，汇集民智，办好民事。第三，坚持执政理念。人民是国家的主人，是推动社会发展的主体，是党和国家发展不能缺少的主

---

① 习近平：《牢记初心使命推进自我革命》，《求是》2019年第15期。

要力量。要稳固党的执政地位，必须坚持以人民为中心的发展理念。怎样理解"担当使命"？首先，其是践行初心的最终归宿。国家强大是人民幸福的最好的保障。其次，党的百年奋斗历程都有一个共同的主题，即民族复兴。民族复兴不是纯粹的口号，而是党带领人民必须落实的共同目的；它也不是一蹴而就的，而是需要一个漫长的量的积累才能实现的。党带领人民已经实现了"站""富""强"，给民族复兴打下了坚实的基础。因此，作为党的继承者和发展者，必须担起历史使命，不断推进党和国家的发展，逐步实现中国梦。总之，中国共产党人的血液中流淌着对人民的责任感和对民族的使命感。

3. "革"：不怕牺牲、英勇斗争

追求远大理想与共同理想、人民幸福与民族复兴，要求共产党人做到"革"，即舍生取义的献身精神和克服困难的斗争精神。为了拯救人民和国家，中国共产党的先驱们视生死如无物，挺身而出、奋起斗争，为共产党人创造了宝贵的红色基因。"不怕牺牲"的内涵，首先表现在牺牲是普遍存在的。毛泽东指出："要奋斗就会有牺牲。"[1] 党的崇高而艰巨的远大理想是需要不断奋斗才能实现的，也意味着牺牲是必须的、必然的。不论是战争年代还是和平年代，牺牲都是存在的。其次表现在牺牲是自愿舍小家为大家。牺牲既指为了大义而牺牲个人及其家庭的利益，也指为理想信念奉献生命。再次表现为把不怕牺牲的大无畏精神化为实际行动。共产党人有了不怕牺牲的品质，才能在斗争中做到全力以赴，而不是缩手缩脚。"英勇斗争"也是普遍存在的。习近平总书记强调："社会是在矛盾运动中前进的，有矛盾就会有斗争。"[2] 党从一开始就肩负起了推翻"三座大山"的使命，开展了一系列的革命斗争，建立了新中国。之后，面临着前所未有的新问题新挑战，党开展了具有新的历史特点的伟大斗争。革命斗争已经结束，新的伟大斗争正在进行，党必须不畏困难，英勇斗争。总而言之，奋斗不止，牺牲不止；矛盾不止，斗争不止。

---

[1] 中共中央政党工作指导委员会编：《毛泽东同志论党的作风和党的组织》，人民出版社1983年版，第95页。

[2] 习近平：《决胜全面建成小康社会 夺取新时代中国特色社会主义伟大胜利——在中国共产党第十九次全国代表大会上的报告》，人民出版社2017年版，第15页。

4. "忠"：对党忠诚、不负人民

伟大建党精神的落脚点是"忠"，即对党和人民的绝对忠诚。忠诚是共产党人的鲜明的政治品格，是党能集中力量化危险、办大事的关键所在。此处的忠诚有两个对象，即党和人民，这体现了党性和人民性的有机统一。"对党忠诚"主要体现在三个方面，首先，对党的纲领和章程的忠诚。党的一大规定"承认本党纲领和政策"的人才有入党资格。党的纲领公开表明了党是什么党，要走什么路；党的章程是党员干部必须遵循的总规范，体现了全党意志。只有坚持对二者的忠诚，才能保证对党的忠诚。其次，对党组织忠诚。党中央是党的首脑机关，是党和国家一切工作的决策者、安排者，因此，一切行动必须与党中央保持高度一致。再次，对党的事业忠诚。全体党员应提高自己的政治能力，全身心地为伟大事业而奋斗。毛泽东曾指出："共产党是为民族、为人民谋利益的政党，它本身决无私利可图。"①"不负人民"一方面体现在办好人民的事情。中国共产党的权力来源于人民，一旦党脱离人民，就会失去存在和发展的基础。因此，人民的事情是大事情，是党员干部必须重点解决的事情。另一方面体现在不搞贪污腐败。党员干部必须做到取之于民、用之于民，不能存有私心，不准以权谋私。总之，忠于党、忠于人民，必须一体推进。

（三）弘扬伟大建党精神，实现民族伟大复兴

1. 坚持以科学理论武装全党

马克思主义是伟大建党精神的理论基础，是中国共产党人理想信念的灵魂，是中国共产党的根本指导思想。如果离开了马克思主义，中国共产党就不复存在。中国共产党的先驱在众多的社会主义学说中，找到了科学且革命的马克思主义学说，坚定"资产阶级的灭亡和无产阶级的胜利是同样不可避免的"②。马克思主义不是教条，要以发展的眼光看待它。马克思、恩格斯多次对他们的理论进行修改，就是最好的证明。中国共产党百年砥砺，数度涅槃，扎根中国大地，不

---

① 《毛泽东选集》第3卷，人民出版社1991年版，第809页。
② 《马克思恩格斯选集》第1卷，人民出版社2012年版，第413页。

断推进马克思主义中国化。站在两个一百年的历史交叉点，我们要深入学习习近平新时代中国特色社会主义思想，把稳思想之舵；要旗帜鲜明地反对马克思主义"过时论"，敢于抵制西方不良思想，勇于批判各种错误思潮；要持续深化党内教育，提高党性修养，为弘扬伟大建党精神铺就理论基础，并不断推进实现第二个百年奋斗目标的步伐。

2. 传承中国共产党人的精神谱系

人无精神则不立，党无精神则不振，国无精神则不强。中国共产党人的精神谱系贯穿百年党史历程，以马克思主义为指导，继承了中华优秀传统文化，吸收了人类文明的优秀成果，是由党和人民在实践中共同书写和总结而成的精神结晶。中国共产党人的精神谱系不是各种精神的简单累积，而是一个有机统一的体系，其根源于伟大建党精神。中国共产党各个时期的精神都贯穿着伟大建党精神的精髓要义，如蕴含爱国主义的红船精神、包含亲民爱民的焦裕禄精神、蕴藏以国为重的北斗精神等。传承中国共产党人的精神谱系，要从不同主体的视角研究并进行总结，如党史分期、人物、地点等主体；要继承中华优秀传统文化、革命文化和社会主义先进文化；要在实践中不断丰富中国共产党人的精神谱系，注入时代气息；要加强宣传力度，中央与地方政府、国企组织、学校等机构举办宣讲活动和建立研究小组；要以人民群众喜闻乐见的方式大力推进中国共产党人的精神谱系等。新时代的我们要继承并弘扬中国共产党人的精神谱系，把伟大建党精神代代相传、发扬光大。

3. 锤炼共产党人的政治品格

政治品格是共产党人在言行举止中体现的道德、品行和作风等基本政治素质，是其政治信仰、政治立场、理想信念的集中呈现。伟大建党精神蕴含着对党忠诚、不负人民等优秀的政治品格，为新时代的党员干部提出了要求。党的十八大以来，习近平总书记一以贯之地强调党员干部要锤炼忠诚干净担当的政治品格。忠诚是首要条件。"对党忠诚，永不叛党"是每一个中国共产党党员对党的终身承诺，是从政治上入党的具体体现。在百年党史历程中，一些中华儿女以舍生取义书写忠诚，先有夏明翰、狼牙山五壮士、陈潭秋等革命烈士，后有王伟、陈陆、曹群等英雄烈士；一些中华儿女以坚定信念命名忠诚，先有先驱者建党建国，后有继承者保卫和平。一旦党员干部丧失忠诚的政治品格，就会迷失方向。干净是为官之底线。中国共产党除了广大人民群众的利益，没有其他任何特殊利益。党员干部要严格遵守政治纪律和规矩，勇于开展批评与自我批评，敢于接受党内监督与党外监督，保证其自身永远是人民值得信赖的领路人。勇于担当是中国共产党人应然的政治品格。自党诞生以来，我们党不畏生死、不惧艰难、坚持不懈地为实现中华民族伟大复兴奋斗拼搏。新时代的党员干部要坚持与党中央保持高度一致，敢于担当、敢于作为，成为各项工作的先行者、实践者、参与者和落实者。

六　弘扬"伟大建党精神"实现以党的自我革命推动伟大社会革命

2021年7月1日，习近平总书记在庆祝中国共产党成立100周年大会上的重要讲话中正式提出"伟大建党精神"的概念，并深刻阐释了这一精神的科学内涵："坚持真理、坚守理想，践行初心、担当使命，不怕牺牲、英勇斗争，对党忠诚、不负人民"，同时要求全党要"继续弘扬光荣传统、赓续红色血脉，永远把伟大建党精神继承下去、发扬光大"[①]。伟大建党精神是中国共产党的先驱在创建中国共产党的过程中逐渐形成的，是"中国共产党的精神之源"。我们学习和实践伟大建党精神，应站在用学术讲政治、用学理讲道理的高度，坚持历史、现实和理论深度融合，从政理、学理和事理融会贯通的广度上发力，做到对"伟大建党精神"的真学、真懂、真信、真用，实现以党的自我革命推动伟大社会革命，助力"伟大建党精神"向"伟大党建精神"有效转化，进而实现"伟大建党精神"党建效能最大化。

---

① 习近平：《在庆祝中国共产党成立100周年大会上的讲话》，人民出版社2021年版，第8页。

（一）实现以党的自我革命推动伟大社会革命，应在理论创新、理论武装和理论强党的有机统一中把握"伟大建党精神"

办好中国的事情，关键在党，关键在思想建党、理论强党。我们党要永葆先进性和纯洁性，就必须坚持思想建党、理论强党，用"伟大建党精神"武装全党，实现以党的自我革命推动伟大社会革命。

理论创新每前进一步，理论武装每跟进一步，党的事业就前进一步。用"伟大建党精神"加强党的自身建设，就必须从精神谱系角度，从战略高度、全局视野准确把握"中国共产党之精神之源"这个核心要义。伟大建党精神是早期共产党人在建党实践活动中彰显出的高尚的政治品格、价值追求和精神风范，具有民族性、人民性、实践性及科学性等鲜明特征，是中国共产党之精神之源，也是中国精神的重要组成部分。

习近平总书记指出："人无精神则不立，国无精神则不强。精神是一个民族赖以长久生存的灵魂，唯有精神上达到一定的高度，这个民族才能在历史的洪流中屹立不倒、奋勇向前。"[①] "坚持真理、坚守理想，践行初心、担当使命，不怕牺牲、英勇斗争，对党忠诚、不负人民"的伟大建党精神体现了我们党的思想优势、政治优势、精神优势、道德优势，全面而准确地体现了中国共产党与国家、民族、社会和人民的关系。中国共产党自成立之日起，就把实现中华民族伟大复兴作为自己的历史使命，因此，"伟大建党精神"不仅为实现以党的自我革命推动伟大社会革命提供了强大精神动力，同时也是实现中华民族伟大复兴中国梦不可或缺的精神支撑。我们只有在理论创新、理论武装和理论强党的有机统一中把握伟大建党精神，砥砺初心使命发扬光大"伟大建党精神"，学深悟透做实"伟大建党精神"，才能实现以党的自我革命推动伟大社会革命，占领理论制高点、信仰制高点、道德制高点、实践制高点，从而赢得优势、赢得主动、赢得未来。

---

① 习近平：《党的伟大精神永远是党和国家的宝贵精神财富》，《求是》2021年第17期。

（二）实现党的自我革命推动伟大社会革命，应在真学、真信、真懂、真用中深化、内化、消化、转化"伟大建党精神"

实现党的自我革命推动伟大社会革命，必须通过党的自我革命造就党的先进性和纯洁性，来保障社会革命任务的实现。这就需要坚持马克思主义的指导思想，用马克思主义中国化最新理论成果武装自己，实现马克思主义中国化、时代化、大众化。在"伟大建党精神"的指引下，在一次次的自我革命中，我们党由成立时只有50多名党员，到100年后的今天成为拥有9500多万名党员、领导14亿多人口的大国、具有重大影响力的世界第一大执政党。站在迈向第二个百年奋斗目标的征程上，我们应在真学、真懂、真信、真用中深化、内化、消化、转化"伟大建党精神"，实现党的自我革命推动伟大社会革命。

学习"伟大建党精神"，实现以党的自我革命推动伟大社会革命，应同学习马克思主义基本原理贯通起来，同学习党史、新中国史、改革开放史、社会主义发展史结合起来，尤其是同学习习近平新时代中国特色社会主义思想形成发展史衔接起来，同新时代进行伟大斗争、建设伟大工程、推进伟大事业、实现伟大梦想的丰富实践联系起来，尤其是同总结经验、观照现实、改善民生联系起来。

通过及时跟进反复学、全面系统深入学、理论联系实际学，把"伟大建党精神"内化为中国共产党人为伟大事业而不懈奋斗的坚定信念，内化为分析解决问题的科学方法和指导改造客观世界和主观世界的行为准则，内化为增强"四个意识"、坚定"四个自信"、做到"两个维护"的政治自觉，转化为党要管党、全面从严治党、把党建设得更加坚强有力的责任担当，转化为以党的自我革命引领伟大社会革命、推进全体人民共同富裕取得实质性进展、满足人民对美好生活向往的执政追求和推进新时代中国特色社会主义伟大事业的实践力量。学习"伟大建党精神"，实现以党的自我革命推动伟大社会革命，就是坚持真学促深化、真懂促消化、真信促内化、真用促转化，就是要坚持把学习"伟大建党精神"作为终身必修课，努力掌握蕴含其中的立场、观点、方法、道理、学理、哲理，真正将其作为认识世界分析问题的哲学、指导实践推动工作的科学、修身立德律己律人的心学。

（三）实现以党的自我革命推动伟大社会革命，应在创新、奋斗、奉献中继承、学习、实践"伟大建党精神"

"伟大建党精神"是我们党遵循人类社会发展规律、社会主义建设规律、中国共产党执政规律，把握历史发展大势、顺应历史前进潮流、掌握历史最大主动、取得历史伟大成就的精神之源、先进性之源。党的精神之源和先进性之源不是一劳永逸、一成不变的，也不是自然而然、理所当然的，过去先进不等于现在先进，现在先进不等于永远先进；过去拥有不等于现在拥有，现在拥有不等于永远拥有。社会主义是干出来的、新时代是奋斗出来的。伟大建党精神是在我们党团结带领全国人民浴血奋战、百折不挠完成开天辟地的救国大业，自力更生、发愤图强完成改天换地的兴国大业，解放思想、锐意进取完成翻天覆地的富国大业，自信自强、守正创新完成惊天动地的强国大业中形成的。我们要以科学的态度对待科学，以真理的精神追求真理，要像中国共产党的创立者那样在创新中继承伟大建党精神，在奋斗中学习伟大建党精神，在奉献中实践伟大建党精神。在建设社会主义现代化强国的征程中弘扬"伟大建党精神"，就是要在创新、奋斗、奉献中继承、学习、实践中国共产党伟大建党精神。

（四）实现以党的自我革命推动伟大社会革命，应在同各种消极错误的思想观念行为作斗争中弘扬"伟大建党精神"

伟大政党铸就伟大精神，伟大精神成就伟人事业。用"伟大建党精神"加强党的思想建设、理论建设，就是要解决好党员干部的世界观、人生观、价值观的"总开关"问题。要在党内倡导和弘扬正确的世界观、人生观、价值观，克服和消除各种消极错误的思想观念与行为，同各种错误路线斗争，同自身的错误斗争，也就是自我革新、自我净化、自我完善、自我提高，就是党的自我革命，这个自我革命是在推进社会革命中进行的，是在改造客观世界中来改造主观世界的。以伟大建党精神加强党的建设，通过党的建设实现伟大社会革命，是一个只有进行时，没有完成时，永远在路上的，贯穿实现中华民族伟大复兴全过程。加强党的理论建设，思想引领是前提，行动落实是关键。要用好思想建党这个传家宝，抓住行动自觉这个生命线，真正实现以思想自觉引领行动自觉。从而不断增强党的政治领导力、思想引领力、群众组织力、社会号召力，把党建设得更加坚强有力，确保党在世界形势深刻变化的历史进程中始终走在时代前列，在应对国内外各种风险和考验的历史进程中始终成为全国人民的主心骨，在坚持和发展中国特色社会主义的历史进程中始终成为领导核心。

"伟大建党精神"是中国共产党在以马克思主义为指导，建设社会主义现代化，实现中华民族伟大复兴的进程中产生的伟大精神，与伟大斗争、伟大事业、伟大工程、伟大梦想是一个整体，"五个伟大"内含的价值导向就是人民中心，蕴含的基本方法就是实事求是。我们要从知识掌握、能力提升、素养提高和健全人格四个维度把握人民中心的价值立场和实事求是的基本方法，让其武装全党、教育人民，让用最新精神武装起来的人在实现全体人民共同富裕、物质文明与精神文明相协调、人与自然和谐共生、和平发展的中国式现代化中作出更大贡献。

第四章 时代新人：中国式现代化的依靠力量

一 以新时代教育观造就担当民族复兴大任的时代新人

中国特色社会主义教育作为中国特色社会主义事业的重要组成部分，随着中国特色社会主义进入新时代也进入了新时代，形成了新时代教育观，这个新时代教育观的第一要义是办人民满意的教育，核心是以学生发展为中心，基本要求是德智体美劳全面协调可持续发展，基本方法是统筹贯通。新时代教育观，就是对办什么样的教育、如何办教育、为谁办教育的探索与回答，就是对培养什么样的人、如何培养人、为谁培养人的探索与回答。新时代教育观具有时代性、民族性、人民性、发展性、全面性和协调性。我们就是要通过把时代性与民族性、继承性与发展性、全面性与协调性、主导性与包容性有机统一的新时代教育塑造具有全球胜任力与民族复兴担当力的时代新人，塑造全面发展和协调发展相统一的时代新人，塑造继承性与发展性相统一的时代新人，塑造主导性与包容性相统一的时代新人，塑造为人导向与人为努力相统一的时代新人，只有这样的时代新人才能在构建人类命运共同体与实现中华民族伟大复兴的两个大局中担当重任，培养这样的人，实现这样的目标，需要教师与学生的彼此成就，需要教育者的自我革命带动学生的自我革命，只有把教师的教与学生的学有机统一起来，才能实现我们的教育目标。

(一) 正确识变：深刻把握社会主义时代新人的时代内涵

1. 新时代是具有时代内涵的新时代

党的十九大提出，经过长期努力，中国特色社会主义进入新时代，这个新时代，是承前启后、继往开来，在新的历史条件下继续夺取中国特色社会主义伟大胜利的时代。具体而言，对内，在国家层面就是要在全面建成小康社会，基本实现现代化的基础上，把我国建成富强民主文明和谐美丽的社会主义现代化强国，在人民层面就是全国各族人民艰苦奋斗、团结奋斗、持续奋斗，不断创造美好生活，逐步实现全体人民共同富裕的时代，在民族层面就是全体中华儿女勠力同心、奋力实现中华民族伟大复兴中国梦的时代；对外，就是构建人类命运共同体，造福世界人民的时代。这个集内在整体性与外在整体性于一体的新时代，需要与之相匹配的人才来担当。

2. 新时代需要与之匹配的社会主义新人

能够担当时代使命的时代新人从应然角度来讲，对内，既要具有家国情怀，又要有民族情怀，还要有人民情怀，既要不忘本来，又要立足现实，还要面向未来；对外，既要具有厚重的中国情怀，又要具备宽广的世界眼光，既是中国公民，是中华民族共同体的一员，也是世界公民，是人类命运共同体的一员，也就是说时代重任需要具有时代思维的人来承担。这个时代思维就是开放包容、统筹兼顾、主导整合、和谐共生，体现在文化自信上，就是既要具有主体性，又要具有公共性，既要有我，又要超我，也就是要守正创新，汇通中外、兼容并包。只有这样的时代新人才能担当这样的时代大任。

3. 与新时代相适应的人具有特定内涵

时代新人是构建人类命运共同体与实现中华民族伟大复兴双重使命同时存在条件下的新人，是现代化与后现代化双重叠加背景下的时代新人，是和平发展时代背景下的时代新人，是面向未来社会共同体公共性进步背景下的时代新人，是从主体性走向主体间性时代背景下的新人。因此，时代新人就是需要具有弹性与韧性、主导包容性、贯通性、兼顾性的人，就是要能贯通古今、汇通中外，具有整合能力、兼容并包、守正创新能力的人，也就是需要具有战略思维、历史思维、辩证思维、底线思维、系统思维、创新思维。因此，时代新人的本质规定性就是在马克思主义实事求是方法的基础上，以人的自由全面发展为中心，就是为人导向与人为努力的统一，就是大势所趋基础上的人心所向。中国特色社会主义时代新人的时代追求来自自身的内在诉求，中国特色社会主义时代新人的自身诉求具有内圣外王的必然逻辑，也就是通过用先进的理论武装时代新人，让时代新人通过格物致知、正心诚意达到安身立命，通过安身立命实现修身、齐家、治国、平天下的目的。新时代需要的时代新人只有具有这样的由内到外的逻辑认识，能正确看待人与自然的关系、人与社会的关系、人与自身的关系，才能与自然和谐相处、与社会和谐相处、与自身和谐相处，才能以辩证态度和科学思维认识世界和改造世界。

4. 满足时代要求的时代新人需要立足现实辩证看待

时代新人不是既定的，而是在面对历史虚无主义、"历史终结论"、"文明冲突论"、西方中心主义、民粹主义、你死我活的零和思维等思潮并存的现实中自觉自主生成的，在这种氛围中自主生成的新人或许带有一定中西不平衡、城乡不平衡、区域不平衡、主体不平衡的倾向，与我国承担的人类命运共同体与中华民族共同体还不充分相称，这种不平衡与不充分的实然状态与全面协调可持续的时代新人的应然状态还存在差距。理想与现实的差距，并不代表理想与现实没有相通性，理想与现实不相同，但可以相通，这种相通就是要让现实不断趋近理想，要让理想与现实相通，就要找到理想与现实产生差距的原因，这个原因既有全球化与逆全球化同时并存的时代原因，也有过去封闭排外的历史原因，还有我国处在社会主义初级阶段、现代化与后现代化并存、资本主义因素与社会主义因素同在的现实原因；既有不以人的意志为转移的客观原因，也有没有与时俱进进行自我反思的自身原因，也就是我们要从历史与现实、客观与主观、社会与个人各方面来分析造成差距的原因，从而缩小差距，达到理想与现实相通。

（二）积极应变：以新时代教育观造就时代新人

造就时代新人需要全面协调可持续的教育观。通过全面教育、和谐教育、终身教育的新育人理念造就适应时代要求的时代新人。新时代需要以全人教育理念培养时代新人，所谓全人教育，就是全面教育，就是培养德、智、体、美、劳全面发展的人，也就是要培养有道德情操、道德信仰、道德操守的人，就是既要讲私德，也要讲公德，不仅要讲道德，而且要行道德，也就是要做到知行合一；就是要培养具有智识、智慧的人，这个智慧就是对知识的活学活用，就是对知识的内化与外化，就是经过反思后得到真知；就是要培养具有健全体质的人，这个体质，不仅包括身体健康，还指教育学生在规则范围内去赢，去体面而有尊严地去输，也就是要具有规则意识、竞争和进取意识、拼搏意识，同时培养学生的公正意识和合作意识；就是培养具有审美意识的人，也就是能够具有美的眼光、美的境界、美的感知和审美能力与素养；就是培养具有劳动意识和劳动能力以及劳动习惯的人，只有德、智、体、美、劳全面发展的人才能担当时代大任。所谓协调教育，就是在全面教育的基础上，德、智、体、美、劳要齐头并进，协调发展，不能有短板，不能有掉队的，而是要按照育人内在规律和谐共进，也就是要处理好人与才的关系，不能重才不重视人。所谓终身教育，就是可持续学习、可持续教育，就是活到老、学到老，就是随时随地学习、处处学习、时时学习，只有这样才能真实全面把握现实、把握世界，从而改造现实、改造世界。

（三）主动求变：以师生彼此成就造就时代新人

1. 造就时代新人需要师生彼此成就

学生成长成才需要教师成长成全。成人就是培养学生树立正确的人生观、世界观和价值观，让他们具有健康的体魄、宽广的胸怀、远大的理想和坚定的信念，从容做人，做正直、有担当的人。成才，就是培养学生掌握专门乃至精深的科学知识，锻炼他们的逻辑思维能力、语言能力和实际操作能力。教师作为学生成长成才路上的引路人和指路人，自身的成长、自我完善、自我革命非常关键，因为优秀是靠优秀带动的、卓越是靠卓越成就的。教师观念更新、思想解放、知识扩充、能力提升、素养养成是学生掌握知识、提高能力、提升素养的前提。要想学生成长成才，先要教师成人成才，因此，教育者首先要受教育。受教育者也存在一个学以成人、做以成人、精神成人、立德树人的问题，只有教师立德树己、学以成己、做以成己、精神成己，才能立自己的德成学生的德、立自己的人成学生的人，也就是先是为己之学，才是为人之学。学生成人不仅需要借助教师，更需要自力更生、自我图强、自我发力，因此，学生成人是一个外力和内力相互结合的过程，是一个理论和实践相结合的过程，是一个传承和创新的过程，是一个立人与立己的过程。这个过程是以学生为中心，师生彼此成就的过程，是教学相长的过程，需要我们把握这个过程的关键点和重要环节。

2. 师生彼此成就需要坚持以学生为中心

坚持"以学生为中心"[1]，就是坚持一切为了学生、为了一切学生、为了学生的一切。一切为了学生，就是学生是学校的中心，学校要围绕学生成长成才谋划布局，学校要形成全员育人、全程育人、全方位育人的格局，就是要形成科研育人、教学育人、管理育人、文化育人、环境育人、实践育人、协同育人、服务育人、组织育人的立体格局，要形成以学生为中心的育人命运共同体。为了一切学生，就是不能仅为了一部分学生，要实现优质教育的公平公正，就是要坚持以所有的学生为本，让每个学生在学校都有平等接受优质教育的机会，都有获得感、幸福感。为了学生的一切，就是要培养完整的人，要看到学生不仅是一个经济人、政治人、文化人、社会人，而且是一个生态人，也就是要把学生看成一个全面发展的人。要实现人的全面发展，就是要满足学生全面合理的需求，把学生"培养成德智体美劳全面发展的社会主义建设者和接班人"[2]，也就是要满足学生对德育、智育、体育、美育和劳育的需要。德智体美劳不仅是知识，更是能力，还是素养，我们不仅要在知识上全覆盖德智体美劳，在能力上覆盖德智体美劳，在素养上覆盖德智体美劳，而且要实现知识之间的协调、能力之间的协调、素养之间的协调，还要实现知识能力素养之间的协调，也就是要坚持全面协调可持续的原则和要求，只有这样，才

---

[1] 赵炬明、高筱卉：《关于实施"以学生为中心"的本科教学改革的思考》，《中国高等教育研究》2017年第8期。

[2] 艾四林、吴潽涛：《高校马克思主义理论学科发展报告（2020）》，人民出版社2022年版，第31页。

是真正坚持以学生为中心。坚持以学生为中心不是一味迎合学生,不是无原则迁就学生,而是遵循学生自身成长成才的内在规律,把尊重学生成长规律与发挥学生主观能动性有机结合起来。实现学生成长成才,是要把学生培养成为真善美的人。所谓的真,就是真实、真诚、真情;所谓的善,就是善良、善心、善行;所谓的美,就是形象美、心灵美,就是内强素质、外树形象,就是"各美其美、美人之美、美美与共、天下大同"①,就是要培养一个全面协调可持续发展的人。

3. 师生彼此成就需要教师自我成长

教师作为学生成长成才的引路人和指引者,与学生是彼此成就、教学相长的关系。现在的学生和过去的学生相比已经发生了很大的变化,现在的学生见多识广,从小就接受良好的教育。过去要给学生一碗水,老师要有一桶水;现在要给学生一碗水,教师就要有源源不断的水源。现在是信息化时代,学生在互联网上就能获取很多知识,因此,学生需要教师提供的不是一般互联网上的知识,不是书本上可以查到的知识,而是知识背后的知识,是边际性知识、结构性知识、平台性知识,不是死知识,而是活知识;不是孤立的知识,而是联系的知识;不是静态的知识,而是动态的知识。也就是说,学生需要的是辩证的知识。学生不仅需要知识,而且需要能力。这个能力不仅是应试能力,而且是素质能力;不仅是学会的能力,而且是会学的能力;不仅是学好的能力,而且是好学的能力;不仅是认识能力,而且是实践能力。学生不仅需要能力,而且需要素养。这个素养不仅包括学科素养、教育素养,还包括社会素养。要满足学生对知识、能力、素养的诉求,教师就必须转变观念,就必须具备相应的知识、能力、素养。教师不仅要具有这些知识、能力和素养,还要把这些知识、能力和素养传授给学生。因此,好好学习、天天向上不仅是对学生而言,也是对教师而言。活到老、学到老、终身学习不是没有针对性的口号,而是针对学生成长成才而言的,关乎人才培养的质量。现在的教师面临着双重角色,既是教师,又是学生;既要教学生,又要教自

---

① 费孝通:《文化自觉和而不同——在"二十一世纪人类的生存与发展国际人类学学术研讨会"上的演讲》,《民俗研究》2000年第3期。

己。因此，教师自我成长、自我提高、自我完善、自我革命没有终点，没有过去时，只有进行时。教师的自我成长就是要转变教学观念，从以教为中心向以学为中心转变，从以学科为本向以育人为本转变，从以课堂教学为主向课内外教学结合转变，从以结果评价为主向结果评价和过程评价相结合转变，就是从知识课堂向能力课堂转变、从灌输课堂向对话课堂转变、从封闭课堂向开放课堂转变、从重知轻行向知行合一转变、从重学轻思向学思结合转变、从重理轻文向文理兼容转变、从重研轻教向研教融合转变、从重教轻学向教助于学转变、从重共性轻个性向因材施教转变、从终结评价向发展评价转变，从而在结合互动中实现人才培养目标。

4. 师生彼此成就关键在于学生自我成长成才

我们知道，虽然外因很重要，但事物发展的关键在于内因。学生自我需要、自我追求是自己成长成才的关键。教师是主导，学生是主体，教师主导是建立在学生主体基础上的。师傅引进门，修行在个人，老师是引导，老师不能代替学生成长，因此，学生要有主动性、自觉性、主体性。只有学生想学，教师指导才能发挥作用，也就是说学生成长需要借助教师，教师帮学生，至少需要学生把手伸出来，因此，学生的自我激励、自我追求、自我施压、自我需求很重要。学生要从"要我学"向"我要学"转变，只有学生在学的过程中遇到了问题，产生了困惑，才能发挥教师传道授业解惑的作用。学生要有学的欲望、学的志气、学的冲动、学的需求，并且在产生问题后主动找老师解惑。只有直面问题，在实践中解决问题，才能成长、成才。成长、成才不是纸上谈兵，而是需要在实践中去历练，在实践中成长、成才，因此，学生要敢于到实践中去经受锻炼。在实践中成长、成才不是在温室里成长，而是在风雨中成长，风风雨雨是常态，风雨无阻是心态，风雨兼程是状态。只有经历风雨才能见到彩虹，学生成长成才的过程是苦其心志、劳其筋骨、饿其体肤的过程，是接受考验、迎接挑战、化解风险的过程，这个过程需要客观看待自己、世界和自然，也就是需要自己败而不馁、胜而不骄，做到心平气和、从从容容，做到有韧性、有弹性、有定力，做到刚柔并济、游刃有余；知晓任何事情坏到极致就是反弹的机会，要在方向正确下保持定力、坚持到底。因此，学生自我成长、成才是一个过程，是一个以人为本的过程，是一个实事求是的过程，是一个遇水架桥、逢山开路、奋发有为、不断进步的过程。学生的知识结构要靠自己主动学习来构建，学生的技能只能靠自己亲身实践获得，学生的素养需要靠自己体会和感悟来获得，经由自己努力方能拥有。

5. 师生彼此成就就是师生相互激励和激发潜能的过程

教师和学生的能力既有显性的，也有隐性的，如何激发师生潜能，是卓越教育教学的内在要求。师生相互激活、激发和激励隐性能力的过程，就是相互在教与学上"较劲"的过程。也就是说，学生要从教师身上学到真本事，就需要不断思考和提问。让老师施展真本事，不仅要逼出老师的真本事，而且要迫使老师增长真本事。真本事不是一劳永逸，而是不断生成和不断更新的。因此，师生之间的关系不是主、客体之间的关系，而是主体与主体之间的关系；也就是教学不仅要讲主体性，更要讲主体间性，也就是师生之间的主体间性，不仅要讲师生之间的"主体间性"[①]，而且要把师生作为教书育人的命运共同体；也就是要共同面对一些事情，并且从更广大的范围内考虑问题，要从人与人、人与社会、人与自身的角度来考虑问题；也就是要有大格局、大眼光、大视野、大胸怀，就是要有更大的抱负、更强的使命感和责任感。这个使命感、责任感使自己逼自己成长成才和师生共同成长成为一个自觉的过程，也就是说不是被动地成长、成才，而是要有使命感和责任感，要把成长中的付出与努力变为一种自觉行为。不要把师生相互成长看成一个苦差事，就像我们常说的刻苦学习，其实这是旁观者的看法，对于当事者而言，自己感兴趣愿意做的事情，不仅不会觉得苦，反而乐在其中。因此如何把师生彼此成就中的阵痛、不自在变成一个心甘情愿的过程，就需要师生互相认同，具有共同的远大愿景和理想。师生成就其实是一个痛并快乐的事情，师生彼此成就是对教师主导、学生主体的深化。师生彼此成就不是以哪一个为中心，而是教与学过程中的交互，是教师与学生相互扶持、不

---

① 韩雪青：《从中国走向世界的当代中华文明——访中国人民大学哲学院郭湛教授》，《马克思主义理论学科研究》2018年第2期。

断前行、不断成长的过程。

（四）用有灵魂的教育带领学生走向更加美好的明天

培养什么样的人、如何培养人、谁来培养人、为谁培养人是一个环环相扣、彼此关联的系统工程，需要统筹把握、统揽全局，需要凝心聚力、持续发力、实事求是、以人为本，需要古今贯通、中西汇通、文理兼容，需要重点突破、带动全局、点面结合、融会贯通。在人才培养上，我们要把握好党的思想政治工作这个灵魂，把握好"规划、规律、规范"这三个"规"，把握好"教师、教材、教法"这三个"教"，把握好"学风、学生"这两个"学"。我们需要有灵魂的教育，培养有灵魂的卓越人才，帮助学生实现全面、自由、和谐发展，让每一个人都能成就最好的自己。只有这样，才能实现人才培养理想和理想的人才培养，才能提高人才培养质量和人才培养能力，从而为民族复兴提供人才支撑。

二 塑造全人的融合教育的时代内涵

塑造全人需要融合教育，融合教育具有整合转化的贯通性内涵、立德树人的教育性内涵、造就和谐社会的社会性内涵。成就全人的融合教育是整个教师团队、超越专业的专业群、超越课程的课程群、超越学校的社会文化、优质讲授和深度学习的有机统一。具有丰富时代内涵的融合性教育需要我们内化于心、外化于行、固化为制度、转化为效能，呈现为综合素质高、核心素养硬、适应能力强的时代新人，从而在修身、齐家、治国、平天下中实现教育的理想和理想的教育，进而通过理想的教育塑造理想的人和理想的社会。

（一）塑造全人的融合教育的多层次内涵

面向未来，教育是一个与社会高度融合和高度开放的体系，有校内与校外的融合、学科与专业的融合、科研与教学的融合、信息技术与教育教学的融合、通识教育与专业教育的融合、教与学的融合、学与做的融合、线上与线下的融合、正式与非正式的融合。人才培养的大势所趋是全人教育，所谓全人教育，就是以完整的人的培养为己任，这个完整的人就是德智体美劳全面自由协调可持续发展的人，就是致力于在贯通融合中实现"五育"并举。① 培养这样适应未来和引领未来的人，需要有与之相匹配的教育来胜任，这个塑造未来新人的教育就是横向交叉融合、纵向衔接贯通、统筹协同整合的教育。也就是说培养完整的、自由的、全面的、协调的、可持续发展的人需要融合教育来实现。这个融合教育在一定意义上就是统筹教育、普惠教育、一体教育、交叉教育、衔接教育、贯通教育、转化教育。统筹教育，就是统筹个人、家庭、学校、社会、国家、世界的力量，向个人要内驱力、向家庭要协助力、向学校要育人力、向社会要理解力、向国家要保障力、向世界要协同力，就是要统筹修身、齐家、治国、平天下的力量，就是凝心聚力育新人。普惠教育，就是均等教育，公平教育，面向全体进行教育，就是一切为了学生、为了一切学生、为了学生的一切。一体教育，就是学科专业一体、教学科研一体、职前职后一体。交叉教育，就是学科专业交叉融合。衔接教育就是大、中、小、幼学段衔接。贯通教育就是文理贯通、艺体结合、通专融合。转化教育，就是把资源优势转化为学科优势，把学科优势转化为科研优势，把科研优势转化为教学优势，把教学优势转化为育人优势，把育人优势转化为服务社会优势；就是把育人当中的知识优势转化为能力优势，把能力优势转化为素养优势，把素养优势转化为人格优势；就是要以人格影响人格、以人格塑造人格，通过知识、能力、素养、人格齐头并进塑造德智体美劳全面发展的社会主义建设者和接班人②，就是既要政治过硬，也要本领高强③；就是培养的人要增强"四个意识"、坚定"四个自信"、做到"两个维护"④，要增强学习本领、政

---

① 李正涛、文娟：《"五育融合"与新时代"教育新体系"的构建》，《中国电化教育》2020 年第 3 期。
② 习近平：《在纪念五四运动 100 周年大会上的讲话》，人民出版社 2019 年版，第 12 页。
③ 习近平：《决胜全面建成小康社会　夺取新时代中国特色社会主义伟大胜利——在中国共产党第十九次全国代表大会上的报告》，人民出版社 2017 年版，第 68 页。
④ 习近平：《在"不忘初心、牢记使命"主题教育工作会议上的讲话》，人民出版社 2019 年版，第 9 页。

治领导本领、改革创新本领、科学发展本领、依法执政本领、群众工作本领、狠抓落实本领、驾驭风险本领①，只有这样的人才能进行伟大斗争、建设伟大工程、推进伟大事业、实现伟大梦想。

（二）塑造全人的融合教育具有整合转化的贯通性内涵

我们需要的教育是具有教学性的教育，我们需要的教学是具有教育性的教学，教学的教育性与教育的教学性，就是要把成人与成才结合起来，要把教育的学科性与跨学科性结合起来，要把定位与超越定位结合起来，要把教育贯通与贯通教育结合起来，要把课堂教育、课程教育、学习教育、综合教育贯通起来，只有这样，才能把握教育的贯通性。把教育贯通性转化为贯通性教育，需要我们对教育的内在要素进行重组与定义，就是要实现教育要素的优化组合与优势治理。优势治理，即要找出内在要素之间的联系与界限，从而在理清定位与超越定位的基础上，实现内在要素之间的分类与分层，从而在整体视域下实现要素之间的有机衔接与优化组合，进而实现教育红利向红利教育转化。教育红利转化为红利教育，不是天然的、自然的、现成的，而是需要我们走进教育，深度思考教育内在规律，只有这样，才能让可能变为现实。

新时代的贯通教育不是非此即彼的知识传授、能力培养、素养提升与人格塑造，而是知识传授、能力培养、素养提升与人格塑造的并举贯通，也就是不仅要实现知识、能力、素养、人格的齐头并进，而且要实现四者之间的衔接转化，就是要实现化知识为能力、化能力为素养、化素养为人格，就是要实现知识向能力转化、能力向素养转化、素养向人格转化。这个转化为能力的知识是框架性知识、交叉性知识、平台性知识，是能带走的知识、可以迁移的知识，是能产生力量的知识、实践出真知的知识，是能提前识变、积极应变、主动求变的知识。这个转化为素养的能力，是写作表达能力、沟通合作能力、动员组织能力、继承创新能力，是货真价实的能力，是内生定力、外

---

① 习近平：《决胜全面建成小康社会 夺取新时代中国特色社会主义伟大胜利——在中国共产党第十九次全国代表大会上的报告》，人民出版社2017年版，第67—68页。

联共生的能力，是提前识变、积极应变、主动求变的能力。这个转化为人格的素养，就是在千头万绪中找出主线、在千言万语中寻求共识、在当前需要中把握未来，就是抓重点、抓方向、抓最大公约数的战略素养，是具有道德底线、法律底线和科学底线的专业素养，是具有批判品质、研究态度、实事求是精神的专业素养，是要做到最好、追求更好、做到极致的卓越素养，是能传递真善美精神、给人希望、给人上进的教育素养，是具有以史为鉴、知古鉴今，善于运用历史眼光认识发展规律、把握前进方向、指导现实工作的历史素养，是具有通过概念动态、全面、联系把握事物本质的辩证素养，是具有重新组合、优化重组、综合整合的创新素养，是视野更广的国际素养。这些素养是安身立命的核心竞争力。最后落脚的人格，就是经过知识内化、能力外化、素养提升的人格，就是人的品质、底线、底色、格局、胸怀、视野、风貌、气质的集合体，就是具有气象的成熟的人。

新时代的贯通教育不是彼此割裂的通识课程、专业课程、思政课程、创新创业课程、教师教育课程，而是这些课程的深度融合。也就是不仅要单独划分通识课程模块、专业课程模块、思政课程模块、双创课程模块、教师教育课程模块，而且要实现不同课程模块之间的融合。我们不仅要有通识课程，而且还要有课程通识意识。课程通识是要把通识要素贯穿所有课程，让每一门课程都有全人教育的内涵；我们不仅要有思政课程，而且还要有课程思政理念。课程思政是让思政元素贯穿所有课程，让每一门课都有立德树人的内涵；我们不仅要有教师教育课程，而且还要有课程教师教育理念。课程教师教育理念是要把教师教育理念贯穿所有课程，让每一门课都有教师教育的意蕴。我们不仅要有专业课程，而且要有课程专业意识，赋予每一门课程以专业内涵；我们不仅要有创新创业课程，而且要有课程创新创业意识，把创新创业元素贯穿到每一门课程，让每一门课程都有创新创业的内涵。

新时代的贯通教育不是互不相干的教师讲授的第一课堂、校内实践的第二课堂、社会实践的第三课堂、海外研修的第四课堂，而是四个课堂无缝对接。教师讲授的第一课堂不是满堂灌的课堂，不是没有学术含量的课堂，不是没有师生互动的课堂，不是以教为中心的课堂，而是以学为中心、以专题式教学为主的具有现代技术含量的课堂，第一课堂是师生互动彼此成就的第一课堂。校内实践的第二课堂，不是只停留在宣传报道中的、作秀的课堂，而是真正着眼于学生能力提升的、旨在提高学生组织能力和处理复杂问题的能力、增强学生创新意识与团队合作精神的课堂。社会实践的第三课堂，不是迎合社会实践的廉价劳动，而是实现学校办学要求、学生专业追求与社会真正需求的课堂。海外研修的第四课堂，不是单向的国际交流，而是引进来走出去相结合的课堂，是提高全球胜任力、开阔视野、提高站位的课堂。这四个课堂都有自己的边界和内涵，同时这四个课堂也是相互嵌入的四个课堂。

新时代的贯通教育不是没有内在联系的课堂教育、慕课教学、移动学习、网络平台创新，而是它们的互动创新。我们的课堂教育是内含慕课教学、泛在学习、网络平台的课堂教育，也就是说课堂教育是包含教与学的课堂教育，慕课教学是内容与形式有机统一的慕课教学，移动学习是内涵主动学习的移动学习，网络平台是服务于教与学的网络平台。也就是说，课堂教育、慕课教学、移动学习、网络平台互动创新是新时代贯通教育的教学方式。

（三）塑造全人的融合教育具有立德树人的教育性内涵

教育的教育性就是具有教育功能的教育，就是让教育者受教育。这个教育是为人教育与人为教育的统一，也就是说，这个教育是为人导向的教育和人为努力的教育相结合。这样的教育就是为了塑造适应、适合时代需要的时代新人，即塑造"为人民服务，为中国共产党治国理政服务，为巩固和发展中国特色社会主义制度服务，为改革开放和社会主义现代化建设服务"[①]的时代新人。这个时代新人经过优势教育的综合塑造，就成为有格局、会布局、善破局、掌握全局，从而成就大事业的人。

人类社会发展规律，是生产力与生产关系的适应规律。通过了解人类社会从原始社会走向奴隶社会、从奴隶社会走向封建社会、从封

---

① 《习近平谈治国理政》第2卷，外文出版社2017年版，第377页。

建社会走向资本主义社会、从资本主义社会走向社会主义社会、从社会主义社会走向共产主义社会的历史发展过程,从而了解人类社会发展规律背后是人对自己全面自由发展的向往与追求。人类社会发展过程,就是人摆脱人对人的依赖、摆脱人对物的依赖,实现人自由全面发展的过程,是人做自然的主人、做社会的主人、做自己的主人的过程,是人获得经济解放、政治解放、社会解放及自身解放的过程,这个过程就是人通过生产力发展从而促进生产关系发展的过程。社会更替与人的解放是相互促进的,社会更替是继承与发展的过程,任何社会的更替更新都是要素更新到质的阶段发生的质的变化。就如我们目前建设的中国特色社会主义社会,是社会主义初级阶段,这个初级阶段的内在衔接性体现在,中国特色社会主义市场经济建设、民主政治建设、先进文化建设、和谐社会建设、生态文明建设发展到一定阶段之后,实现生产力极大发展、人的精神境界极大升华、每个人自由而全面发展。中国特色社会主义市场经济发展到质的阶段,生产力极大发展,中国特色社会主义先进文化发展到质的阶段,人的精神境界极大提高,中国特色社会主义民主政治、和谐社会、生态文明发展到质的阶段,每个人得到自由而全面的发展。因此,人类社会发展与人的自由全面发展是一致的。

社会主义建设规律,就是大势所趋和人心所向有机结合与同步互动。从全世界来看,社会主义是大势所趋,这个大势所趋不是想当然的,也不是自然而然的,而是需要不断找到一个又一个现实增长点持续去建设,需要在实然中造就应然的基础和条件,使社会主义目标成为一种不可回避、不可逆转的必需和必然,然后才可能得以实现。也就是说,要建设美好的社会主义,不是只宣布一个目标,而是要从现实中揭示出,人们为什么会走向社会主义社会,揭示出在现有的需要、能力、活动方式和行为习惯等条件中,哪些有利于实现社会主义的因素要得到培育、发展和壮大,哪些不利因素要扭住、消除或转化,从而在权衡利弊中实现有利因素和不利因素的相互转化,才能让大势所趋成为人心所向。也就是说,社会主义建设大势所趋是内含人心所向的大势所趋;人心所向大势所趋就是促进人自由全面发展的社会进步,就是说社会主义建设是实现人的自由全面发展的建设,社会主义建设是以人的自由全面发展为中心的建设。因此，社会主义建设是以人为本的建设。

中国共产党的执政规律，体现为权为民所用、情为民所系、利为民所谋，就是为人民执政、靠人民执政。人民是共产党执政的最大底气，中国共产党提出全心全意为人民服务，当好人民勤务兵，把人民的诉求作为自己的最大追求。共产党执政规律就是想人民之所想、急人民之所急、忧人民之所忧，把人民对自由全面发展的诉求作为共产党执政的追求，因此，我们党的执政规律就是实现人民对自由全面发展的要求。

不管是人类社会发展规律、社会主义建设规律还是共产党执政规律，说到底就是最终实现人的自由全面发展，就是要实事求是、要以人为本。因此，时代新人的格局就是以实事求是实现人的自由全面发展，也就是说，时代新人不管是修身还是齐家乃至治国平天下，都要坚持实事求是，以促进人的自由全面发展为导向。只有以实事求是实现人的自由全面发展，才能实现治国平天下，只有这样才能解释世界、改造世界，才能认识大势、宣传大势、造就大势，才能在人的自由全面发展中实现社会和谐平衡可持续发展。

（四）塑造全人的融合教育具有造就和谐社会的社会性内涵

融合教育具有社会性，因为融合教育是全人的教育，全人是社会性的人。毕竟人"在其现实性上，它是一切社会关系的总和"[①]。具有社会性的教育不是说教育必然引起社会变化，也不是所有教育都可以达到促进社会进步的效果。没有纯粹客观的教育，只有与主观相结合的教育，没有普适的教育，只有与具体实际相结合的教育。用教育塑造社会，不是教育直接塑造社会，而是通过教育具体的人去塑造社会。我们需要的教育、人和社会是能解决中国问题、适合中国情况的教育、人和社会。能解决中国问题和适合中国情况的教育是平衡协调可持续的教育；能解决中国问题、适合中国情况的人是全面协调可持续发展的人；能解决中国问题、适合中国情况的社会，是平衡协调可

---

① 《马克思恩格斯选集》第1卷，人民出版社2012年版，第139页。

持续的社会。我们这里所说的平衡协调可持续发展的教育，不是外在于世界之外的，而是面向世界的；不是逆历史潮流而动的，而是符合发展大势面向未来的；不是隔断历史的，而是具有历史继承性的。因此，我们所塑造的社会和人是具有历史性、实践性、发展性、时代性、民族性的社会和人。只有这样的教育、人和社会衔接贯通才能造就和而不同的社会，从而出现"各美其美、美人之美、美美与共、天下大同"[①] 的局面。

社会性教育就是通过塑造具有以实事求是促进人的自由全面发展意愿和能力的时代新人来促进社会平衡协调可持续发展。时代新人具有协调社会平衡可持续发展的知识、能力、素养和人格，而这需要平衡协调可持续的教育来提供。这个平衡协调可持续的教育是一个平衡协调统筹兼顾的过程。平衡协调可持续发展的教育是实事求是、以人为本的教育，是知识、能力、素养人格并重的教育过程，是通识课程、专业课程、教师教育课程、创新创业课程、思政课程并重共建的过程，是教师讲授第一课堂、校内实践第二课堂、社会实践第三课堂、海外研修第四课堂协同建设的过程，是课堂教育、慕课教学、移动学习、网络平台统筹兼顾的过程，是个人与社会兼顾、长远与当前结合、现实与历史贯通、理论与实践渗透的教育过程。平衡协调可持续的教育造就全面协调可持续发展之人，从而由其来引领平衡协调可持续发展之社会。

平衡协调可持续发展之教育、全面协调可持续发展之人与平衡协调可持续发展之社会之间的内在衔接与逻辑转化，不是一蹴而就的，而是有许多中间环节、内在衔接点，这些中介、衔接点不是显现的，而是隐含的，需要我们去研究、去挖掘，才能理清其中的关联，从而实现其有机转化。实现平衡协调可持续教育治理优势向平衡协调可持续社会治理优势的转化，需要由全面协调可持续发展之人来完成，这个全面协调可持续发展的人不是自然而然就存在的，需要我们去塑造、去培养。

---

① 费孝通：《文化自觉和而不同——在"二十一世纪人类的生存与发展国际人类学学术研讨会"上的演讲》，《民俗研究》2000年第3期。

（五）具有贯通性、教育性、社会性内涵的融合教育旨在学以成人

教育的本质是因材施教，教育的主旨是追求真善美，教育是人学，是学以成人之学，就是自我学习、彼此学习、向未来学习、向实践学习、向历史学习，通过学习从昨天走向今天，通过学习从今天走向未来。学习无止境，学习没有完成时，只有进行时，学习贯穿教育、人与社会发展的始终。学习需要自我主张，我们主张的教育是学习型教育，我们主张的人是终身学习的人，我们主张的社会是学习型社会。我们要以学习型教育造就终身学习之人，以终身学习之人造就学习型社会。只有学习型教育、学习型的人、学习型社会才有生命力。教育的核心竞争力在于学习，人的核心竞争力在于深度学习。[①]社会核心竞争力在于学习。学习是满变量，满变量就是能带来变量的变量，是教育转型、人成长成才、社会向上向好的满变量。当然，我们的学习是有根、有魂、有效的学习，因此我们的人和社会也是有根、有魂、有效的。这个根就是中国根，这个魂就是中国魂，这个效就是对中国有利。当然，这里的中国是中国之中国、亚洲之中国、世界之中国。我们就是要通过兼顾世界与中国的有根、有魂、有效的学习来塑造学习型教育、塑造学习型的人、塑造学习型社会，从而把学习融入修身齐家治国平天下中来释放教育红利，从而造福中国人民和世界人民。

三 新时代青年担当的三重逻辑

"天下兴亡，匹夫有责"是中华民族自古以来的优秀品质。面对列强入侵，中国人民用拼搏、奋斗的汗水诠释了使命担当精神。作为中华民族精神的重要组成部分，担当精神深深扎根于中华优秀传统文化、革命文化和社会主义先进文化之中，是一代代仁人志士为改变民族厄运，主动承担责任、促进国家进步、实现国家独立民族富强的品质与气魄，是有效破解落后挨打、贫穷挨饿、失语挨骂困境，实现中

[①] 钱旭升：《论深度学习的发生机制》，《课程·教材·教法》2018年第9期。

华民族站起来、富起来、强起来的制胜武器。党的十九届五中全会审议通过的《中共中央关于制定国民经济和社会发展第十四个五年规划和二〇三五年远景目标的建议》，对"十四五"乃至未来十五年的经济社会发展提出了规划和目标。开启全面建设社会主义现代化新征程、夺取中国特色社会主义新胜利、谱写新时代民族复兴新篇章，时代新人使命在肩，责任重大，要以"功成不必在我，功成必定有我"的担当精神，继续走好全面建设社会主义现代化的"长征路"。

（一）新时代青年担当的历史逻辑

在中国传统文化中，担当表现为积极的入世态度。在中国传统社会，碌碌无为者往往为人所不齿，而忠心报国、积极入世的仁人志士往往为世人所称颂。回顾历史便能从中发现，无论是孟子发出"如欲平治天下，舍我其谁"的呐喊、戴叔伦立志"愿得此身长报国，何须生入玉门关"的壮志、诸葛亮许下"鞠躬尽瘁，死而后已"的誓言，还是陆游发出"位卑未敢忘忧国"的忧思，无一不展现了古代圣贤、仁人志士总是以"天下为己任"，怀揣着"为天地立心，为生民立命，为往圣继绝学，为万世开太平"的人生抱负。[①] 事实证明，那些积极入世、树立为民情怀、勇于担责的古代圣贤成为时代的楷模，为历代人所传颂。

在中国革命文化中，担当精神表现为救国救民的崇高志向。一百年前，为挽救民族危亡，中国青年掀起了一场旨在反抗帝国主义瓜分、消灭中国企图以及封建军阀卖国行径的爱国运动。为了实现民族独立、人民解放，中国共产党带领人民开启艰苦卓绝的长征、抗战之路。一部中国革命史就是一部中国革命精神奋斗史。可以说如果没有这样一批与国家生死相依、荣辱与共，与民族同舟共济、守望相助，以身许国、勇于担当的中国青年，也许就不会爆发五四运动，不会有挽救国家命运的危亡时刻，也不会改变人民的苦难命运。因此，一部中国革命史亦是一部担当史，彰显了中国革命烈士为了挽救革命事

[①] 李群山：《论习近平的担当观：底蕴·内涵·特点》，《江西财经大学学报》2018年第1期。

业、人民幸福，冲锋陷阵、血洒疆场、无私奉献的使命精神。

在社会主义先进文化中，担当精神表现为改革创新的时代精神。社会主义先进文化是在探索社会主义实践过程中吸收借鉴中国传统文化、革命文化的基础上发展起来的新文化。建设中国特色社会主义是一项前无古人的崭新事业，充满艰辛、充满创造。既没有现成的模板可照搬，也没有现成的经验以供借鉴，有的只是一批敢想敢干敢于创造的中国人民。在改革开放和社会主义现代化建设的过程中涌现了一大批时代先锋排除万难，打出第一口油井、发射第一颗人造卫星、开创杂交水稻先河以及女排全胜战绩卫冕世界杯等伟大壮举开创了时代之先河，展现了时代先锋勇于开拓、勇于创新、敢为人先的精神。

回溯历史，中华民族由弱到强，由衰而盛，从站起来、富起来到强起来的伟大飞跃离不开一批又一批无私无畏、一代又一代丹心报国的仁人志士。可以说，如果没有这些仁人志士在急难险重的关键时刻挺身而出、勇挑重担，就没有我们今天美满的生活。他人的负重前行，换来了如今的岁月静好。今天，全面开启社会主义现代化建设新征程的帷幕已然拉开，为国家谋复兴、为人民谋幸福的重担已经落到了当代中国青年的肩上。一百年前爆发的五四运动已经证明中国青年能当大任，新时代青年仍将证明并继续证明，建设社会主义现代化国家，实现中华民族伟大复兴的宏伟蓝图，当代青年大有可为，也必将大有作为。

（二）新时代青年担当的理论逻辑

一代人有一代人的使命，一代人有一代人的长征。当代中国青年的历史使命就是要继承前辈开创的伟大事业，在新的历史起点上继续推动中华民族伟大复兴征程迈上新台阶。新时代、新征程，走好长征路需要青年深刻感知时代、主动融入时代、积极推动时代。

1. 以感知时代为先手

感知力是人类连接大千世界万物变化，把握时代号角，认清时代发展形势，承担时代责任，在新时代中成长成才必不可少的能力。毛泽东在中国革命历史转折关头以其务实的世界眼光，创造性地开辟了农村包围城市，武装夺取政权的思想，为中国革命指明了胜利的道路。邓小平以其深刻的时代洞察力，在重大历史关头创造性地提出了改革开放的新思路，成为决定当代中国命运的关键抉择。习近平总书记以其敏锐的判断力与强劲的历史穿透力，创造性地提出了中国特色社会主义进入新时代的历史方位，明确了中国共产党的历史使命。古语云："不谋全局者不足以谋一域，不谋万世者不足以谋一时。"可见，眼界决定境界，格局决定结局。资历老、阅历广、经验丰富的时代伟人尚且如此。初出茅庐的青年资历浅、阅历少、洞察能力弱、是非判断能力不强，则更需要不断提高感知力才能担起时代赋予的重任。因此，感知时代不仅是一种能力更是一种责任。今天，实现"两个一百年"奋斗目标和中华民族伟大复兴的中国梦面临着复杂的国内国际形势。新时代青年只有树立全局思维，开阔国际视野，扩宽思维格局才能善观大势、善谋大局、善抓大事；只有眼观六路，耳听八方，深刻感悟时代律动才能把握时代脉搏，聆听时代声音，在风云变幻的国际国内大环境中有条不紊地走好新的长征路。

2. 以融入时代为手段

使命因艰巨而光荣，青春因奋斗而精彩。青年与国家是整体与部分的关系。整体是由部分构成的，离开了部分，整体就不复存在。青年作为国家的一部分，其发展状况与国家前途、民族命运息息相关、紧密相连。历史已经证明并将继续证明：青年兴则国家兴，青年强则国家强。融入时代是青年主动将自己标榜为新长征路上的"红军战士"、主力军、生力军、攻坚军的表现，是青年甘愿作为、积极奉献的表现，更是承担时代使命、实现人生价值的唯一途径。继续跑好民族复兴的接力赛，当代青年任务艰巨，前途光明，要不辱使命、不负重托，融入时代，积极作为。融入时代主要表现在思想和行为两个方面。就思想而言：青年要增强时代使命感，时刻以未来社会的合格建设者和接班人的标准严格要求自己，牢固树立"不忘初心、牢记使命""好儿女志在四方，有志者奋斗无悔"的人生信念；要牢固树立"功成不必在我，功成必定有我"的精神境界。就行动方面而言：当代青年要甘当红军战士，甘于奉献、勇于担当；要坚持与祖国同行、与历史同向、与人民同心；要只争朝夕，不负韶华，在积极投身于同心筑梦的伟大奋斗中，在主动融入民族复兴的历史进程中做走在时代前列的奋进者、开拓者、奉献者。这是当代青年的使命，也是属于青年的荣光。

3. 以推动时代为目的

一切事物都处于运动、变化、发展之中，没有不运动的物体，也没有离开物体的运动。五种社会形态由低到高的更替揭示了人类社会不断进步、不断发展的规律。因此，只有前进、上升、进步的运动才符合历史发展的规律。古往今来，我国历史上经历的卢沟桥事变、鸦片战争、八国联军侵华以及由此签订的《南京条约》《虎门条约》《黄埔条约》等例子用鲜血和战争证明了：落后就要挨打，发展才能强大。人民群众是历史的创造者、是社会变革的决定力量，而青年又是人民群众中最积极、最活跃、最富有创造力的群体，是"长征"路上的红军战士、未来社会的建设者和接班人。因此，推动社会发展、促进时代进步的使命就自然而然地落到了一代又一代青年人的肩上。在一代代青年的不懈努力之下，今天的中国已经从积贫积弱变为世界上最大、综合国力最强的发展中国家，在国际上的地位和影响力不断增强。强大的中国力量、罕见的中国速度、巨大的制度优势以及对各个国家的人道主义援助，充分展现了负责任大国的国际形象，增加了世界各国人民对中国的认同感，进一步提高了中国的国际地位。但是，今日之中国在发展上仍然面临复杂的矛盾风险挑战、创新创造能力不强、改革发展任务艰巨等问题。"一代更比一代强"既是亘古不变的历史规律，也是代代青年接续奋斗的责任。当代青年要信心坚定，底气充足，在民族复兴长征中创造出"青出于蓝而胜于蓝"的人生佳绩；在脚踏实地、艰苦奋斗中不断开辟事业发展新境界；在努力实现中华民族伟大复兴的生动实践中放飞青春梦想。

（三）新时代青年担当的实践逻辑

"人最宝贵的东西是生命，生命对于每个人只有一次，人的一生也应该是这样度过的：当他回首往事的时候，他不会因为虚度年华而悔恨，也不会因为碌碌无为而羞愧。"[①] 当代青年要在勇于担当、敢

---

① ［苏联］尼·奥斯特洛夫斯基：《钢铁是怎样炼成的》，邢兆良译，上海人民美术出版社2008年版，第187页。

于担当、善于担当中创造无愧于时代的精彩人生。

1. 勇于担当，激发担当之"胆"

勇于担当是一种勇气，体现了担"险"不畏，担"难"不怯。邓小平曾说：没有一点"闯"的精神，没有一点"冒"的精神，走不出一条新路，就干不出新的事业。① "闯"不是毫不讲理的横冲乱撞，而是一种无惧风浪、不甘平庸、积极作为、敢为人先的勇气。无数历史与现实证明，那些在事业上取得伟大成就，对人类社会作出卓越贡献的人都具有事不避难、勇于担当、奋勇向前的"闯"劲。

"船到中游浪更急，人到半山路更陡"，建设社会主义现代化强国、实现民族复兴的百年征程愈进愈难、愈进愈险。没有担"险"不畏，担"难"不怯的"闯"劲，就会出现临到是非甩锅、关键时刻脱逃等问题。因此，培养勇于担当的"闯"劲不仅是个人价值实现的需要，更是担当民族复兴大任的需要。首先，"闯"劲根植于坚定的理想信念。青年理想信念坚定才能临大是大非头脑清醒，看乱飞横渡气定神闲，行万水千山信念如磐，遇困难挫折志坚如钢，坚定不移走好自己的路，干好自己的事。② 才能无所畏惧，身先士卒，危急关头挺身而出，以坚毅的政治勇气强化时代担当。青年要积极融入社会实践、干好本职工作，在报效祖国、奉献社会、服务人民的实践中行稳致远。其次，爱国情怀激发"闯"劲。邱少云被大火焚烧岿然不动、黄继光用胸口堵敌人枪口、刘胡兰面对敌人铡刀从容赴难以及董存瑞炸碉堡等英勇就义的背后隐藏着先烈浓厚的爱国主义情怀。正是在爱国主义精神的驱动下，中华民族才有了不断砥砺前行的精神指引，中华儿女才有了不断克服困难的动力源泉。当代青年要厚植爱国主义情怀，立强国之志，践报国之行，把对国家、民族、人民的爱转化为战胜困难源源不断的动力。最后，"闯"劲需要过人胆识。"闯"意味着"做第一人、走别人不敢走的路、干别人不敢干的事"，意味着挑战、危险，也意味着惊喜与收获。没有练就敢闯、敢拼的过人胆识就干不出新事业。改革开放需要闯，建设社会主义现代化亦需要

---

① 《邓小平文选》第3卷，人民出版社1993年版，第372页。
② 虞爱华：《推动理想信念教育常态化制度化》，《红旗文稿》2020年第10期。

闯。站在"两个一百年"奋斗目标的历史交汇点，我们面临的困难和挑战无论在规模还是复杂性上都是世属罕见的。只有锻炼过人胆识，继续保持"闯"劲才能走出新路、干出伟大事业。当代青年要保持"初生牛犊不怕虎，越是艰险越向前"的刚健勇毅，永立时代潮流、争做时代先锋，怀揣"逢山开路，遇水架桥"的"闯"劲，为中华民族伟大复兴"杀出一条血路来"①。

2. 敢于担当，培养担当之"责"

敢于担当是一种责任，体现了担"事"不躲，担"责"不推。担当指的是接受并担起责任。当前，我们正处于第一个百年奋斗目标收官和第二个百年奋斗目标开启的交汇时期，面临着"船到中游浪更急，路到半山坡更陡"的挑战。没有越是关键时刻越能豁得出去的果敢作风，就无法在复杂的国内国际环境中解决国家发展中突出的矛盾问题以及确保2035年基本实现社会主义现代化远景目标所需要解决的新问题。因此，中国青年要坚持：第一，"守土有责"，这解决的是"守什么土"、负什么责的问题。时代青年既要牢牢守住前人用血水和汗水换来的伟大成果，又立足积极履行时代赋予的使命，在新的时代创造更大的成果。第二，"守土负责"，这解决的是"守土"的态度问题。在其位谋其职。习近平总书记认为，要培育担当意识最关键的是强化责任意识，做到责任自觉。② 担当有责意味着遇"事"不躲，担"责"不推，敢于直面问题，善于解决问题，不仅要不怕麻烦，更要"自找麻烦"，要主动揽责、积极担责、人人有责，避免好事全揽，坏事全赶。第三，"守土尽责"，这解决的是"守土"的方法问题。"空谈误国，实干兴邦。"开启社会主义现代化的新征程需要青年主动担起自己的责任与义务。在生活上，自觉遵守社会的法律法规，自愿为社会无偿服务，弘扬社会正能量。在学习上，奋发图强，刻苦钻研，积极学习科学文化知识和提高思想道德素养，努力成为创新的主力军和践行者。在工作上，恪尽职守，真抓实干、埋头苦干；在为民服务的过程中履职尽责，克己奉公。

---

① 李浩燃：《永葆"闯"的精神》，《人民日报》2020年10月21日。
② 参见《习近平著作选读》第2卷，人民出版社2023年版，第393页。

3. 善于担当，增强担当之"能"

善于担当是一种能力，体现了担"责"有谋，担"事"有智。全面开启社会主义现代化建设的新征程不仅是对青年勇气与责任的考验，更是对其能力的考验。当代青年能力的高低直接决定其是否善于担当。提高青年的担当能力，首先需要勤于学习。学习是成长的阶梯，是提高素质、增长才干的重要途径。当代青年要紧紧抓住精力最旺盛、思维最敏捷、求知欲最强的黄金学习期，主动将学习作为首要任务，将拓展眼界作为一种精神追求，将提高本领作为一种责任，不断向书本学、向实践学、向群众学，不断提高想问题办事情的能力。其次需要实践磨炼。知识不会自动转化为能力，必须通过实践才能实现转化。习近平总书记强调，青年时期是人生学习的黄金时期，既要多读有字之书，也要多读无字之书。[①] 唯有如此才能成为学习本领强、能力素质高的复合型人才。这就要求当代青年扎扎实实干事、踏踏实实做人，将顺境当成修炼，将逆境当作磨炼；于知行合一处下功夫，在实践中学真知悟真谛，加强磨炼、增长本领。

[①] 《习近平在同各界优秀青年代表座谈时的讲话》，《青年与社会》2013 年第 5 期。

第五章　共同富裕：中国式现代化的基本特征

一　百年大党追求共同富裕的演进历程和基本经验

追求共同富裕的美好生活是中国人民矢志不渝的奋斗目标。回望百年大党发展壮大的峥嵘岁月，不难发现一部中国共产党坚持不懈实现民族复兴的光辉史，就是一部中国共产党带领人民矢志不移实现共同富裕的奋斗史。在中国社会发展的演进历程中，中国共产党总结凝练形成了系统的共同富裕思想，且共同富裕思想的科学内涵、丰富内容、价值意义等随社会实践的发展不断得以拓展和升华。详细回顾和系统研究百年大党共同富裕思想的发展进程并总结其基本经验，对实现人民对美好生活的向往以及对民族复兴的渴望具有极为重要的意义。

（一）百年大党追求共同富裕的演进历程

科学的理论源于伟大的社会实践，并为伟大的社会实践提供前进的思想指引。回首百年荆棘路，中国共产党在救国图存、兴国建设、富国富民、强国伟业的征程中孕育、探索、推进、强化共同富裕思想。随着共同富裕思想的深化发展，其将进一步为我国社会主义现代化建设和中华民族强国梦的推进提供理论指导。

1. 在救国救民行程中孕育共同富裕思想（1921—1949年）

1921—1949年是新民主主义革命时期，这一时期中国共产党在救亡图存中孕育共同富裕思想。为完成民族独立、人民解放的历史任务，中国共产党带领人民群众进行艰苦卓绝的革命斗争和轰轰烈烈的土地革命，为共同富裕思想的萌发提供了良好的社会基础。

为挽救身处内忧外患的近代中国和饱受各方欺凌的中华民族，无数仁人志士进行了不屈不挠的革命斗争，却都以失败而告终。随着十月革命的爆发以及五四运动的发展，马克思主义这一真理传入中国，革命前辈在运用马克思主义科学理论分析和解决自身阶级问题的过程中，建立了中国共产党，在科学理论的指引和先进政党的领导下，中国自此进入新民主主义革命时期。这一时期，中国共产党为带领人民群众推翻"三座大山"的压迫，摆脱受苦受难的现实困境，经过艰辛探索找到了一条救国救民的"农村包围城市，武装夺取政权"的革命道路。在革命道路的指引下，党在壮大和巩固农村革命根据地之时，也在陆续开展土地革命，从而逐步开启了一条发展农业、提升农村经济的共富之路。总之，青年时期的毛泽东在深入调查研究中国农村社会现实问题的过程中，逐渐埋下了带领人民摆脱贫困、走向共同富裕的崇高理想的种子。土生土长于农村且深知中国革命特点和发展规律的毛泽东，一直认为中国革命的首要问题是农民问题，因此，新民主主义革命时期毛泽东虽然没有指明共同富裕的概念，但是在以实现民族独立和人民解放为任务的救亡图存的政治斗争和贯穿整个革命时期的以土地革命为主的经济斗争中，作出了关于农民、农村、农业发展建设的诸多论述，这些理论不仅是对马列主义关于共同富裕思想的创新和发展，而且是对中华优秀传统文化中蕴含的共同富裕思想的赓续传承，同时也为之后社会主义革命和建设时期共同富裕思想的提出和发展奠定了坚实的理论基础，其中有很多的方针政策和实践举措也为中国共产党持续推进共同富裕实践提供了可资借鉴的宝贵经验。

2. 在兴国建设历程中探索共同富裕思想（1949—1978年）

1949—1978年是社会主义革命和社会主义初期建设时期，这一时期依据中国社会发展进程的阶段性变化大致可分为两个阶段。

第一阶段是1949—1956年，这一阶段主要围绕解决历史遗留问题、变革生产关系进而确立社会主义制度及推进社会主义初期建设等任务而展开，为全体人民实现共同富裕夯实制度基础。1949年中华人民共和国的成立标志着中华民族结束了一盘散沙的局面，真正建立了人民当家作主的国家政权，从此为人民实现共同富裕，追求幸福生活提供了坚实的政治保证。这一时期，以毛泽东为代表的中国共产党人开始从思考如何进行革命、怎样进行革命的历史问题转变为思考如何巩固党的执政地位，改变"一穷二白"的经济窘境，稳定混乱不堪的社会局面，进而建立社会主义制度的历史课题，也就是如何在人民当家作主的基础上带领人民走上一条能够实现共同富裕的康庄之路。这时的毛泽东已经逐渐意识到，要想解决中国社会的现实问题，首先要解决人口占绝大多数的农民的发展问题，指出想要通过发展生产力改善农民的生活现状，就需要建立一种符合中国实情、具有时代特色、能够实现共同富裕的新型生产关系。因此，1953年12月毛泽东在《关于发展农业生产合作社的决议》中指出："要善于用明白易懂而为农民所能够接受的道理和办法去教育和促进农民群众逐步联合组织起来，逐步实行农业的社会主义改造……并使农民能够逐步完全摆脱贫困的状况而取得共同富裕和普遍繁荣的生活。"① 这是毛泽东首次提出"共同富裕"概念，也是"共同富裕"概念第一次出现在中央文件中。1955年毛泽东针对农村出现阶级划分的新情况，进一步指出："在农村中消灭富农经济制度和个体经济制度，使全体农村人民共同富裕起来。"② 总之，在社会主义革命时期，毛泽东希望可以在推进"一化三改"的过程中，通过消灭剥削阶级和阶级压迫，使全体人民逐步实现物质富裕等多方面的社会建设目标，从而使人民群众共享发展成果。为此，毛泽东在系统调查研究和深入总结已有社会建设经验教训的基础上，在党的七届六中全会（扩大）上曾预估我们需要五十年到七十五年的时间，才可能建成一个强大的社会主义国家。这一设想是毛泽东对马克思主义理论准确把握和对中国社会发展进程深入分析得出的判定，也是在对共同富裕目标实现的长期性和艰巨性进行充分估计的基础上作出的符合客观实际情况的推断。毛泽东认为要想建设强大的社会主义国家，实现全体人民的共同富裕，进而显示社会主义制度优越性的前提是必须实现社会主义工业化，而实现社会主义工业化的前提是必须走农业合作化道路，帮助农民发展生

---

① 《建国以来重要文献选编》第4册，中央文献出版社1993年版，第662页。
② 《毛泽东文集》第6卷，人民出版社1999年版，第437页。

产力，保障农民物质生活所需，避免贫富两极分化，最终才能实现共同富裕。总之，新中国的成立和社会主义制度的建立为中国共产党推进社会主义建设事业的发展乃至共同富裕目标的实现提供了根本性、长远性、全局性的发展基础和坚强保障。

第二个阶段是1956—1978年，这一阶段中国共产党在社会主义建设曲折发展中逐步加深对社会主义发展规律和共同富裕发展过程的认识。中国共产党探索共同富裕的发展进程并非一帆风顺。受主客观条件的限制，社会主义建设初期的人们在推进社会发展、追求共同富裕目标的过程中，难免会遭遇诸多挑战。随着社会主义建设的推进，我国在探索建立中国工业体系和国民经济体系的过程中取得了一系列成就。为尽快让人民群众脱离贫困，毛泽东希望我们能更快更大规模地以公有制方式提升国民经济发展水平，并在消灭贫富差距的基础上，使全体人民"同步实现共同富裕"，这种"左"的思想在1957年冒头后很快蔓延并演变成了人民公社化运动，具体表现为：一是所有制形式上追求单一的公有制；二是经济手段上实行高度集中的计划经济体制；三是分配方式上实现平均主义，取消收入差别，完全将"共同富裕"等同于"同步富裕"，片面地追求公平的绝对化，这既是对马列经典著作中共同富裕思想的教条化理解，也是对我国经济社会发展实际情况的背离，致使想要人民群众实现"共同富裕"的美好理想与客观现实状况之间出现偏差，这不但没有解决中国贫穷落后的社会问题，反而导致我国国民经济出现阶段性的停滞乃至倒退。究其缘由，由于当时人们对社会主义发展规律、社会主义制度优越性的彰显、社会主义发展途径等问题还未完全思考清楚，加之对建设社会主义缺乏充足的实践经验，在我国整体物质生产力发展落后的情况下，靠主观意愿"缩小"贫富差距实现共同富裕注定是行不通的。总之，实现共同富裕是一项伟大的事业，需要我们脚踏实地、持之以恒地努力方可达共同富裕的彼岸。

3. 在富国富民过程中推进共同富裕思想（1978—2012年）

1978—2012年是改革开放的历史新时期，这一时期的中国共产党在总结国内外社会主义发展经验教训和审视判断国际国内形势变化的条件下，在坚持四项基本原则并顺利推进社会主义市场经济体制改革实践的基础上，在带领人民从解决温饱到实现总体小康的富国富民进程中逐步形成并推进共同富裕思想。

党的十一届三中全会后，邓小平在拨乱反正的基础上，提出我们将进入改革开放和现代化建设的新时期，这一时期主要围绕"什么是社会主义，怎样建设社会主义"这个问题展开，为进一步显示社会主义制度的优越性，我国在政治、经济、文化等多领域实行改革，进而开创了中国特色社会主义"共富发展"的新道路。随着改革开放进程的推进，邓小平在探索社会主义发展规律的进程中，逐步建立了社会主义市场经济体制。但同时，为加快经济社会的发展，突出强调效率忽视公平，导致社会出现各种问题，如不同区域、不同人群收入差距越拉越大，偏远的中西部地区、农村、低收入群体的贫困率持续上涨，加之社会权、名、利的驱使，出现了贪污腐败、思想滑坡等不良现象，显然这与社会主义本质强调的共同富裕发展目标背道而驰，为避免因两极分化引起社会波动，我们亟须重新审视效率与公平两者之间的关系。为此，邓小平从中国社会现实情况出发，提出"先富后富论"，并指出该理论只要不违背四项基本原则和共同富裕的发展目标，可以允许有能力有条件的一部分人在法律允许的范围内先富起来，然后再带动剩下的人一起致富，这种做法是值得我们鼓励和支持的。当然，"两极分化"与共同富裕的目的是相违背的，"先富"与"后富"之间的社会差距要保持在一定范围之内，通过发挥"先富"人的示范引领作用，以"传帮带"方式帮助"后富"人共同致富，最终实现整个社会的繁荣发展。同时，"邓小平认为社会主义必须告别'贫穷'，摒弃过去将'贫穷'与'社会主义'划等号的做法，在此基础上提出'共同富裕'才是社会主义的本质和我们奋斗的目标"[①]。"先富后富"思想的提出打破了过去人们固守平均主义就是共产主义思想的束缚，使人们从绝对贫困的困境中解脱出来，进而推动共同富裕社会实践的发展。1992年邓小平在南方谈话中指出："社会主义的本质，是解放生产力，发展生产力，消灭剥削，消除两极分化，最终达

[①] 刘旭雯，《中国共产党百年共同富裕实践的三重逻辑向度研究》，《河南大学学报》（社会科学版）2021年第4期。

到共同富裕。"① 突出揭示了共同富裕与生产力之间的关系，从社会主义本质的高度理解共同富裕这一发展目标，开辟了共同富裕理论发展的新境界。总之，只有发展才能实现共同富裕，共同富裕是每个人的富裕，需要先富带动后富最后实现整体富裕，因而，实现共同富裕是一个循序渐进的发展过程，需要一代代中国人民锲而不舍地为之奋斗。

20世纪80年代末90年代初东欧剧变、苏联解体，世界社会主义运动陷入低潮并遭到多方质疑乃至攻击，很多不看好社会主义的人认为社会主义即将消亡或者崩溃；相反，西方资本主义国家却在科技革命的推动下，不仅缓解了资本主义社会固有的矛盾，而且还获得了不同程度的发展。如果此时社会主义制度的优越性不能显现，就会失去与资本主义相抗衡、相竞争的优势，而被历史和人民所推翻并淘汰；如果社会主义制度都不复存在，共同富裕便会失去发展的制度基础和根本保障。在社会主义面临重重考验的历史条件下，1992—2002年，以江泽民同志为核心的党的第三代中央领导集体在继承以往共同富裕理论的基础上，进一步创新发展共同富裕思想，并将中国特色社会主义共同富裕实践推向新世纪。第一，协调处理好效率与公平的关系。江泽民在党的十四届三中全会通过的《中共中央关于建立社会主义市场经济体制若干问题的决定》中指出："'个人收入分配要坚持以按劳分配为主体、多种分配方式并存的制度，体现效率优先、兼顾公平的原则'、'提倡先富带动和帮助后富，逐步实现共同富裕'。"② 突出强调注重效率，但也不能忽视公平，是江泽民在社会主义市场经济条件下对实现共同富裕目标的大胆探索和实践。第二，强调让人民群众共享发展成果。江泽民在《二十年来我们党的主要历史经验》中指出："都要努力使工人、农民、知识分子和其他群众共同享受到经济社会发展的成果"③，明确指出广大人民群众是经济社会发展成果的共享主体，只有让人民群众共享发展成果，才能激发群众参与国家建

---

① 《邓小平文选》第3卷，人民出版社1993年版，第373页。
② 《改革开放三十年重要文献选编》（上），中央文献出版社2008年版，第741页。
③ 《江泽民文选》第2卷，人民出版社2006年版，第262页。

设的自觉能动性。第三，实施"西部大开发"战略，缩小区域差距。1999年江泽民在总结不发达地区因区域差距悬殊导致社会矛盾频发实践问题的基础上，在详细分析毛泽东"沿海与内地关系"思想和邓小平"两个大局"思想的前提下，为缩小地区差距，实现西部地区经济协调发展，适时提出"西部大开发"战略，为偏远或边疆地区实现快速发展以及保障西部群众共享发展成果提供了契机。第四，注重改善人民群众的生活现状。江泽民高度关注"三农"问题，在《要始终高度重视农业、农村和农民问题》《开创农业和农村工作新局面》等著作中强调农业发展是国家富强、工业振兴的基础，而发展农业的主体是农民，帮助农民特别是贫困地区农民解决温饱、发展农村经济是国家长治久安的重要影响因素。为助民脱贫，党中央制定了《国家八七扶贫攻坚计划》《关于尽快解决农村贫困人口温饱问题的决定》《关于进一步加强扶贫开发工作的决定》等文件，旨在帮助贫困人口解决温饱、贫困地区发展经济，也为后来江泽民提出的实现全面建成小康社会的"三小步"目标奠定了理论基础。

进入崭新的21世纪，中国社会经济结构转型升级，文化发展日趋多元，利益关系日趋复杂，如何统筹兼顾各方利益，尽可能缩小区域之间、行业之间、群体之间的收入差距，如何合理协调各方利益，更好实现共同富裕，成为摆在人们面前亟须解决的社会课题。2002—2012年，以胡锦涛同志为总书记的党中央为解决"如何发展、怎样发展"的时代课题，提出"科学发展观"的理论命题。第一，核心是以人为本。胡锦涛指出，"尊重人民主体地位，发挥人民首创精神，保障人民各项权益，走共同富裕道路，促进人的全面发展"[1]，要关注人多方面的发展诉求，时刻把人民的利益放在首位，引导群众积极参与经济社会发展，更好为实现人的自由全面发展服务，使共同富裕的内涵得到延伸和拓展。第二，第一要义是发展。胡锦涛提出，"在促进发展的同时，把维护社会公平放到更加突出的位置……使全体人民朝着共同富裕的方向稳步前进"[2]，突出强调促进社会公平在推动

---

[1] 《十七大以来重要文献选编》（十），中央文献出版社2009年版，第12页。
[2] 《十六大以来重要文献选编》（中），中央文献出版社2005年版，第712页。

经济社会迅猛发展中居于重要位置。第三,根本方法是统筹兼顾。为解决各领域、各区域、各行业发展不协调的社会问题,更好促进社会公平,缩小发展差距,实现共同富裕,胡锦涛在党的十六届六中全会第二次全体会议上指出,要"着力发展社会事业、促进社会公平正义、建设和谐文化、完善社会管理、增强社会创造活力,走共同富裕道路"①,共同富裕政策和制度等的完善,将真正推动社会发展成果更公平惠及全体人民。

4. 在强国伟业进程中强化共同富裕思想(2012年至今)

党的十八大以来,中国共产党在全国已经总体实现小康水平的基础上,在遵循共同富裕是社会主义发展本质目标的前提下,逐步迈入全面建成小康社会的攻坚期。为更好实现第一个百年奋斗目标,中国共产党在党的十八大报告中作出了"小康路上一个都不能掉队"的庄严承诺,并相继围绕以人民为中心、精准扶贫、新发展理念、中国式现代化新道路等展开重要论述,不仅进一步丰富了共同富裕思想的理论体系,而且将中国特色社会主义共同富裕的社会实践推向更高的发展阶段。

以习近平同志为核心的党中央在统筹推进"两个变局"的新形势下,为稳步推进中华民族伟大复兴宏伟目标和建设社会主义现代化强国的发展战略,突出强调"共同富裕是中国特色社会主义的根本原则",建设中国特色社会主义必须走共同富裕的发展道路,在强国伟业进程中进一步强化共同富裕思想。第一,人民是检验共同富裕成效的社会主体。当前,中国共产党应牢牢把握新发展阶段我国社会的主要矛盾,冷静应对国内外严峻考验和复杂威胁,稳步推进深层次、根本性的历史性变革,以更好满足人民群众多层次、多领域的利益诉求,带领人民不断实现对美好生活的向往,逐步实现全体人民共同富裕。第二,精准扶贫、精准脱贫是实现共同富裕目标的重要途径。2013年习近平总书记前往湖南十八洞村进行调研考察后,提出精准扶贫的发展战略。随后,中共中央出台了一系列扶贫文件,详细明确精准扶贫的目标任务、主要工作和具体举措,为精准扶贫工作的展开

---

① 《十六大以来重要文献选编》(下),中央文献出版社2005年版,第675—676页。

提供政策保障和理论指导。"党中央将脱贫攻坚作为实现共同富裕的关键一环，在找准共富实践的痛点、难点的过程中实现了精准扶贫和共同富裕的有机统一，由此将我国的共富实践推向了新阶段。"① 第三，新发展理念是指引共同富裕实践的科学理念。党的十八届五中全会提出："必须牢固树立并切实贯彻创新、协调、绿色、开放、共享五大发展理念，增强广大人民群众特别是农民在社会发展中的获得感、幸福感。"② 特别是共享发展理念侧重解决社会公平正义问题，突出强调全体人民共建共享、渐进共享，逐步实现全体人民的共同富裕，其实质就是维护人民群众的根本利益，体现了中国共产党为国为民的鲜明立场，也为开展共同富裕实践提供了正确的价值指引。除此以外，习近平总书记还从本质目标、实现过程、战略安排等多维度勾勒新时代人民群众追求共同富裕发展目标的美好蓝图，为我们进一步推进共同富裕实践指明了前进方向。总之，随着中国式现代化新道路的铺展和延伸，中国共产党不仅对共同富裕的理论有了更深入、更系统的认识，而且将采取更高效、更可持续的现实举措朝着共同富裕的发展目标不断迈进。

（二）百年大党追求共同富裕的基本经验

百年大党在共同富裕科学理论的指导下，不仅创造了卓有成效的共富实践，而且积累了宝贵的历史经验，深入挖掘并系统梳理这些经验，有助于为今后我们党推进区域协调发展、统筹城乡融合发展，进而持续探索一条具有中国特色的共富之路提供有益借鉴。

1. *百年大党追求共同富裕的根本保证：坚持党的集中统一领导，充分发挥党统筹规划、牵引各方的作用*

坚持中国共产党的领导是百年大党追求共同富裕的根本保证。中国共产党的坚强领导地位是在艰难坎坷的历史斗争中奠定的，是中国人民认真比较、慎重选择的结果。回顾百年大党为民谋福、与民共富

---

① 邱卫东、高海波：《新中国 70 年来的共富实践：历程、经验和启示》，《宁夏社会科学》2019 年第 2 期。
② 参见习近平《在省部级主要领导干部学习贯彻党的十八届五中全会精神专题研讨班上的讲话》，人民出版社 2016 年版，第 28 页。

的发展历程,中国之所以能在革命战争岁月锤炼成长,在和平建设时期发展壮大,如今能在激烈的国际竞争大舞台中占据一席之地,离不开中国共产党的集中统一领导。立足中华民族进入新时代的历史方位,中国共产党在追求共同富裕的社会实践中取得了诸多可喜可贺的发展成绩,所有这些成就的获得,使得人民群众拥有了与时代一同成长和发展的人生机会,拥有了距离实现民族复兴更近的发展机遇。同时,中国共产党领导人民在追求共同富裕的路上仍面临诸多复杂的风险和考验,这需要我们更加重视加强和改善党的领导。当然,加强和改善党的领导,不仅需要党中央"顶层设计",制定正确的、完备的发展措施和政策保障,还需要党谋篇布局、合理规划,在协调处理各方利益中更好维护人民核心利益,实现人民对共同富裕的无限向往。总之,中国共产党是中国人民实现共同富裕目标的坚强领导核心,也是引领中国人民奔赴美好时代、实现幸福生活的根本保证,无论何时何地,都必须充分发挥党把握方向、谋划大局、善于协调、促进改革、达成目标的关键核心作用。

2. 百年大党追求共同富裕的价值立场:始终将人民放在心中的最高位置,把以人民为中心的立场贯穿共同富裕实践的全过程

"人民性是马克思主义最鲜明的品格"①,"人民立场是中国共产党的根本政治立场"②。回溯百年大党的发展进程,中国共产党始终能够围绕人民群众的所思所想所需开展革命、建设、改革工作,始终将解决群众面临的困惑和发展需求作为开展一切工作的根本基础,把带领人民群众追求共同富裕、建设现代化强国、实现民族复兴作为开展一切工作的奋斗目标。中国共产党自诞生之日起,便自觉肩负起带领人民推翻受苦受难、饥寒交迫的旧世界,建立独立自主、强国富民的新世界的历史任务,踏上了维护群众利益、建设强大祖国、实现民族复兴的康庄大道。革命战争时期,为了让贫困群众摆脱敌人的剥削压迫,掌握自己的前途命运,中国共产党分期进

---

① 习近平:《在纪念马克思诞辰 200 周年大会上的讲话》,人民出版社 2018 年版,第 17 页。

② 习近平:《在庆祝中国共产党成立 95 周年大会上的讲话》,人民出版社 2016 年版,第 18 页。

行土地革命，适时制定土地政策，唤醒了群众的阶级觉悟和参与革命的积极性，使革命成果得到巩固并进一步拓展。1945年毛泽东在党的七大上旗帜鲜明地提出中国共产党的宗旨就是全心全意为人民服务，这为党进一步开展工作指明了价值立场、提供了遵循原则。改革开放以后，为改善人民群众的生活质量和提升人民生活水平，进而为群众社会实践提供更广阔的发展空间，中国共产党集中力量在政治、经济、文化等领域开展体制机制改革，如政治领域健全民主法制；经济领域建立市场经济体制；文化领域加快社会主义文化体制机制改革等，各方面体制机制的落地生根，使人民群众生活实现了从温饱到总体小康再到全面小康的历史性大发展、大跨越。党的十八大以来，以习近平同志为核心的党中央从以人民为中心的价值立场出发，时刻围绕人民群众关注、关心、重视的问题展开工作，在众多场合强调人民作为社会历史发展决定力量的重要作用，作出"江山就是人民，人民就是江山"的论断。在深入推进全面建成小康社会的攻坚期，为了消除绝对贫困的发展困境，习近平总书记重点关注偏远落后地区及贫困群众，适时提出精准扶贫、精准脱贫战略，区域协调发展战略，乡村振兴战略等，并指出："始终把人民放在心中最高位置、把人民对美好生活的向往作为奋斗目标，推动改革发展成果更多更公平惠及全体人民，推动共同富裕取得更为明显的实质性进展，把14亿中国人民凝聚成推动中华民族伟大复兴的磅礴力量。"[①] 总之，新时代党中央所作的重大战略举措及取得的成效，如实现脱贫攻坚的决定性胜利、完成全面建成小康社会的历史任务等，不仅为进一步缩小差距、避免两极分化作出了突出的贡献，向人民群众交出了一份光彩的时代答卷而且谱写了新时代人民奔赴美好生活、建设时代强国、实现民族复兴的宏伟篇章。总之，人民是推动时代发展的主体力量，人民的现实困惑能否得到解决、发展诉求能否得到满足、切身利益能否得到维护是中国共产党开展一切工作的出发点和落脚点，只有把以人民为中心的价值立场贯穿共同富裕实践的全过程，广大群众才愿意积极主动在中国特色

---

① 习近平：《在党史学习教育动员大会上的讲话》，人民出版社2021年版，第16页。

社会主义事业进程中大展身手、大有作为，中国共产党才能不断加强和巩固长期执政的坚实基础。

3. 百年大党追求共同富裕的方法要求：坚持辩证唯物主义和历史唯物主义，用马克思主义的看家本领指引共同富裕实践的创新发展

马克思主义是一门科学的真理，蕴含丰富的辩证唯物主义和历史唯物主义的世界观和方法论，为百年大党追求共同富裕实践提供科学的方法论指导。习近平总书记指出："实现中华民族伟大复兴的中国梦，必须不断接受马克思主义哲学智慧的滋养，更加自觉地坚持和运用辩证唯物主义世界观和方法论，更好在实际工作中把握现象和本质、形式和内容、原因和结果、偶然和必然、可能和现实、内因和外因、共性和个性的关系，增强辩证思维、战略思维能力，把各项工作做得更好。"[①] 回溯过往，中国共产党之所以能一步步从通过革命夺取政权到领导全国执掌政权，是因为始终坚持将辩证唯物主义和历史唯物主义作为分析研究中国社会发展规律的重要方法武器，也是历届领导干部能够找准中国社会发展病因、对症下药的关键所在。首先，一切从中国最基本的国情出发是党中央制定社会主义发展最高纲领和最低纲领的基本准则。实事求是是马克思主义方法论的集中表达，是中国共产党准确分析社会问题和把握中国发展阶段性变化的思想方法和工作方法，是中国共产党制定党的基本理论、基本路线、基本方略的前提和基础，是中国共产党判断共同富裕实践得失成败的衡量标准。站在新的历史方位，中国共产党一定要立足当下、分析局势、长远谋划、制定政策，才能引领中国人民实现共同富裕的发展目标。其次，以整体性思维分析人民群众实现共同富裕的发展过程。实现共同富裕的发展目标是一个系统工程，涉及社会生活的各领域，贯穿经济社会发展的全过程，既需要我们兼顾阻碍社会发展的主要矛盾和次要矛盾，又要集中力量解决社会发展的突出问题。只有找准并解决影响社会发展的痛点、难点、焦点问题，制约社会发展的一系列其他问题才会迎刃而解，总

---

① 《习近平关于全面建成小康社会论述摘编》，中央文献出版社 2016 年版，第 194—195 页。

之，共同富裕发展目标并非朝夕之间就能实现，既不能罔顾国情、盲目求成，也不能寻找借口、固步不前，只有统筹谋划、分步推进，才能由低层次的富裕逐步到达高层次的富裕、由局部富裕逐步实现全体人民的共同富裕。再次，充分发挥人民群众在实现共同富裕目标中的决定力量。党的十八大以来，为实现区域协调发展，党中央在精准扶贫理念的指引下，建立健全扶贫工作机制，不仅强调五级书记抓扶贫，同时注重激发贫困地区群众渴望摆脱贫困的主动性和积极性，并引导贫困群众因地制宜发现致富契机，进而巩固脱贫成果，为衔接推动乡村振兴发展战略做足准备，更好实现共同富裕发展目标。"走中国特色乡村振兴之路为今后乡村发展、农村改造指明了方向，是促进农民增收的重要举措，也是新时代逐步实现共同富裕的必然选择。"① 总之，辩证唯物主义和历史唯物主义是马克思主义的精髓，闪耀着马克思主义真理的思想光辉，为中国共产党制定共富战略、推进共富实践提供了科学的方法指引。

4. 百年大党追求共同富裕的坚实支柱：始终坚持两手抓两促进，确保共同富裕实践取得扎实显著的成效

实现共同富裕是一项伟大且艰难的事业，既需要我们注重物质文明建设，通过解放和发展生产力，以经济高质量发展为推进共同富裕实践保驾护航，也需要我们加强精神文明建设，赓续传承中国共产党人的伟大精神，汇聚实现共同富裕目标的磅礴伟力。第一，集中力量加快发展生产力，为经济社会的腾飞提供坚实的物质基础。当前中国正处在困难重重、风险叠加的历史新时期，我们应深入分析和准确把握经济社会发展进入"新常态"这一新的阶段性特征，以发展生产促进经济质量和效益的高效发展，这是注重民生诉求、解决民生难题、助力群众奔富的必然要求。党的十八大以来，中国经济社会突飞猛进的发展使我国的经济总量很快跃升至世界第二，众多工农业产品产量，高铁、桥梁等基础设施建设方面的社会生产能力在世界遥遥领先。为了让我国更快地从一个经济大国转变为一个经济强国，我们需

---

① 谢小飞、吴家华：《中国共产党追求共同富裕的百年历程与启示》，《西南民族大学学报》（人文社会科学版）2021 年第 7 期。

要不断优化经济结构，转变经济发展方式，实现经济高质量发展，确保经济长期高效有序运行。正如习近平总书记所言："共同富裕是社会主义的本质要求，是人民群众的共同期盼。我们推动经济社会发展，归根结底是要实现全体人民共同富裕。"① 第二，构筑中国共产党人的精神谱系，用党的精神滋养初心淬炼灵魂。回望百年大党波澜壮阔的发展历程，正是中国共产党人在不同时期形成的革命精神，熔铸中国人民战胜一切艰难险阻、推进实现中华民族复兴伟业的信心和勇气。一部中国共产党追求共同富裕的发展史，既是一部中国人民孜孜不倦实现美好生活的奋斗史，也是一部中国革命精神得以赓续传承的前进史。中国共产党领导人民群众在追求共同富裕的革命、建设和改革的实践中，将马克思主义科学真理与中国社会具体实践和中华优秀传统文化相结合，积淀形成了一系列的革命精神：革命战争时期的南泥湾精神，是革命时期的中国人民在困境中奋起、在艰苦中发展的生动写照；社会主义建设时期的大寨精神；全面建成小康社会时期的脱贫攻坚精神，是新时代人民群众致力减贫、奔赴小康、实现共富路上的精神财富，是减贫治理路上群众奔富社会实践的生动写照，是激励群众继续巩固脱贫成果推动实现乡村振兴发展战略的精神动力。总之，实现共同富裕的发展目标任重而道远，既需要一代又一代中国人民在伟大的社会实践中，创造巨大物质财富，壮大社会生产力的发展，同时也需要创造巨大的精神财富，用共产党人的精神力量砥砺中国人民走好新时代共同富裕的长征路。

中国共产党历经百年沧桑巨变，在涅槃中重生，实现了"站起来—富起来—强起来"的历史性伟大突破。回望百年奋斗路，中国共产党时刻铭记和践行着要携手人民奔向共同富裕的使命，在救国救民、兴国兴党、富国富民、强国强党的社会实践进程中，在深入总结奔富实践经验教训的基础上，不断丰富和发展共同富裕思想的理论成果，并以共同富裕思想的科学理论为指导推动中国人民实现了从消除绝对贫困到相对贫困、从解决温饱到实现全面小康的伟大飞跃。因此，回溯百年追富的发展历程，梳理共同富裕思想的演进脉络，系统

---

① 《十九大以来重要文献选编》（中），中央文献出版社2021年版，第784页。

总结百年大党追求共同富裕的基本经验,对于巩固脱贫攻坚成果,深入推进乡村振兴发展战略,建设社会主义现代化强国具有重要意义。

二 以中国式现代化实现共同富裕是历史必然

贫富分化是现代化的核心问题,其中市民社会中的贫富分化问题是现代社会的根本性难题。贫富分化是资本主义现代化的必然趋势,资本主义私有制是其中的制度性障碍,其本质上是资本主义私有制下的生产力与生产关系的根本矛盾的外在表现,是资本与劳动的根本对立关系的典型呈现方式。与之相反,共同富裕是社会主义的本质要求,是中国式现代化的重要特征,在实现社会主义现代化的过程中,中国走出了一条共同富裕之路,成为人类文明的新形态。2021年8月17日,习近平总书记主持召开中央财经委员会第十次会议,研究扎实促进共同富裕问题时强调:"共同富裕是社会主义的本质要求和中国式现代化的重要特征,我们要坚持以人民为中心,在高质量发展中推进共同富裕。"[1] 中国共产党第十九届六中全会审议通过的《中共中央关于党的百年奋斗重大成就和历史经验的决议》强调:"中国特色社会主义新时代是全国各族人民团结奋斗、不断创造美好生活、逐步实现全体人民共同富裕的时代。"[2] 如何实现全体人民共同富裕,如何走好中国式现代化道路,不仅是中央国家层面的议题,也是学术理论界的课题。当前,中国式现代化和共同富裕也得到国内学界的普遍关注,但是把中国式现代化与共同富裕结合起来进行学理性深入分析的还不多,因此从中国式现代化新道路视域探讨共同富裕的逻辑进路,不仅具有一定的理论意义,而且具有重要的实践价值。

(一)共同富裕:中国式现代化与资本主义现代化的显著差别

首先,现代化指的是传统文明在经济、政治和社会等领域向现代

---

[1] 《习近平谈治国理政》第4卷,外文出版社2022年版,第142页。
[2] 《中共中央关于党的百年奋斗重大成就和历史经验的决议》,人民出版社2021年版,第23页。

文明的转变过程，是人类文明根本性转变的过程。迄今为止，人类社会的现代化大概可以分为三个类型，一是以英美资本主义国家为代表的现代化道路，是在封建生产关系阻碍生产力发展的背景下，引发了资产阶级政治革命，建立了资本主义国家制度，并在工业革命的推动下实现了现代化。二是以苏联为代表的现代化道路，其特点是各方面基础薄弱，在高度集中的国家政权领导下，通过行政手段和计划经济，要求在短时间内完成现代化，苏联的解体意味着其现代化的失败。三是中国式现代化道路，历史和实践已经证明了，中国不可能复制照搬别国的现代化模式，因而在中国共产党的领导和人民的共同奋斗下，探索出了一条适合中国自身国情的现代化道路。[①]

其次，中国式现代化与西方资本主义国家的现代化相比，具有明显不同的内涵和特征。其中如何对待贫富分化问题是最显著的差别，西方资本主义国家在其实现现代化的各个阶段，都坚持以资本为中心，以资本剥削劳动者为前提，两极分化是其现代化的重要特征。而中国式现代化道路，则始终坚持以人民为中心，正如习近平总书记所指出的："共同富裕是社会主义的本质要求，是中国式现代化的重要特征。"[②] 不管是西方资本主义国家的现代化还是中国式现代化，市场经济都是其中的重要机制，由于市场经济和贫富分化是内在关联的，所以研究现代化中的贫富分化，必然需要认识市场经济的运行机制。改革开放以来，中国特色社会主义市场经济从建立到不断发展和完善，这其中借鉴了西方发达国家市场经济的发展经验，因此考察西方发达国家市场经济中贫富分化的发展过程，选取其中几个比较有典型性的阶段，通过每个阶段中具有代表性的思想家对资本主义贫富分化的论述，构建起对中国当前时期的认识中介，对比研究西方资本主义现代化和中国式现代化中贫富分化问题的差别，才能更好地把握共同富裕是中国式现代化的重要特征。

最后，西方资本主义国家的现代化经历了几个重要的发展阶段，其中的贫富分化问题在不同的阶段有不同的特点，不同的思

---

① 孟鑫：《中国式现代化道路的显著特征》，《科学社会主义》2020 年第 4 期。
② 习近平：《扎实推动共同富裕》，《求是》2021 年第 20 期。

想家根据其时代背景对贫富分化作出了重要的论述，简要来说，大概可以分为以下三个方面的环节：第一个环节是在资本主义萌芽和初步形成阶段，黑格尔在其市民社会理论中对贫富分化进行了论述，并指出了贫富分化是现代化过程中的重要问题；第二个环节是在自由发展的资本主义阶段，马克思通过对资本主义社会的批判，深刻剖析了为什么资本主义制度是导致贫富分化的根源；第三个环节是20世纪80年代以来，新自由资本主义下贫富分化的进一步发展。

（二）贫富分化与市民社会

首先，市民社会中的贫富分化问题是现代社会的根本性难题。黑格尔认为，市民社会是现代社会的本质特征，是传统社会与现代社会的根本区别。在第一个环节中，黑格尔对市民社会及其贫富分化的论述，主要分为三个层次展开：首先是市民社会的产生形成和内部结构，其次是市民社会中导致贫富分化的根源，最后是市民社会中贫富分化的发展趋势，如果任其自由发展必然导致现代化的解体。第一，从历史形成上来看，黑格尔认为市民社会是现代化的产物，"市民社会必须以国家为前提。此外，市民社会是在现代世界中形成的，现代世界第一次使理念的一切规定各得其所"[①]。在这里，黑格尔关于市民社会的历史形成主要强调了两个方面的内容。一方面，这里的现代世界指的是，16世纪以来，在地理大发现和商业革命的推动下，封建生产方式向资本主义生产方式过渡，逐步形成的以市场经济为前提的资本主义社会，即以私有制为基础的现代社会。因为，在古代世界中，没有让自由原则得以安放的机制，只有在现代世界中才借助市民社会得到落实。这就进一步说明，市民社会是在市场经济和私有制的发展中形成的。另一方面，只有当国家出现以后，市民社会才具备出现的现实条件，国家是市民社会出现的先决条件，维护市民社会中的普遍性和特殊性的统一。第二，从逻辑推演的形成上看，黑格尔认为伦理的实体是由家庭、市民社会和国家构成的，市民社会是其中的第

---

① ［德］黑格尔：《法哲学原理》，范扬、张企泰译，商务印书馆1961年版，第224页。

二个环节,是家庭解体的产物。黑格尔明确指出:"市民社会把个人从这种联系中揪出,使家庭成员之间变得生疏,并承认他们是独立自主的人。"① 这里的"这种联系"指的是家庭是个人的特殊性得以安放的场所,而当家庭解体以后,只有市民社会才能接纳个人的特殊性。因此,在市民社会中,人们之间的关系是相互分离和相互排斥的,个人的目的就是自己的特殊利益。但是,"每一个特殊的人都是通过他人的中介"②,由于个人的特殊性必须要在市民社会当中,通过与他人发生联系,以他人为手段才能实现自身的目的,所以市民社会是特殊性和普遍性的统一。第三,关于市民社会的内部结构,黑格尔着重强调了"需要的体系"③,他认为个体为了满足自己的特殊利益和自身需要,可以通过劳动和商品这两种手段来达到目的,因而市民社会是一个劳动分工和商品交换的体系。在这个体系中,个人用劳动生产出能够满足他人需要的商品,通过交换获得满足自身需要的商品。关于司法、警察和同业公会,黑格尔认为它们在外部为需要的体系提供法律保障和其他形式的支撑,确保需要的体系可以正常运转。这三个环节层层递进,第一个环节作为结果之所以成为可能,是因为后两者为其提供了现实层面的保障,三者的共同存在才使得市民社会能够持存。

其次,市民社会中导致贫富分化的根源。黑格尔并没有停留于对市民社会可以满足需要的描述,而是进一步分析了市民社会的发展趋势。黑格尔并不认同亚当·斯密的观点,斯密认为市民社会中"看不见的手",可以通过劳动分工和商品交换使得社会需要得到满足。但是黑格尔认为,市民社会除了可以满足社会需求之外,同时也具有自身的缺陷。他从现实的角度进行了剖析:"但是分享普遍财富的可能性,即特殊财富,一方面受到自己的直接基础(资本)的制约;另一方面受到技能的制约,而技能本身又转而受到资本,而且也受到偶然情况的制约;后者的多样性产生了原来不平等的禀赋和体质在发展

---

① [德]黑格尔:《法哲学原理》,范扬、张企泰译,商务印书馆1961年版,第274页。
② [德]黑格尔:《法哲学原理》,范扬、张企泰译,商务印书馆1961年版,第224页。
③ [德]黑格尔:《法哲学原理》,范扬、张企泰译,商务印书馆1961年版,第239页。

上的差异。"① 由此可见，从人与人之间的实际差异，即个体拥有的资本和技能等方面的差异出发，市场主体在市民社会中参与自由竞争，和人与人之间的关系充分展开后，必然会导致财富分配的差异和不平等，原有的实际差异经由市民社会被放大，进而导致贫富分化。也就是说，市民社会不仅没有扬弃人与人之间原有的自然的差异，反而通过市民社会扩大了这种市场主体之间的差异，使得人与人之间在财富方面的不平等不断深化。

最后，市民社会中贫富分化的发展趋势。更重要的是，市民社会造成贫富分化的发展趋势是无尺度的，在贫困和富有两个方向上都是无底线地扩大，无止境的贫富分化在贫困和富有两个方面都会导致市民社会的解体。在贫困增长方面，"当广大群众的生活降到一定水平——作为社会成员所必需的自然而然得到调整的水平——之下，从而丧失了自食其力的这种正义、正直和自尊的感情时，就会产生贱民，而贱民之产生同时使不平均的财富更容易集中在少数人手中"②。贱民不只是物质生活上的贫困，还包括了精神上的贫困，精神上的贫困指的是对富人、社会和国家的仇视和反对，并且失去了自食其力的自尊。而且，在财富增长方面，市民社会中财富的增长并不能解决贱民问题，反而会带来市民社会成员的自我异化，因为只有财富是具备社会性质且被社会中的他人认同的因素，那么市民社会的成员就只能通过追求财富才能获得他人的认可。也就是说，市民社会中的成员对财富的无限追求和炫富，不是对市民社会的认同，而是对市民社会的败坏和反对。从《法哲学原理》中可以看出，黑格尔针对当时英国的现状，认真研究了英国的工业革命，把英国古典政治经济学和哲学结合起来。相比古典政治经济学家，他最大的进步就是看到了市场经济中出现的贫富分化是现代社会中的结构性问题，并首次提出了一个意义重大的命题，即"怎样解决贫困，是推动现代社会并使它感到苦恼的一个重要问题"③。

---

① ［德］黑格尔：《法哲学原理》，范扬、张企泰译，商务印书馆1961年版，第240页。
② ［德］黑格尔：《法哲学原理》，范扬、张企泰译，商务印书馆1961年版，第278页。
③ ［德］黑格尔：《法哲学原理》，范扬、张企泰译，商务印书馆1961年版，第278页。

(三) 贫富分化与资本主义现代化

首先,马克思承认了黑格尔关于市民社会的原则,并进一步明确了"实际需要、利己主义是市民社会的原则"①。自私自利指的是市民社会中的个体以自身为目的参与市场经济活动,即特殊性原则;实际需要指的是个人为了实现自身目的,要以他人为中介,与他人建立关系,即普遍性原则。因此,我们可以说,正是这两个原则,市民社会中的个体只对市民社会主张自身的权利,而不用为他人和整个市民社会负责,使其逐渐退化为原子化的个人,所以这两个原则是导致贫富分化的重要因素。

其次,在明确市民社会原则的基础上,马克思进一步分析了市民社会中的贫富分化问题。关于贫困的主体,马克思并不同意黑格尔的看法,黑格尔认为贱民是市民社会中贫困的主体,而马克思则认为无产阶级才是市民社会中贫困的主体。马克思指出:"德国无产阶级只是通过兴起的工业运动才开始形成;因为组成无产阶级的不是自然形成的而是人为造成的贫民,不是在社会的重担下机械地压出来的而是由于社会的急剧解体、特别是由于中间等级的解体而产生的群众"②。马克思在这里不仅明确了,由于工业革命带来的生产方式的改变和政治革命带来的社会转型,使得无产阶级彻底丧失了财产,造成无产阶级的贫困,使其成为市民社会中贫困的主体,而且指出了无产阶级是被支配和被统治的群体,同样也是承担革命和解放社会任务的阶级。

再次,资本主义制度是导致无产阶级贫困的根源。对于造成无产阶级贫困的原因,如分工、竞争和机器等因素,看似零散地分布于马克思的各个文本中,但实际上我们依然可以找出其内在的关联性和一致性。第一,可以明确的是,马克思认为无产阶级的贫困是资本主义生产方式导致的结果。在传统社会即前资本主义社会中,劳动者的贫困主要是由生产力水平低下,或者是自然灾害等因素导致的。但是在资本主义社会中,劳动者的贫困却是在较为发达的生产力水平下产生

---

① 《马克思恩格斯全集》第 3 卷,人民出版社 2002 年版,第 194 页。
② 《马克思恩格斯选集》第 1 卷,人民出版社 2012 年版,第 15 页。

的，是资本主义生产方式直接导致的。马克思明确指出，所谓的资本主义生产方式就是雇佣劳动制，这也是资本主义社会区别于其他社会形态的根本标志。"劳动能力不仅生产了他人的财富和自身的贫穷，而且还生产了这种作为自我发生关系的财富的财富同作为贫穷的劳动能力之间的关系"[1]。由此可见，雇佣劳动制是一体两面的，一方面，资本通过购买劳动力获取剩余价值，使得资本增殖；另一方面，无产阶级通过出卖劳动力，来换取足够的生活物质资料，却无力进行消费。简言之，雇佣劳动制使资本增殖的同时造成了无产阶级的贫困。第二，资本主义生产方式的前提是劳动力与生产资料的分离，这也是资本增殖和无产阶级的贫困积累的历史起点。马克思从唯物史观出发，考察资本主义及其私有制的历史形成，即资本的原始积累，以此揭示了无产阶级贫困的社会历史成因。在《资本论》第一卷中，马克思以当时资本主义最发达的英国为例，深入分析了资本的原始积累的过程，明确指出了从传统社会解体出来的群体，被暴力剥夺了土地等生产资料，且只有依靠出卖劳动力才能维持生存的所谓的自由的个体。马克思把资本的原始积累比喻为神学中的原罪，指出"大多数人的贫穷和少数人的富有就是从这种原罪开始的"[2]。因此，我们可以说，造成无产阶级贫困的起点，就是资本的原始积累。第三，资本主义生产方式怎样导致了无产阶级的贫困。劳动者生产的劳动产品不但不归劳动者所有，还需要花费工资去购买生活资料，把工人的必要消费基金转化为资本的积累基金。由于在资本主义社会中，资本需要的是交换价值而不是使用价值，因而就造成了资本对剩余价值和剩余劳动的无限制的需求。所以资本就会想方设法地获取剩余价值，其中最直接的方式就是延长剩余劳动时间即工作日时间。除此之外，还通过改善生产技术水平来提高生产力，提升生产效率，再加上资本集聚和资本集中，以此不断实现资本的扩大再生产。简言之，资本通过提高生产力来追求剩余价值，必然会导致无产者陷入贫困。马克思从资本主义的结构变化和社会制度出发，剖析了资本主义造成贫富分化的根

---

[1] 《马克思恩格斯文集》第8卷，人民出版社2009年版，第101页。
[2] 《马克思恩格斯选集》第1卷，人民出版社2012年版，第291页。

源,指出了资本主义以私有制为基础,以商品货币关系为中介,无止境地追求资本增殖,必然造成资本的积累和劳动者的贫困,从而导致了社会的贫富分化。

最后,新自由主义下的贫困分化。20世纪80年代以来,西方资本主义国家的收入差距和贫富分化不断扩大,从根源上说,依然是资本主义制度导致的。但是,随着资本主义进入新自由主义时期,导致贫富分化的因素有了新的变化和特点。概要来说,主要的因素有经济全球化、科学技术的进步和政府政策的调整。① 具体来说,第一,在这个阶段,在经济全球化的推动下,资本为了降低劳动力成本,就在世界市场上寻找廉价劳动力,这样就导致了发达国家的传统工人群体就业机会的减少,使得其收入和社会地位下降。第二,在资本与科学技术的合谋下,科学技术的更新使得资本能够不断推动社会生产力发展,从而让资本主义拥有顽强的生命力能够适应社会的变化。但是,生产力的极大发展意味着工人所承担的劳动的抽象化,因为每一次产业转型靠的都是对内在于劳动当中的技术含量的再度剥夺,靠的是科学对内在于劳动中的技术的事先捕捉和固化,转而把夺取来的技术投入由资本家所掌控的生产资料和资本中,这就意味着机器可以替代劳动者,就业岗位不断减少,进而导致失业者不断增加。第三,20世纪70年代,由于第四次中东战争和伊朗政局变化导致的两次石油危机,整个资本主义世界陷入了以"滞胀"为特征的经济危机。对此困境,主张扩张性经济政策的凯恩斯主义无计可施。从根本上来说,"滞胀"是资本主义生产力和生产关系之间的矛盾激化的必然结果。但是,新主义自由者却认为这是由国家过度干预经济,导致市场失灵所造成的后果。为了应对这场经济危机,撒切尔政府和里根政府开始了以新自由主义为特征的经济社会改革,大力鼓吹并实施了以自由化、私有化和市场化为特征的经济政策。随后,资本主义世界的国家纷纷效仿英美,使得新自由主义在西方发达国家盛行,导致这些国家财产分配的扩大,并进一步加剧了社会的贫富分化。西方国家在2008年国际金融危机和

---

① 李实:《全球化中的财富分配不平等:事实、根源与启示》,《探索与争鸣》2020年第8期。

2020年新冠疫情的冲击下,经济持续下滑,失业率暴增。失业主要集中在餐饮、制造和酒店服务业等低收入者领域,再加上资本集团通过量化宽松政策加剧了对底层劳动者的剥削,致使社会贫富分化更加严重。[①] 论述至此,可以看出,以资本为特征的资本主义现代化,贯穿了资本主义发展的全部环节。资本是推动资本主义现代化的核心力量,在其不断追求资本增殖的过程中,形成了贫富分化,这是资本主义现代化的必然趋势,资本主义私有制是实现共同富裕的制度性障碍,其本质是资本主义私有制下的生产力与生产关系的根本矛盾的外在表现,是资本与劳动的根本对立关系的典型呈现方式。

(四) 共同富裕与中国式现代化

首先,对共同富裕的追求贯穿于中国现代化的历史进程中。第一,谋求富裕和实现国家现代化,是近代以来大多数国家追求的目标和任务。西方发达国家通过资本主义道路,基本实现了富裕和国家现代化这一目标。但是,这些国家的富裕并不是共同富裕,而是以贫富分化为前提的富裕,是资本的富裕而不是大多数人民的富裕。除此以外,随着世界现代化进程的持续深入,在2008年国际金融危机和2020年新冠疫情的冲击下,西方资本主义国家的发展模式也陷入了困境。再者,20世纪以来,在实现了民族独立,转而学习和借鉴西方资本主义现代化模式的后发国家中,基本没有成功的案例。这些就充分说明了,西方资本主义的现代化道路,不仅存在着根本的局限性,而且是立足于自身历史发展和实际国情的产物,不是一条标准的公式般的现代化道路。因此,追求富裕和国家现代化的道路并不是只有西方资本主义国家这一个版本,如何立足于自己国家的历史和现实,找到一条符合自身实际情况的现代化道路才是根本。共同富裕作为一种状态或结果,体现为中国式现代化的目标要求,作为一个过程或行为,体现为中国式现代化的实现路径。[②] 第二,共同富裕是中国式现代化的重要特征,是中国共产党人始终如一的价值取向。中国在追求现代化的过程中,

---

① 周强、将光明:《经济危机与周期性政治重组》,《世界经济与政治》2021年第9期。
② 黄群慧:《共同富裕是中国式现代化的重要特征》,《光明日报》2021年9月7日。

走出了一条具有中国特色的共同富裕道路。从中国共产党成立之时起，共同富裕就贯穿于民族独立、人民解放的任务之中。改革开放以来，通过社会主义市场经济的建立和发展，中国经济迅猛增长，取得了举世公认的显著成绩，一跃成为世界第二大经济体，为实现共同富裕奠定了物质基础。因此，正是立足于新中国成立以来，在政治和经济等各方面追求现代化进程中取得的巨大成就，中国的共同富裕也取得了重大胜利。2020年，脱贫攻坚取得全面胜利，完成了近1亿贫困人口全部脱贫的伟大成绩，消除了绝对贫困，对全世界的减贫贡献率超过了百分之七十。第三，进入新发展阶段，面对社会现实中的贫富差距问题，结合脱贫攻坚所取得的重要成就，"先富"已经通过构想和实践成为现实，如何通过"先富"带动"后富"，实现共同富裕，日益成为当前发展阶段的一个不可绕过的重大命题。

其次，社会主义公有制是实现共同富裕的根本制度保障。第一，尽管生产力创造的物质财富能否为多数人共享，需要综合社会制度、分配方式、道德程度等多方面的因素，纵观整个资本主义的发展历史，如果没有这些方面的进步，贫富差距问题只会比以前变得更糟糕。但是，立足于唯物史观，从人类社会现代化的发展历程出发，我们可以看到共同富裕在不同社会历史阶段的过渡性。在资本主义私有制条件下，对生产资料的占有意味着对生产成果的占有，想要实现共同富裕是不切实际和不可能的。"消费资料的任何一种分配，都不过是生产条件本身分配的结果；而生产条件的分配，则表现生产方式本身的性质。"[①] 所以，社会主义不仅要达到资本主义的现代化成就，还要在此基础上创造出比资本主义更有效率的社会生产力，和更有持续性更公平的社会生产关系和分配关系。因而，与资本主义私有制相比，中国在实现共同富裕方面有着根本性的社会制度优势。正如邓小平所强调的："只要我国经济中公有制占主体地位，就可以避免两极分化。"[②] 从根上来说，贫富差距是生产力与生产关系之间的基本矛盾在生产与分配领域的具体表现。马克思是在批判资本主义社会

[①]《马克思恩格斯文集》第3卷，人民出版社2009年版，第436页。
[②]《邓小平文选》第3卷，人民出版社1993年版，第149页。

"两极分化"下提出共同富裕的,指出资本主义生产方式在生产出财富的同时也生产出贫困,因此在未来共产主义社会中,必须消除这种生产关系的两重性,生产将以所有人富裕为目的,其中公有制是实现共同富裕的制度保证。第二,民营经济已经成为中国经济的重要组成部分,马克思主义经典作家论述的共同富裕的制度保障已经发生变化,具有私有性质的民营经济与共同富裕之间似乎存在着逻辑冲突。如何通过制度安排在社会主义市场经济这一伟大创造中推进共同富裕,是摆在党面前的重大课题。在中国特色社会主义实践中,中国共产党坚持政党自信与政党自觉,通过民营经济统战工作实现了对私有资本逻辑的驾驭,推动了民营经济和民营经济人士的健康发展,在一定程度上应对了市场经济带来的思想转变、阶层分化和利益冲突等问题,缓解了共同富裕与私有属性的民营经济之间的内在张力,从而发挥了民营经济在推动共同富裕中的重要作用。在两个百年交汇的重大历史关头,厘清民营经济统战工作推动共同富裕的内在逻辑和实践路径,是社会主义市场经济条件下支持和引导资本规范健康发展,立足新发展阶段构建新发展格局,以民营经济力量推进共同富裕所必须关注的重大理论和实践问题。

最后,精神富裕是实现共同富裕的价值目标和重要途径。第一,共同富裕不仅是物质上的富裕,而且是精神上的富裕。马克思在《哥达纲领批判》中讲到共产主义的三个特征,其中第一阶段是按需分配,这不仅要求物质的极大丰富,更重要的是精神上的富裕。精神富裕不仅是达到共同富裕的一个目标,更是实现共同富裕的一个重要途径。物质上的共同富裕与精神上的共同富裕是相互依存、相互渗透的辩证关系。第二,在共同富裕的精神层面,与西方资本主义国家相比,中国特色社会主义主要在以下方面有着更大的优势:社会主义核心价值观相对于资本主义核心价值观的优势。核心价值观是一个国家的经济关系在社会意识方面的具体表现和反映,在实现共同富裕的途径方面是一大优势条件。具体来说,劳动作为一种创造性的实践活动,本来是人的重要需求。但是在资本主义私有制经济关系中,劳动异化为资本追逐利润的产物,生产者和劳动产品的分离,使得劳动者在劳动中丝毫感受不到尊严和幸福,劳动反而成为不幸,只要有可能，劳动者一定会逃离劳动。如此一来，劳动者只有通过物质消费和感官享乐获取满足，只有通过商品消费才能感知到人的社会价值。再加上资本在这种需求中找到了巨大的市场，大肆鼓吹享乐主义和消费主义，源源不断地制造出各种各样的消费品和服务，进而使得"奶头乐"大行其道。资本为了实现最大程度上的增殖，又把享乐主义和消费主义捆绑为人的社会价值，在这种畸形消费观念下，对商品的占有变为对人的价值的确认，人只要消费得越多，就越被他人认可，人的价值就越大。在这种消费主义和享乐主义的意识形态下，人对商品和消费的需求是无止境的，这不仅会造成社会物质财富的极大浪费，而且在此影响下会让越来越多的人成为极端的利己主义者，实现共同富裕就只能是空想。第三，改革开放以来，中国在社会主义框架下引入了市场经济，不可避免的，与市场经济相对应的消费主义和享乐主义等意识思潮也随之而来，对中国的共同富裕事业在文化精神领域带来了不小的挑战。但是，中国面对这种挑战有着几个方面的优势，首先，自力更生、艰苦奋斗、勤俭节约一直是中华民族的优秀传统，是党和人民不断前进取得胜利的重要法宝，中国人民在中国共产党带领下，在革命、建设和改革时期充分发扬了这些宝贵精神。在新时代，中国人民追求更好生活的愿望，是实现共同富裕最根本的驱动力，发展是实现共同富裕的主要途径。那么，自力更生、艰苦奋斗就依然是推动社会经济发展和实现共同富裕的强大精神动力。一方面，可以让劳动者感受到劳动的价值，让人意识到人类的共同价值取向——尊重劳动和劳动光荣，劳动是个人价值和尊严的重要体现——从而使其成为增强人民奋斗向上的精神动力，为实现共同富裕和社会发展贡献力量。另一方面，通过弘扬勤俭节约的精神，使其融入人们的日常生活中，使人们获得精神上的富裕，才不会陷入消费主义和享乐主义的无止境需求中，才能在劳动实践活动的基础上建立人与社会的统一，进而实现共同富裕，从而才能使中国的新的现代化模式行稳致远，为世界文明贡献力量。

第六章 "五位一体"：中国式现代化的总体布局

一 全过程民主的理论渊源、理性认识、理论建构

2019年11月，习近平总书记指出："我们走的是一条中国特色社会主义政治发展道路，人民民主是一种全过程的民主。"[①] 这是我们党首次提出"全过程民主"这一科学命题，突出了民主的广泛性和全过程性。2021年3月，"坚持全过程民主"被写入全国人大组织法和议事规则的修正草案中。在庆祝中国共产党成立一百周年大会上，习近平总书记再次强调要"发展全过程人民民主"[②]。目前学术界对全过程民主的研究较少，但现有研究已从宏观、中观、微观角度进行了探讨，进一步认识和发展了习近平总书记关于全过程民主理论的重要论述。当下，我们正处于民族复兴的关键时期，对全过程民主的研究是十分必要的。正确、全面地认识全过程民主，才能更好地为中国特色社会主义民主提供理论支撑，为世界民主政治提供科学借鉴。

（一）全过程民主的理论渊源

人民民主是一种全过程民主，全过程民主是中国本土化的理论。"民主"最早起源于古希腊。随着工业文明和信息文明的推动，西方代议制民主成为民主的典型模板。中国的仁人志士也曾效仿西式民

[①] 本书编写组：《党的二十大报告辅导读本》，人民出版社2022年版，第32页。
[②] 习近平：《在庆祝中国共产党成立100周年大会上的讲话》，人民出版社2021年版，第12页。

主，但历史证明，代议制民主不是真正的民主。十月革命给中国带来了马克思主义，让中国找到了全新的民主思想。在马克思主义的指导下，党领导人民扎根中国大地，探索出了中国化的民主之路。

1. 对资本主义民主制度的扬弃

随着近代文明的产生和发展，西方的先进者找到了适合新的生产方式的民主制度，即代议制。作为推翻封建专制的民主，资本主义民主具有一定的进步性和合理性。资产阶级的思想家们提出了一些先进的民主理念，如一切权力来源于人民、人民让渡政治权力于政府、政府的权力以社会的公共福利为限度等。"资产阶级政治革命实现了人民的政治解放，人民的政治权利从法律制度上得到了规定和保障，社会基本实现了政治平等。"① 在代议制的推行下，大众的意愿得到集合，选举权利得到扩展，在一定程度上保障了人民的利益、促进了人的发展；社会化大生产得到推动，生产力得到快速发展，从而为社会的发展积累了丰富的物质财富；政治与文化、经济紧密结合，使社会中的各个方面广泛联系，促进了社会的整体发展。然而，作为承认私有制的民主，资本主义民主具有一定的落后性和局限性。马克思主义认为，资产阶级在获得政权后，"在现代的代议制国家里夺得了独占的政治统治"②。代议制民主是单环节的民主，只有在选举环节才具有民主，而且还只是形式上的民主。正如恩格斯所言，资产阶级"通过选举权和被选举权的财产资格的限制，使选举原则成为本阶级独有的财产"③。最终，代议制成为资本集团将经济权力转化为政治权力的工具。虽然与封建专制相比，西方代议制民主具有鲜明的先进性，但实质上它是一种虚伪的民主，是一种应该扬弃的民主。近代中国曾效仿代议制民主，但是，历史实践证明它不是中国想要的民主。

2. 对马克思主义民主观的继承

在马克思主义诞生之前，民主政治早已存在，但是与那些停留于表面和经验的民主观念相比，马克思主义的民主观是在历史和实践中

---

① 张陶、刘俊杰：《基于人民主权的马克思恩格斯民主思想及其现实意义》，《理论与改革》2015 年第 1 期。
② 《马克思恩格斯选集》第 1 卷，人民出版社 2012 年版，第 402 页。
③ 《马克思恩格斯全集》第 2 卷，人民出版社 1957 年版，第 648 页。

得出的，是对民主的科学解释。首先，马克思主义从国家学说的语境出发，赋予了民主科学的概念。马克思提出："国家是抽象的东西。只有人民才是具体的东西。"① 列宁进一步指出："民主是国家形式，是国家形态的一种。"② 也就是说，民主是一个国家的政体与国体的统一体。其次，民主与专政是相统一的。马克思主义批判了西方民主话语中的"主权在民""全民民主"，并直接揭露了资本主义民主是少数人的民主、是富人的民主，而所谓的"全民民主"只是一个假象，在资本主义民主中从未实现过。列宁认为民主既意味着一部分人对另一部分人使用暴力，又意味着承认公民一律平等。再次，民主是历史的产物，不存在抽象民主。民主作为上层建筑的组成要素，不是产生于人的头脑中，而是由社会的生产关系所决定，同时，又反作用于经济基础。并且，民主具有阶级性，不存在超阶级的民主。恩格斯强调："国家无非是一个阶级镇压另一个阶级的机器。"③ 民主不是针对所有公民，而是针对与统治阶级的根本利益和意志一致的公民。当民主的对象包括任何人时，公共权力就失去政治性质，民主政治也就消失了。马克思主义认为工人革命首先要夺取政权，推翻反动阶级的统治，使无产阶级成为统治阶级，从而争得民主。总之，马克思主义所倡导的民主才是科学的民主，是必须追求的民主。七十多年的中国式民主正是最好的说明。

（二）全过程民主的基本认识

全过程民主是对西式的"非全过程民主"的弥补和超越，是对中国共产党百年治国理政的民主经验的理论升华，是对当代中国特色社会主义民主政治的深刻洞见。

1. 全过程民主的精髓在"全"

在现代政治制度中，民主是必不可少的价值追求和有效机制。全过程民主作为人类民主政治的新形态，它的精髓和优势就在于

---

① 《马克思恩格斯全集》第3卷，人民出版社2002年版，第38页。
② 《列宁选集》第3卷，人民出版社2012年版，第201页。
③ 《马克思恩格斯选集》第3卷，人民出版社1995年版，第13页。

"全",即环节运作的全程性、时间上的持续性、公民参与的全员性。具体来说,首先,在当代社会中,民主不仅体现在重大政治事件上,也体现在广泛的、繁杂的公共事务中。以西式民主为代表的把民主局限于选举中的"一次性民主",早已不符合人民的根本利益,不符合时代和社会的发展趋势。全过程民主是在选举、协商、决策、管理、监督这五个环节中运行的,从而保证人民民主在运行环节中的全程性。其次,全过程民主不是某一个时间段的民主,也不是断断续续的民主,而是持续的、永恒的民主。西式民主只存在于选举活动的这一段时间,虽然选举活动每隔几年就会举行一次,但是民主仍只存在于那个活动时间。与之相反,从全过程民主所涉及的内容和环节可知,它是体现在政治事件和公共事务中的,是在一个完整的实践体系中运行的。因此,它在时间上具有持续性。最后,全过程民主与西式民主最根本的区别就在于对象的不同,前者的对象是人民,后者的对象是富人。全过程民主不是少数人的民主,而是由绝大多数公民组成的人民参与的民主。这种民主,既是维护人民个体利益的民主,也是维护整个人民利益的民主。从上述可得,全过程民主是顺应时代潮流的民主,是科学的民主。

2. 全过程民主的根本保证

党的十九大报告指出:"党的领导是人民当家作主和依法治国的根本保证。"[①] 人民当家作主在国家和社会中的各个领域都得到有效落实,离不开党的领导。党的领导可以保证国家统一、民族团结、社会稳定。旧中国受封建统治、列强瓜分、军阀割据的影响,整个社会处于动荡之中,并充满着宗族主义、码头文化的色彩。中国共产党带领中国人民、中华民族推翻了三座大山,建立了独立自主的新中国,走上了中国特色的道路,保证了社会的和谐稳定。并且,党的领导促使民心民意的有机凝聚。全过程民主的本质是人民当家作主,它要使国家的大政方针、战略布局等打上人民意志的烙印。党通过建立统一战线,把具有共同利益的各个阶级组织起来,齐心协力地一致对抗敌人;党还通过民主集中制,将人民的心声有机凝聚起来,把党和人民

[①] 习近平:《决胜全面建成小康社会 夺取新时代中国特色社会主义伟大胜利——在中国共产党第十九次全国代表大会上的报告》,人民出版社2017年版,第36页。

的共同意志上升为国家意志，体现于宪法之中，从而让人民运用宪法来治理国家。还有，人民利益的最大公约数需要在党的领导下才能实现。中国共产党的性质决定了党的利益与人民的利益的一致性，党的发展和壮大是为了更好地维护和实现广大人民的根本利益。在社会主义市场经济下，人民的利益呈现出碎片化的特点。党通过人民民主"一二三四五"制度汇集了人民的共同心声，实现了多样化的有机统一，并以此作为自己的奋斗目标。由此可见，一旦失去了党的领导，全过程民主只会成为空话。

3. 全过程民主的核心理念

习近平总书记指出："践行以人民为中心的发展思想，发展全过程人民民主。"[①] 全过程人民民主遵循历史唯物主义的群众史观，肯定人民群众是历史的主体，始终立足于人民，回归于人民，保证全体人民群众能全过程地参加社会主义民主政治建设。人民是党和国家的执政之基，失去了人民的支持和拥护，党和国家终将走向灭亡，民主也就无从谈起。在苏联末期，苏共主要领导者提倡"人道的""民主的"社会主义路线，其实质是资产阶级意识形态，这违背了人民和党的共同意志，最终导致布尔什维克消失、苏联解体，苏联的社会主义民主也就不复存在。相反，中国共产党深知人民群众在治国理政中的重要性，将民主执政作为基本执政方式之一，将"全心全意为人民服务"作为其宗旨，以体制机制巩固人民的主人翁地位。进入新时代以来，我国的社会主要矛盾发生了变化。在民主政治上，人民的需求不仅仅局限于要有参与感，还要有获得感与成就感。随着互联网和智能化的发展，党和国家积极开展"数字民主"，借助官方网站、社交平台等媒介让人民有"畅所欲言"之地、与人民进行密切互动、对民生民意开展"田野式"调查，并广泛地、高效地汇集民智，经民主程序将其上升为国家意志，从而满足人民在民主政治上的需求。全过程民主以人民为中心作为核心理念，其实质就是人民当家作主。

[①] 习近平：《在庆祝中国共产党成立100周年大会上的讲话》，人民出版社2021年版，第12页。

(三) 全过程民主的当代构建

在"两个大局"背景下，中国的民主政治正呈现出新的历史特点，全过程民主正面临着前所未有的机遇与挑战。根据对立统一原理，在一定条件下，机遇与挑战是可以相互转化的。因此，发展全过程民主需要精准地把握机遇，并促使挑战转化为良机。

1. 以党内民主推动人民民主

党内民主是党的生命，人民民主是社会主义的生命，前者对后者具有促进、示范和带动的作用。因为党内民主与人民民主之间存在一定的"距离"，所以这种推动作用需要解决一定的问题和借助一定的环节才能起效。加强党与人民之间的密切联系有利于跨越二者之间的障碍。中国共产党是为人民服务的党，其党内选举应选出人民认同的、支持的人才。在人才选任中，若民主集中制原则只适用于党内，而不适用于社会，在这种情况下选出来的干部就不能彻底地代表人民的根本利益。因此，应当坚持党内竞争与社会竞争相结合的原则，实行自上而下的推荐方式和自下而上的选举方式，从而打通二者之间的隔膜。要保证党内民主能高效地推动人民民主，实现有效衔接，还必须依赖于动力机制。全过程民主的推动需要公众具有民主政治意识。这种意识不是公众与生俱来的，是党带领人民在社会主义民主政治实践中长期形成的对民主的共同认识。从一定意义上说，公众的民主政治意识是党内民主对人民民主作用下的产物。在民主理念的推动下，公众将自觉地、广泛地、积极地参与政治生活。历史实践证明，只有充分地利用政治制度平台，才能使党内民主与人民民主良性互动。因此，除了动力机制外，现实实践是不可或缺的。要加强党内民主向人大民主、党际民主、政协民主和基层民主的不断推进，从而保障全过程民主的高效实施。

2. 加强培育现代公民文化

"现代民主制的健康稳定发展不仅依赖于基本制度正义，而且依赖于民主制下的公民的素质和态度。"[①] 因此，全过程民主的发展必

[①] [加] 威尔·金里卡：《当代政治哲学》，刘莘译，上海三联书店2004年版，第512页。

须重视培育现代公民文化。我国的现代公民文化是传统公民文化的精华与现代的民主、法治等理念有机融合的必然产物。在中国传统文化中，"人"没有形成法律意义上的公民内涵，并具有人身依附关系，但是它强调人的独立性，主张激发人的独立意志，为现代公民社会奠定了主体基础；"公"侧重于承担社会责任，满足社会的共同需求，使中华儿女具有一定的社会责任感；"和"主张从不同主体的角度考虑问题而达到互相妥协，传递着宽容精神；"德"要求百姓"修身"，是对社会秩序的最低限度。要建设好现代公民文化，仅仅继承传统公民文化中的优秀基因是远远不够的。因为社会是一个不断发展的过程，公民文化也要紧跟时代发展的步伐，不断与时俱进，注入新鲜血液。在新时代，我们要培养公民的法治观念，打造法治型的政治生态，在具体执政过程中保证人民的合法利益，促进人民把法律作为价值判断标准，使人民形成法治型人格；我们要激发公民的主体意识，使人民充分认识自己是国家的主人，是影响国家治理的政治主体；我们要建立激励机制，推动公民积极主动地参与政治生活；我们要培养公民的政治宽容精神，在利益诉求多样化的背景下实现张弛有度，做到求同存异，实现社会利益的最大公约数。

3. 推进网络民主健康发展

伴随互联网的快速发展，作为民主政治的新形式，网络民主应运而生。网络民主所具有的开放性、直接性、广泛性等特点是一把双刃剑，它促进了公民的广泛政治参与、推动阳光政府的建设，同时，它也助推了虚假谣言的散播、缩短了政府的危机应对时间。要发展全过程民主，必须推进网络民主的健康发展。第一，要站稳网络阵地。网络是公众参与民主政治的主要渠道，是汇聚民心民意的主要阵地。因此，政府必须建好用好电子政务、政府门户网站等网络平台，与人民保持交流互动，传播并引导主流声音。第二，推动网络民主法治化。针对一般的常规事件，在修改和完善原有旧法的基础上来处理；针对造成恶劣社会影响的特殊事件，应及时设立相关法规进行管制。在有法可依的前提下，还要通过完善互联网实名认证制度、互联网举报制度等加大网络执法监督力度。第三，建立高效的舆情危机应对机制。要提高对舆情危机的判断力，看准最佳时机进行政府干预，及时了解民众反应并进行正确引导，事后进行评估总结、完善相关方案。第四，推动各地区的信息化水平。网络民主的广泛性与信息化水平密切相关。目前，我国发展不平衡现象突出，数字鸿沟普遍存在，这就造成了网络民主的不平等。因此，要大力借助"互联网+"这一渠道，提高我国的信息化水平。

4. 构建人民民主国际话语权

全过程民主是人类民主政治中的一种先进的民主，其先进性不仅体现为"中国特色"，也体现为国际性。当下，我国正在迈向世界舞台的中心，我国的国际地位日益提高，我国的政治影响力和价值引导力也逐渐提高。然而，伴随着中国的不断强大，西方资本主义国家变本加厉地丑化中国式民主，阻碍全过程民主的发展和传播。从苏联解体的前车之鉴可以看出，美国擅长运用以自由主义民主为主的意识形态来攻击、瓦解另一个国家的主流意识形态。因此，要推动全过程民主的发展，必须构建人民民主国际话语权。话语的力量来源于理论的科学性。我们要强化理论支撑，坚持和传播马克思主义的民主观，用中国话语讲好全过程民主，从而有力回应西式民主的质疑。并且，要加大国际宣传力度，增加国际传播形式。随着西方保护主义的崛起，中国的国际传播在一定程度上受限。除了政府的官方传播外，我们要利用好企业合作、民间团体交往等形式，用符合国际受众群体的文化进行高效传播。针对西式民主的欺诈性和虚伪性，我们要勇于揭示其丑陋面貌。从一定意义上说，西式民主是一种金钱民主，这正是其国内出现各党派斗争、社会动荡的根本原因所在，也是搞霸权主义、进行殖民扩张的罪恶之源。

二 新发展理念的话语权在于其着眼现实的整体性

以"创新、协调、绿色、开放、共享"为内容的新发展理念，是以习近平同志为核心的党中央在着眼世情、国情、党情、民情现实基础上的理论思考，是一个有机整体。这个有机整体不仅体现在其历史必然性、现实针对性、未来前瞻性的相互贯通上，更体现在其为人导向与人为努力的内在统一上，还体现在其内涵的相互关联与话语权的呈现上，对于着眼现实而提出的整体发展思路需要我们现实地加以把握。这个所谓的"现实"把握，就是对"新发展理念"的辩证把握，就是要历史地、全面地、联系地把握"新发展理念"，就是立足发展眼光、着眼整体视野，强调"新发展理念"的变动性和整全性，强调"新发展理念"的历史性和未来性，强调"新发展理念"是理论联系实际的产物、是透过现象把握本质的结果、是历史展开过程中的必然，也就是说，不仅要展开"新发展理念"演进的过程，而且要把其作为进一步出发的起点，看作一个流动的、生成的，具有阶段性、层次性，具有多种规定的多样性统一，是一个融涵立场方法、行动参与与实践追求的综合体，是存在论、认识论、价值论与实践论的统一体。就是对其现象联系本质、理论联系实际、国内联系国际、现状联系趋势、经验联系教训、一分为二、合二为一的综合把握。

（一）贡献中国发展智慧的"新发展理念"是为人导向与人为努力的有机统一

首先，"新发展理念"是贡献中国智慧的发展思路。党的十八届五中全会提出的"创新、协调、绿色、开放、共享"的"新发展理念"，是着眼世界与中国两个发展大局、着眼坚持发展中国特色社会主义伟大事业、着眼中华民族伟大复兴的中国梦、着眼新时期具有许多新的历史特点的伟大斗争、着眼党的建设伟大工程提出的具有针对性、战略性、整体性、可行性、人民性的发展思路。这个在全面建成小康社会决胜阶段提出的发展思路，是建立在大势所趋基础上的人心所向，贯穿着实事求是的思想方法与以人为本的政治立场，具有造福中国人民与世界人民的价值导向，是融目标和方式为一体的发展道路，是以科学的发展方式实现人民对美好生活向往的必由之路，对于这样具有价值高度、理论深度、实践维度的发展思路，我们要融会贯通地去学习理解，要结合实际地去贯彻落实，从而在我们每一个人的脚踏实地、循序渐进、身体力行中把应然的发展思路转变为实然的发展出路，在共享成果中实现更好更大的发展，为世界的和平与发展贡献中国的思路与智慧。

其次，贡献中国智慧的发展思路是基于大势所趋基础之上的人心所向。"新发展理念"作为一个融涵历史必然性、现实针对性与未来前瞻性的新思想，是建立在立足时代前沿、顺应时代潮流、把握时代特征、回答时代问题基础上形成的最新成果，是着眼中国特色社会主义伟大事业、中华民族复兴伟大梦想、新时期具有历史特点的伟大斗争、治国理政伟大战略、"四个全面"战略布局基础上的智慧结晶，是汇聚民意、体现民心、回应民生的有力举措。"新发展理念"作为党把握现实的主题词，是建立在中国将长期处于社会主义初级阶段这个当前最大实际的国情基础之上的，是建立在和平与发展作为时代主题没有变这个当前最大世情基础之上的，是建立在中国作为世界上最大的发展中国家的国际地位还没有改变这个最大现实基础之上的，也就是说，"新发展理念"具有与国情相结合的生命力、与时代同进步的创造力、与人民共命运的感召力，是大势所趋基础上的人心所向。

最后，人心所向的发展理念是为人导向与人为努力的有机统一。"新发展理念"是人心所向的发展理念。这个所谓的"人"指的是现实的人，是关于现实的人的生存与发展，也就是说"新发展理念"的为人导向，是着眼于人的诉求与期盼，是以增进人民福祉、促进人的全面发展为出发点和落脚点的。以人为中心的发展理念，在覆盖范围上包括所有的人，在内容上包括人的经济、政治、文化、社会、生态方面的全面需要，在纵向上包括多代人，而不仅仅是当代人，从价值上来看，满足的是多代人、多数人的合理的全面需要。这个为人导向，就意味着在解决发展问题时牢牢把握以人的需要为中心的发展思路和发展导向，也就是不仅要解决人民的生存问题，而且要解决人民的生活问题，不仅要解决挨饿问题，而且要解决人民幸福以及尊严问题，也就是以民心、民生、民权为导向来落实发展理念，就是让人民不仅生存下来，而且生活得好，有幸福感，有获得感，就是想人民之所想，急人民之所急，把人民放在心中最高位置，倾听人民的呼声，回应人民的期盼，真正做到以百姓心为心、以人心为最大政治，真正做到情为民所系，权为民所用，利为民所谋。就如习近平总书记指出的："问题是时代的声音，人心是最大的政治。推进党和国家各项工作,必须坚持问题导向,倾听人民呼声。"① 这个为人导向的发展理念不会自然而然地实现,不会自动变为现实,要使应然的理念变为现实,就需要我们人为的努力,这个人为的努力就是要自觉地走向、走近、走进"新发展理念",就是要把新发展理念内化于心,外化于行。这个过程就是化理念为方法、化方法为德性的过程,就是对"新发展理念"真学、真信、真懂、真用。这个真学,就是现象把握本质地学,逻辑与历史相统一地学,理论联系实际地学;这个真懂,就是吃透其历史背景,把握其学理依据,掌握其普及机理;这个真信,就是对创新、协调、绿色、开放、共享"新发展理念"充分认同,充满信心,坚定信念;这个真用,就是运用"新发展理念"所蕴含的立场与方法找到合理解决现实问题的办法,就是把"新发展理念"转化为我们进一步发展的出路,从而在我们每个人脚踏实地的努力中实现创新、协调、绿色、开放、共享的发展目标。这个人为的过程就是试的过程,就是干的过程,我们经常讲,不干,连半点马克思主义也没有,对于"新发展理念"同样如此,也就是说"新发展理念"要在学中干、干中学,在理论与实践的良性互动中以新的理论指导新的实践。毕竟实践出真知。所以,我们不要以为有了"新发展理念",创新、协调、绿色、开放、共享的发展就会自然而然向我们走来,这是想当然,"新发展理念"能不能变成现实,在多大程度上变为现实,取决于我们自身的努力,也就是说,"新发展理念"只是我们争取更好更科学发展的一个必要条件,而不是充分条件,"新发展理念"的实现还需要其他相关因素的联动,需要协同作战。更进一步说,"新发展理念"作为一个政策和方针,不一定在任何人的手里都具有相同的功效,而是需要和具体实际相结合才能生效,才能有生命力。所以,对于"新发展理念"的落实,需要我们人为地努力,这个人为的努力不是一句抽象的空话,而是包含很多潜台词,这些潜台词需要我们在实践中去体会,去悟,去感受,去理解。同时,这个人为的过程,不是"人有多大胆、地有多大产"的人

---

① 《习近平关于协调推进"四个全面"战略布局论述摘编》,中央文献出版社2015年版,第157页。

为,而是建立在遵循客观规律、把握内在本质、预知未来趋势基础上的人为,这个人为是实事求是的人为,是以人为本的人为,也就是说这个人为是一切为了人民,一切依靠人民,从人民中来,到人民中去的过程。

(二) 为人导向与人为努力相结合的发展理念是一个具有独特内涵的有机整体

首先,为人导向与人为努力相结合的发展理念是一个有机整体。"新发展理念"作为着眼现实基础上的理论思考,就其中某一个理念而言,党的十八大前后党的文献都或多或少有所涉及。据"学习中国"大数据库统计,党的十八大以来,习近平总书记用时84天,对国内24个省、市、自治区,进行了36次考察调研,讲话中53次涉及"新发展理念"。其中,16次讲述创新发展理念,6次讲述协调发展理念,8次讲述绿色发展理念,11次讲述开放发展理念,12次讲述共享发展理念。不过在新的历史条件下,党坚持马克思主义立场方法,结合世情与国情的具体实际,把这些观点有机联系起来,作为我们新时期的发展思路、方向和着力点,却是党的十八届五中全会的首创。这印证了一个观点。真正的理论创新并不在于新名词、新术语的多少,而在于其综合方式所拓展的历史容量,也就是说"新发展理念"的真正创新性在于其整体性。这个整体不是抽象的、空洞的,而是具体的整体。这个整体不仅具有内容的整体性、历史的整体性,而且具有价值导向的整体性与问题意识的整体性。"新发展理念"作为一个解决现实问题的具体思路,具有问题意识的整体性,不仅是从宏观上对新时期树立什么样的马克思主义观、什么样的社会主义观、什么样的党的建设观、什么样的发展观等问题的思考,而且是从中观上对发展不足与发展不当问题的深入思考。"新发展理念"作为一个具有继承性的发展思路,具有历史的整体性,这个历史的整体性,不仅体现在其与马克思列宁主义、毛泽东思想、邓小平理论、"三个代表"重要思想、科学发展观的一脉相承和与时俱进上,而且体现在其与一个中国梦、"两个一百年"奋斗目标、"三个倡导"价值观、"四个全面"战略布局的内在联系上。"新发展理念"不仅具有纵向历史的整体性，而且具有横向内容的整体性。这个内容整体性，具体体现在创新、协调、绿色、开放、共享的相互关系上。"新发展理念"作为实现人民对美好生活期待的新思路，具有惠民导向的整体性，也就是"新发展理念"不仅要满足人民日益增长的物质文化方面的民生需要，而且要满足人民日益增长的权利方面的民主需要，还要满足人民对天更蓝、水更清的生态需要，也就是说不仅要使广大人民活下来，而且要使人民活得幸福、活得有尊严。

其次，作为有机整体的发展理念具有丰富的理论内涵。作为引领发展动力的创新理念不仅体现在经济建设上，也体现在政治建设、文化建设、社会建设、生态建设以及党的建设各个方面。我们各个方面的创新不是推倒重来，不是照抄照搬，而是继承基础上的发展，借鉴基础上的吸收，结合基础上的创新。创新不是随心所欲，而是在现实约束基础上的择优，创新不是为创新而创新，而是为解决问题而创新，不仅是为解决问题而创新，而且是为合情合理解决问题而创新，说到底就如习近平总书记说的"抓创新就是抓发展，谋创新就是谋未来。不创新就要落后，创新慢了也要落后"[①]。我们所说的创新就是从实际中找出规律，就是从实求知，这个从实际寻求规律的过程，就是解放思想、实事求是、与时俱进、求真务实的过程，就是理论与实践互动碰撞的过程，就是从群众中来、到群众中去的过程，就是继往开来、承上启下的过程，就是融合、整合的过程，是寻实策、出实招、干实事的过程，就是从实际出发、造福人民的过程。

作为持续健康发展内在要求的协调理念，是具有现实针对性的理念，是针对发展不平衡而言，也就是说要协调城乡发展、区域发展，协调精神文明与物质文明发展。这个协调不是让原来发展快的停下来，而是让原来后发展的加快发展速度，但是这个速度是内涵质量的速度，是有更高要求的速度，不是先污染后治理，而是内涵新的理念和要求的协调。同时，协调不是劫富济贫，而是在政策方面的倾斜，这个政策倾斜不是无条件的，而是根据现实的实际需要进行倾斜，这个协调也内涵精准扶贫，就是让人民有发展的机会、发展的机制。协

[①] 《习近平关于科技创新论述摘编》，中央文献出版社2016年版，第70页。

调不是机械的平衡，不是形式的和谐，不是数量上的，而是实质上的，有时看起来数量不平等，但其实是协调，协调就是求同存异，也是协调不同，这个协调是坚持在尊重规律的基础上的。协调不仅针对事物与事物之间，事物内部之间也存在协调，也就是说协调是内外兼顾。协调是有层次性的，是整体的协调，协调就是统筹，就是兼顾，就是统筹兼顾，就是要有流通渠道，就是不能让弱者失望、绝望，要让他们有奔头，这就需要改革，也就是要达到协调，就要改革，深化改革，同时协调发展，协调也是稳定。协调说到底就是治理，就是改革，就是发展。对于协调，我们要吃透，准确把握，全力以赴落实。

作为永续发展必要条件的绿色理念，就是要处理好人与自然的关系，也就是既要金山银山，也要绿水青山，就是要认识自然规律、遵循自然规律，保护自然，这不是说我们的发展不以人为本了，而是要以自然为本，要可持续地以人为本，不能走极端，而且要合理地辩证地把握人与自然的关系。就是在遵循自然规律以及自然承受极限的基础上合理地开发自然，为人类服务。

作为国家繁荣发展必由之路的开放理念，是对内搞活与对外开放的有机统一。开放不是把我们变成别人，而是和而不同，而是有选择地借鉴、有继承地发展、有创造地转化；搞活不是搞乱、无序、恶性竞争，而是激活、有序、良性竞争。开放不是单向的，而是双向的，是内外联动、互通有无、取长补短，开放不是自上而下，而是上下互动、整体推动，开放不是目的，而是手段，是通过寻找别人能理解的方式达到推销介绍自己的目的，是通过引进竞争达到增强自力更生能力的目的，开放不是无原则的、无条件的、无方向的，而是有步骤、有方向、有原则的。这个步骤，就是先易后难、先沿海后内地、先城市后农村、先经济后政治，也就是渐进的逐步的开放，逐步的有序的渐进的开放才是真正的开放，这个渐进的开放不仅是指速度上、顺序上的，而且指开放是有方向的。这个方向，就是社会主义的方向、人民大众的方向，也就是为人的方向。

作为体现社会主义本质要求的共享理念，就是坚持公平正义，就是坚持分配正义，就是不能让一部分人承受发展的代价，而让另一部分人独享发展的成果，也就是要发展依靠人民，发展成果由人民共享。这个共享，不仅指经济，而且包括政治、文化、社会、生态，也就是说这个共享是动态的、全面的、有原则的。这个原则，就是解放思想与实事求是相统一的原则，就是胆子要大与步子要稳相统一的原则，就是整体推进与重点突破相统一的原则，就是顶层设计与基层探索相统一的原则。共享是全面的共享，并不是吃大锅饭，搞平均主义，而是要达到权利与义务的匹配，也就是要实现按劳分配。共享不是立刻实现，而是一个逐步实现的过程，也就是说是一个量力而行尽力而为过程，是每个人在原来基础上都有所增加，不是把一部分人的幸福建立在另一部分人的痛苦之上，而是一个双赢的过程。这个过程就如习近平总书记所说的："社会建设要以共建共享为基本原则，在体制机制、制度政策上系统谋划，从保障和改善民生做起，坚持群众想什么、我们就干什么，既尽力而为又量力而行，多一些雪中送炭，使各项工作都做到愿望和效果相统一。"①

（三）作为有机整体的发展理念具有造福中国人民与世界人民的现实性

首先，"新发展理念"具有造福中国人民与世界人民的价值追求。发展作为当今的时代主题，已经不是一个国家的问题，而是一个全球性的问题。人类面临的共同课题，不仅是一个时间维度的概念，也是一个价值选择的概念，体现着一个国家如何面向未来、选择未来、走向未来的问题，体现着一个国家、社会和公民追求什么、选择什么、信仰什么的问题。中国作为发展中国家，在实现全面建成小康社会、中国梦、中国式现代化的进程中，不能靠对外移民、殖民，对内剥削、压迫来实现，不能靠高能耗、高污染来实现，不能城市矛盾农村转移、内部矛盾外部转移，只能靠自我消化矛盾、内部解决差距来发展。也就是说我们作为发展中国家，有很多的域外经验可以借鉴，同时，也有更多约束发展的现实条件，这就对发展方式提出了更高的要求。我们必须发展，而且还要科学发展，也就是说要在和平、合作、

---

① 《习近平关于社会主义社会建设论述摘编》，中央文献出版社 2017 年版，第 130 页。

双赢的价值导向下发展。因此，创新、协调、绿色、开放、共享不仅是实现发展的目标，也是实现发展的方式和条件。"新发展理念"是发展道路的本质规定性，要通过创新、协调、绿色、开放、共享的方式实现创新、协调、绿色、开放、共享的发展目标。

其次，把造福中国人民与世界人民的发展理念变为现实的关键在党。要真正发挥党在践行"新发展理念"中的核心作用、关键作用，就要加强对党的理论武装。就是把"新发展理念"化为方法、化为德性、化为制度的过程，这个内化与外化的过程，就是党真学、真懂、真用的过程，也就是知行合一、学做统一的过程，也就是物质变精神、精神变物质的过程，也就是用新的理念指导新的实践的过程。对于这个理论学习、理论应用，我们党具有高度的理论自觉，具有清醒的思想认识。党之所以具有把"新发展理念"变为现实的能力，就在于其清醒地认识到自己在实现新的发展过程中存在精神懈怠、能力不足、脱离群众、消极腐败的问题，面临着长期执政、改革开放、市场经济、外部环境的考验。我们党深知，过去先进并不代表现在先进，现在先进并不代表永远先进，过去拥有并不代表现在拥有，现在拥有并不代表永远拥有，也就是说党之所以具有发挥社会主义制度集中力量办大事、办大好事、办好大事的优势，就在于其具有极强的忧患意识、学习能力和担当精神。这些意识与精神是我们实现创新、协调、绿色、开放、共享发展的精神动力和智力保障。

（四）"新发展理念"的话语权在于其整体性、过程性、战略性与人民性

创新、协调、绿色、开放、共享作为融目标和方式于一体的发展道路，其合理性与必然性以及话语权，都在于它的整体性、过程性与战略性以及人民性。整体性是指它所包含的"新发展理念"是一个不可分割的统一体，离开了整体性，只强调某一种理念，全面小康社会都不可能实现。"新发展理念"的过程性，是指其实现是一个过程，而且是一个永远的过程。这是因为"新发展理念"作为一种融目标和方式为一体的道路，它的实现自然会呈现为一个过程。更为重要的是，"新发展理念"战略的制定和实践，会受到各种各样的自然

和人为因素的干扰，从而使它呈现为更曲折的过程。这就要求我们看到它的艰巨性、曲折性、长期性，更加不懈地为之努力。它的战略性体现在着眼于实现中国梦以及中国式现代化的宏伟目标，体现了目的性战略思维导向；它紧紧抓住了发展价值导向这个关键，体现了重点性战略思维导向；它强调以人为本，体现了价值性战略思维导向；它坚持统筹兼顾，体现了辩证性战略思维导向；它贯穿求真务实，体现了实践性战略思维导向。它的人民性，就体现在它以人民的真实利益为旨归，这不仅包括眼见为实的当前利益、物质利益，而且是融当前利益与长远利益于一体、融物质利益与精神利益于一体、融功利与道义于一体，是以科学的发展方式逐步满足最广大人民合理合法利益的过程。"新发展理念"进一步深化了党对发展问题的理性认识，拓展了党对发展问题的思维视域，是党对中国乃至世界发展问题的理论贡献。

三 夯实文化自信的学理话语权

文化自信是具有内在规定性、价值取向性、实践指引性的具体整体，作为具体整体的文化自信，是兼收并蓄基础上的主导，是海纳百川基础上的整合，是面向未来基础上的开放。文化自信说到底是对信仰的自信，这个信仰就是对马克思主义的信仰与对共产主义的追求，毕竟，人民有信仰，民族有希望，国家才有力量。对于这样的文化自信，不仅需要我们理论上清醒、政治上坚定，而且需要实践上身体力行，坚定中国特色社会主义道路自信、理论自信、制度自信，说到底是要坚定文化自信。文化自信是更基本、更广泛、更持久的力量。文化自信作为一个民族成员对自己民族文化怀有的由衷、深沉、真挚的憧憬和热爱，对自己民族文化的生命力抱有的坚定、执着、永恒的信心和信念，不是自说自话、孤芳自赏，而是以深厚的历史根基、理论支撑和现实依据为依托，呈现为我们自立于民族之林的能力和对人类文明具有贡献的文化。这个对内凝聚共识、对外影响世界的文化自信在中国的体现，具体到内容上，就是传统优秀文化、革命红色文化、社会主义先进文化；具体到源头活水上，就是坚持不忘本来、吸收外来、面向未来的思路;从横向上看,是交往、交流、交融的结果;从纵向上看,是历史、现实、未来的接续,从精神维度上看,是时代精神、民族精神、核心价值的整合。文化自信,归根到底,是继承发展基础上的自信,是吸收借鉴基础上的自信,是综合整合基础上的自信。这个纵向继承发展、横向吸收借鉴,不是没有原则的继承,也不是没有原则的吸收,而是具有科学性的继承、具有主导性的包容。这个具有主导性的包容,是内化与外化的结合,是坚持优势与弥补不足的结合,是理论创新与实践创新的结合,是科学对待与理性践行的统一。

(一) 文化自信的话语权在于内涵科学性与主导性基础上的最大包容

人生需要信仰驱动,社会需要共识引领,国家需要价值导航,说到底是需要文化自信,文化自信作为继道路自信、制度自信、理论自信之后的第四个自信,标志着我们党对文化作用与文化发展规律的认识提升到了一个新的境界。习近平总书记提出的坚定文化自信,不是自大,不是盲信,而是建立在文化自省基础上的文化自觉,不是没有立场的随意主张,而是具有鲜明立场的文化自主。这个文化自觉,就是既要看到我们文化的优势,也要看到我们文化存在的不足,面对优势不自满,面对劣势不自卑,是辩证分析基础上的自信。这个自主,不是盲目排外,不是隔断历史,而是建立在不忘本来、吸收外来、面向未来基础上的自主,也就是说我们的文化自信是建立在分析优劣得失、贯通古今中外基础上的文化自信。这个自信是具有很大包容性的自信,但是这个包容不是没有主导的包容,而是在整合基础上的具有主导性的包容。我们的文化自信不是隔断历史,而是在坚持融涵历史基础上的继承。这个继承不是没有原则的继承,而是建立在科学基础上的继承。也就是说,我们的文化自信在纵向上是继承与发展,在横向上是借鉴与吸收,是具有科学性、主导性的包容继承。

(二) 坚持中华优秀传统文化、革命文化与社会主义先进文化,外联道路自信、理论自信、制度自信

习近平总书记在庆祝中国共产党成立95周年大会上的讲话中指

出:"文化自信,是更基础、更广泛、更深厚的自信。在 5000 多年文明发展中孕育的中华优秀传统文化,在党和人民伟大斗争中孕育的革命文化和社会主义先进文化,积淀着中华民族最深层的精神追求,代表着中华民族独特的精神标识。我们要弘扬社会主义核心价值观,弘扬以爱国主义为核心的民族精神和以改革创新为核心的时代精神,不断增强全党全国各族人民的精神力量。"①从这段话不难看出,我们所坚定的文化自信,不是仅指传统文化,也不是仅指革命文化,更不是仅指社会主义先进文化,而是说,中华优秀传统文化、中国共产党领导和创造的革命文化、红色文化以及今天亿万人民正在共同创造的先进文化,共同构成文化自信的内容与主体。因此,我们要从整体上全面把握文化自信的内容。同时,这个义化自信是具有内在立场与质的规定性的文化自信,也就是说文化自信与社会主义核心价值观是一致的、与中国精神是一致的。更为重要的是,这个文化自信是与道路自信、制度自信、理论自信为一体的,不能离开道路自信、理论自信、制度自信谈文化自信,也不能离开文化自信谈道路自信、制度自信、理论自信。文化自信相对于道路自信、制度自信、理论自信是更为基础、更为广泛、更为深厚的自信。文化自信是支撑道路自信、制度自信、理论自信的基础,文化自信渗透在道路自信、制度自信、理论自信之中,文化自信相对于道路自信、制度自信、理论自信更能内化于心,因为文化自信是内在整体与外在整体的有机统一。

(三)坚定中国特色社会主义文化自信,需要在实践中身体力行

坚定中国特色社会主义文化自信,就是要在实践中汲取中华优秀传统文化精华。文化是民族的血脉,源远流长的中华传统文化为中华民族生生不息、发展壮大提供了丰厚滋养。中华文明之所以历数千年而长盛不衰,其奥秘就在于中华传统文化既坚守根本又不断与时俱进。正所谓不忘本来才能开辟未来,善于继承才能更好创新。我们要在实践中增强文化自信和价值观自信,就要像对待自己的生命和血脉

---

① 习近平:《在庆祝中国共产党成立 95 周年大会上的讲话》,人民出版社 2016 年版,第 13 页。

一样爱护我们的优秀传统文化，像守护民族的根和魂一样保护我们的优秀传统文化。不仅要正确对待，而且要做到言行一致、身体力行，把知与行统一起来。要像对待传统优秀文化一样传承弘扬红色革命文化，在中国共产党领导下，中国人民在波澜壮阔的革命实践中形成了"坚定信念、艰苦奋斗、实事求是、敢闯新路、依靠群众、敢于胜利"的井冈山精神，"坚忍不拔、自强不息、勇往直前"的长征精神，"解放思想、实事求是、全心全意为人民服务、自力更生、艰苦奋斗"的延安精神，"敢于斗争、敢于胜利、依靠群众、团结统一、戒骄戒躁、艰苦奋斗"的西柏坡精神，这些都是中华文明在特定历史时空下的具体展现，都是中华优秀传统文化在不同时期的创造性转化和创新性发展，需要我们在实践中内化于心、外化于行，进而固化为制度。要身体力行发展社会主义先进文化。社会主义先进文化就是民族的大众的科学的文化，就是指以爱国主义为核心的民族精神，以改革开放为核心的时代精神，就是指以富强、民主、文明、和谐、自由、平等、公正、法治、爱国、敬业、诚信、友善为内容的社会主义核心价值观。这些社会主义先进文化与红色革命文化、中华优秀传统文化是传承发展、创新升华的关系。通过身体力行把文化自信转化为高举中国特色社会主义伟大旗帜的坚定意志，转化为对共产主义远大理想和中国特色社会主义共同理想的坚定信念，转化为运用科学理论分析和解决问题的实际能力，转化为推动"四个全面"战略布局、践行新发展理念、实现"两个一百年"奋斗目标的过硬本领，转化为与人民同呼吸、共命运、心连心的真挚情感，转化为增强党性修养、提高思想觉悟的自觉行动。做到高举中国特色社会主义伟大旗帜不动摇，坚持中国特色社会主义道路不动摇，坚持中国特色社会主义理论体系不动摇，坚持中国特色社会主义制度不动摇。

（四）赢得文化自信，是一个理论与实践不断良性互动的持续过程

我们要在实践中赢得文化自信，就必须把马克思主义基本原理同中国具体实际相结合，不断提出和发展能够指导中国社会发展进步的科学理论；必须顺应时代前进潮流，代表中国最广大人民的根本利

益，不断制定和执行正确的路线方针政策；必须加强和改进自身建设，不断增强创造力、凝聚力、战斗力；必须让广大党员以对人民的无限忠诚和自我牺牲精神，不断为人民利益英勇奋斗，归根到底，是通过坚持不懈地保持党的先进性赢得文化自信。全党同志必须牢记，一个政党过去能赢得文化自信不等于现在还能赢得文化自信，现在赢得文化自信不等于永远赢得文化自信，文化自信的赢得不是一劳永逸、一蹴而就的，而是一个结合新的实践不断进行理论创新，并用理论创新指导实践的长期互动过程。文化自信的赢得在于文化担当，在于要有文化传承与创新使命感，要有不丢棒、传好棒的自觉意识与行为担当。

（五）寻找文化认同，实现文化自信，坚定中国方案

文化自信的根本，在于文化基本内容的扎实与优异，而这种扎实与优异，既基于文化的开放学习、整合调适能力，也基于文化的自我变革、自我发展能力。文化自信是需要与被需要的统一。我们不仅需要文化自信支撑道路自信、制度自信、理论自信，而且需要文化自信克服文化交往交流中的逆差，缩小文化软实力与发展硬实力的落差，在文化自省、文化自觉基础上实现文化认同，文化认同是情感认同、思想认同、行为认同的统一。因此，我们要从需要与被需要的辩证统一角度把握文化自信，全面把握文化自信是着眼现实需要基础上的理论需要，是着眼理论需要基础上的实践需要，是理论需要与实践需要的有机统一，是理论创新与理论武装的内在统一，从而在着眼现实把握理论的基础上实现理论的内化与外化，进而在以文化人、以理服人、以情动人中实现文化自信，坚定中国方案。

第七章 "四个全面"：中国式现代化的战略布局

一 从"有机统一"视角把握"四个全面"

以"全面建成小康社会、全面深化改革、全面依法治国、全面从严治党"为内涵的"四个全面"，是以习近平同志为核心的党中央立足于世情、国情、党情、民情，以我们改革开放和现代化建设中出现的问题为中心，着眼于马克思主义理论的运用，着眼于对现实问题的理论思考，着眼于新的实践与新的发展，提出来的坚持与发展中国特色社会主义的大思路、治国理政的大战略、实现中华民族伟大复兴的总抓手。需要我们从大势所趋与人心所向的有机统一中去把握，需要我们从动力机制与平衡机制的有机统一中去把握，需要我们从理论创新与理论武装的有机统一中去把握，需要我们从人为程序与为人取向的有机统一中去把握。只有这样，才能在理论中把握现实，从而在实践中去改变现实。

（一）从发展大势与人心所向的有机统一中把握"四个全面"

习近平总书记说："四个全面的战略布局是从我国发展现实需要中得出来的，从人民群众的热切期待中得出来的，也是为推动解决我们面临的突出矛盾和问题提出来的。"[1] 也就是说，"四个全面"战略布局是顺应我国发展的现实需要提出来的，所谓的我国发展的现实，就是"时"和"势"总体有利，"艰"和"险"正在增多，就是我

---

[1] 《习近平谈治国理政》第2卷，外文出版社2017年版，第24页。

国仍处于大有可为的战略机遇期,具有很多有利的发展条件。同时,全面建成小康社会进入决定性阶段,改革开放进入攻坚期和深水区,法治国家建设进入新的征程,从严治党进入关键阶段。由此可见,这个发展的现实需要不仅仅是我们眼见为实的现实,而是一个全面的、发展的、联系的现实,这个现实是"偶然性背后的必然性及其展开,现象背后的本质性及其展示,感性背后的理性及其展现"①。也就是说我们的发展"现实"是必然与偶然的统一、本质与现象的统一、理性与感性的统一。即我们发展的现实,是历史现象中的必然,也就是说是历史中的倾向性,历史中的大势。同时,这个历史大势、历史必然性,就是人的活动的规律,它表现着人民群众根本利益变化的规律性,这个必然性也就是人心所向。这个人心所向中的人心不是抽象的,而是具体的,就是习近平总书记所说的,"我们的人民热爱生活,期盼有更好的教育、更稳定的工作、更满意的收入、更可靠的社会保障、更高水平的医疗卫生服务、更舒适的居住条件、更优美的环境,期盼孩子们能成长得更好、工作得更好、生活得更好"②。不难看出,这个人心就是民生与民主的统一,这个人心的获得与全面建成小康社会、全面深化改革、全面依法治国、全面从严治党这个大势是有机统一的。因此,我们说,"四个全面"是历史大势与人心所向的有机统一。

(二) 从马克思主义基本原理中国化与中国经验马克思主义化的有机统一中把握"四个全面"

"四个全面"战略布局,一方面,是从推动解决我国面临的突出矛盾和问题提出来的,具有十分显著的"中国化"的"理论指导和实践指南"③的意义;同时,"四个全面"战略布局也是新中国成立以来,中国共产党执政以来治国理政的经验总结和理论结晶,是几代中国共产党人接力奋斗形成的中国特色社会主义理论体系的接续和升

---

① 韩庆祥:《现实逻辑—中国问题—治国理政》,《学习时报》2015 年 9 月 7 日。
② 《习近平谈治国理政》,外文出版社 2014 年版,第 4 页。
③ 肖冬松:《马克思主义及其中国化研究散论》,人民出版社 2016 年版,第 356 页。

华，具有十分显著的"马克思主义中国化"的理论特质和思想内涵，是21世纪中国马克思主义发展的新成果，也是马克思主义基本原理中国化和中国经验马克思主义化的历史、辩证发展的生动体现。也就是说"四个全面"是把马克思主义基本原理运用于中国改革开放和社会主义现代化建设的具体实际，在解决中国具体问题中形成的具体理论。另一方面，又是对解决中国实际问题的历史经验与新鲜经验的理论提升和概括，是马克思主义中国化的最新理论成果，是当代中国的马克思主义。可以说，在当代中国，坚持马克思主义，就必须贯彻落实"四个全面"战略布局，贯彻落实"四个全面"战略布局，就是真正坚持马克思主义。马克思主义基本原理"中国化"与中国经验马克思主义化两者相辅相成、互相提升，构成了中国化马克思主义的历史过程，形成了中国马克思主义的实践特色、理论特色、民族特色和时代特色。

（三）从动力机制与平衡机制的有机统一中把握"四个全面"

以习近平同志为核心的党中央，以马克思列宁主义、毛泽东思想、邓小平理论和"三个代表"重要思想、科学发展观为指导，从坚持和发展中国特色社会主义大局出发，提出了"四个全面"战略布局，深化了我们对共产党执政规律、社会主义建设规律和人类社会发展规律的认识。从治国理政的角度来说，这个战略布局，体现了动力与平衡的有机结合。协调推进"四个全面"战略布局，也应该从动力与平衡相结合的角度进行全面认识、理解和把握。"四个全面"战略布局就是把进一步推动改革发展治国治党与平衡改革发展治国治党结合起来。"四个全面"的基本内涵与精神实质是什么？归结起来就是两句话：第一句是坚持改革发展治国治党，第二句就是科学地改革发展治国治党。这两句话，往深层次说，就是要处理好动力与平衡的关系。第一句话要求我们，继续激发动力，焕发活力，从而保持改革发展治国治党的势头；第二句话则要求我们注意各方面的平衡协调，不要顾此失彼，失衡失范。从第一句话来说，"四个全面"的第一要义是改革发展治国治党。因为我国是一个有14亿多人口的大国，现在处于并将长期处于社会主义初级阶段的基本国情没有变，发展中国家的国际地位没有变，我们要实现"两个一百年"奋斗目标，实现中华民族伟大复兴的中国梦，就必须进一步深化改革，进一步建设小康社会，进一步依法治国，进一步从严治党。第二句话是要求我们进一步改革，进一步建设小康，进一步依法治国，进一步从严治党，而不是对过去建设小康、改革、依法治国、从严治党的简单重复。我们现在需要的是全面建成的小康，全面深化的改革，全面的依法治国，全面的从严治党，我们的发展改革、治党治国，是全面协调可持续的、以人为本的，一句话就是科学发展观为指导思想前提下的小康、改革、法治、治党。因此，我们的"四个全面"是讲动力的"四个全面"，是讲"平衡"的"四个全面"，是生机勃勃基础上的平衡，集中起来，"四个全面"作为我们治国理政的战略布局，是深刻认识社会发展的基本规律，注意全面把握和处理好动力与平衡之间的关系，按动力机制与平衡机制紧密结合的要求制定和实施的治国理政的战略布局。

（四）从革命的"破"与建设的"立"的有机统一中把握"四个全面"

"四个全面"不仅是坚持发展中国特色社会主义，实现中华民族伟大复兴的战略布局，也是引领具有新的历史特点的伟大斗争的战略布局，是破与立的内在统一。"四个全面"具有建设性，具有"立"的功能，同时"四个全面"也是"破"的过程，这个"破"是"破解"，是破解改革困境，破解小康困境，破解法治困境，破解党面临的四个危险与四大考验。因此，"四个全面"是破与立的统一，具体而言，就是针对"精神懈怠"加强宗旨教育和理想信念教育，针对"能力不足"，积极倡导学习之风，建立学习型组织和学习型政党，强化党的执政能力建设并推进国家治理能力现代化，努力克服本领恐慌症；针对"脱离群众"，加强党的作风建设，开展以"为民务实清廉"为主要内容的群众路线教育实践活动；针对"消极腐败"，注重党的先进性建设，在反腐倡廉上敢下重手，敢打"老虎"，注重把权力关进制度的笼子里面。协调推进"四个全面"战略布局的过程，就是我们党通过引领新的历史特点的伟大实践实现中华民族伟大复兴的过程。因此，我们要从破与立的辩证统一中把握四个全面。

（五）从人为程序与为人取向的有机统一中把握"四个全面"

"四个全面"作为一个战略布局和战略思想，是一种人为的程序，所谓程序，是过程与顺序的统一，是有顺序的过程和有过程的顺序，是人们为完成某项任务或达到某个目标而预先设定的方式、方法和步骤。"四个全面"的形成也是一个有顺序的过程和有过程的顺序，这个有顺序的过程和有过程的顺序，不是自然而然形成的，而是人为的。"四个全面"作为有顺序的过程是人为的，是人在遵循事物发展客观规律的基础上有意识、自觉地为自己确定的活动方式、方法、规则、目标、途径。"四个全面"是程序外显为有序的过程，而这个有序的过程是人为的，这个人为的程序，是理性的人有目的、有指向的追求、选择。也就是说"四个全面"为人的程序由"四个全面"为人的取向来引导，这个为人的取向的"为人"是指人的全面发展，不仅包括人的生存层面，而且包括人的发展层面；不仅包括经济层面，而且包括精神层面，还包括政治层面、社会层面、生态层面；不仅包括自己，而且包括他人；不仅包括当代人，而且包括下一代人，是具有综合规定的、具体与多样性相统一的人，是全面的人、可持续发展的人、联系的人、动态的人。"为人程序"与"人为取向"是"四个全面"内涵的两个特征，而且这两个特征是密切联系的，"四个全面"的"人为"程序是"为人"取向引导的，而"四个全面"的"为人"取向是由"人为"的程序实现的，因此，我们要从人为程序与为人取向两个角度把握"四个全面"。

（六）从理论创新与理论武装的有机统一中把握"四个全面"

"四个全面"的生命力、感召力与话语权不仅取决于社会发展的现实需要，取决于对社会现实的理论把握，而且取决于理论对人的武装。社会现实需要理论、理论回应现实把握现实的过程，就是把现实中的问题变为学者手中的课题，把学者手中的课题变成中央的议题，把中央的议题变成政策的过程。这个过程其实就是从群众中来的过程，而理论掌握大众就是到群众中去的过程。理论掌握大众不是单向灌输，而是有自身的规律，这个规律就是"理论只要说服人，就能掌握群众；而理论只要彻底，就能说服人。所谓彻底，就是抓住事物的根本。而人的根本就是人本身"[①]。也就是说理论武装的实质是以理服人，这个"理"，既是"真理"，又是"说理"，这个"服"既是"说服"，又蕴含着"服务"，这个"真理"具体到"四个全面"中，就是"实事求是"的思想方法与"以人为本"的政治立场，这个"服务"就是关注受众的人文、人格、人生，着眼受众的人文精神、人格养成、人生发展，从而达到理解人文价值、坚守人格底线、反省人生意义的目的。因此，"四个全面"武装人的过程，就是把"四个全面"中蕴含的"实事求是"与"以人为本"的真理通过说理的方式，在服务人的需求中，实现说服人的目的，也就是化理论为方法，化方法为德性，就是内化于心、外化于行的过程，也就是说理论创新每前进一步，理论武装就跟进一步，我们这么一个大党，靠什么把党员凝聚起来，靠的就是统一思想，靠的就是理论指导，思想统一才能行动统一。从一定意义上说，理论创新与理论武装的过程就是从群众中来到群众中去的过程，就是践行群众路线的过程，就是依靠群众、为了群众，就是把党的主张变成人民的自觉行动的过程。就是把人民对美好生活的向往作为我们的奋斗目标的过程。因此，党的理论创新与理论武装的根基在人民，党的血脉在人民，党的力量在人民，党执政的合法性不是别的，就是人民选择与支持。

"四个全面"作为我们党坚持和发展中国特色社会主义的总思路，需要我们从历史必然性与人民选择性的有机统一的角度进行把握；"四个全面"作为我们党治国理政的总抓手，需要我们从动力机制与平衡机制的有机统一角度进行把握；"四个全面"作为我们党认识世界和改造世界的理论武器需要我们从理论创新与理论武装的有机统一中去把握；"四个全面"作为我们党的建设伟大工程的战略布局，需要我们从破与立的有机统一中去把握；"四个全面"作为我们党的理论创新需要我们从马克思主义基本原理中国化与中国经验马克思主义化的有机统一中去把握；"四个全面"作为一个以"为人"取向为导

[①]《马克思恩格斯选集》第1卷，人民出版社2012年版，第9—10页。

向、以"人为"程序为实现途径的有机体,需要我们从人为程序与为人取向上去考察。只有正确把握了"四个全面",才能在内化于心、外化于行的衔接中实现我们的伟大事业。

二 全面深化改革的人民性、实践性、整体性、斗争性

改革开放作为决定当代中国命运和中华民族伟大复兴的关键一招,需要我们在回应人民关切的生存与发展问题中持续推进,需要我们在真抓实干、接力奋斗、团结奋斗、艰苦奋斗中不懈推进,需要我们在弘扬开天辟地、敢为人先的首创精神,坚定理想、百折不挠的奋斗精神,立党为公、忠诚为民的奉献精神中深入推进。改革开放再出发的现实性就是人民性,脱离了人民性就脱离了现实性;改革开放再出发的时代性就是实践性,世界上的事情都是干出来的,不干,连半点改革开放都没有;改革开放再出发的革命性就是斗争性,不敢斗争、不善于斗争,改革开放再出发就是空想;改革开放再出发的科学性就是精准性,没有精准性,就没有改革开放针对性和实效性;改革开放的前瞻性就是整体性,没有整体性,就没有改革开放的统筹兼顾,就没有改革开放的整体性推进。

(一)改革开放的现实性就是人民性,脱离人民性就脱离现实性

改革开放的人民性不是抽象的,而是具体的,这个具体的人民性就是民心、民意、民生的集成与整合;也就是要顺民心所向、民意所愿、民生所求;就是一切为了人民,为了一切人民,为了人民的一切;就是坚持人人共享、全面共享、共建共享;就是坚持以人民为中心,不仅要满足人民对经济、政治、文化、社会、生态的要求和期待,而且要满足人民对高质量经济、高水平政治、高品位文化、高和谐社会、高优质生态的满足,体现人民对美好生活的向往。

体现人民对美好生活的向往的人民性不是孤立的,而是与党性相联系的,人民对美好生活的向往就是我们党的奋斗目标,全心全意为人民服务,让人民满意,就是我们党的不懈追求。我们党的历史,就

是通过自我净化、自我完善、自我革新、自我提高进行自我建设，把马克思主义基本原理与中国革命、建设和改革相结合，进行理论创新和实践创新，从而实现民族独立、人民解放、国家富强、人民幸福的过程。党的最大政绩就是民生改善、民心所向、民意所愿，没有人民，就没有党。党没有自身特殊利益，党的最大使命就是人民幸福，党的根本宗旨就是为人民服务，党的最大利益就是人民的切身利益，党的领导就是让人民当家作主。办好中国的事情关键在党，中国的事情就是人民生存与发展的事情。办好人民生存与发展的事情的关键在党自身硬，党自身硬表现在：坚定以生产力极大发展、人民精神境界极大提高、按需分配为内容的共产主义理想信念；依靠向人民学习、拜人民为师走到现在，也必然依靠向人民学习、拜人民为师走向未来；以人民对美好生活的向往为自己的奋斗目标；为人民干在实处，在为人民奋斗的进程中勇于挑最重的担子，敢啃最硬的骨头；为人民严惩贪腐、扫黑除恶，解决了许多长期想解决而没有解决的难题，办成了许多过去想办而没有办成的大事。总之，我们党与人民是命运共同体，荣辱与共。

体现人民幸福的人民性是与民族性相联系的。改革开放所体现的人民幸福与中华民族伟大复兴相联系，中华民族伟大复兴就是中国人民站起来、富起来、强起来的过程，没有民族的独立，就没有人民的解放，没有中华民族的大团结，就没有中国人民的共同富裕。中华民族是我们中华儿女共同的精神家园，中华民族的伟大复兴不是抽象的，而是具体的，中华民族的伟大复兴就是中国人民的幸福，离开人民的富裕，民族复兴就是空想，同时，民族复兴为人民幸福也提供了条件，因此，民族复兴与人民幸福是统一的、相互贯通与相互支持的。

体现人民幸福的人民性是与国家性相联系的。有了强大的国，才有幸福的家。没有国家的强大，人民就没有安全感、幸福感，因此国家富强与人民富裕是一致的。我们常说的家国情怀，就是人民对国家民族的情感认同、深沉挚爱，就是忧国忧民、天下已任，就是报效祖国、奉献民族，就是杀身成仁、舍生取义，就是家国同构，强调民族国家利益高于个人利益。家国同构从来不是一个模糊的词语或抽象的词汇，是国家与人民共同努力，彼此成全，人民深深爱着这个国家，而国家也深深爱着人民，人民幸福与国家富强是不可分割的。

体现人民幸福的人民性是与世界性相联系的。没有世界的和平发展，就没有中国人民的幸福生活。在革命与战争年代，我们追求的是民族独立、人民解放，在和平与发展时代，我们追求的是国家富强、人民富裕，因此人民的幸福与世界的有序、和平、发展是紧密相关的。

人民性不是静止的，而是动态的。人民对幸福的理解与要求随着时代变化而不断变化，过去人民的幸福生活就是获得解放，解决温饱问题，现在人民的幸福生活不仅有对物质文明、精神文明的要求，也有对政治文明、社会文明、生态文明的期待。因此，改革开放再出发，就要一如既往、一脉相承、与时俱进地体现人民性，只有体现人民性的改革开放才具有现实性。具有现实性的改革开放，要求我们党想人民之所想，急人民之所急，忧人民之所忧，与人民同呼吸、共命运、心连心。充分发挥人民的主体作用，积极回应人民群众关切，切实增强人民的获得感、幸福感和安全感。具有现实性的改革开放，要求我们把改革的力度、发展速度与人民承受程度结合起来。改革的人民性，要求我们把民族振兴、国家富强与人民幸福结合起来，要求我们把中国的发展、中华民族复兴、人民幸福与世界和平与发展结合起来。因此，我们只有坚持与党性、国家性、民族性、世界性相结合的人民性，才能实现改革开放再出发的现实性。

（二）改革开放的时代性就是实践性，不实践，不奋斗，连半点改革开放都没有

改革开放再出发，是在中国特色社会主义进入新时代的背景下进行的。过去改革开放的成功靠的是实践、靠的是奋斗，新时代的改革开放靠的还是奋斗，只有奋斗才会有成功，没有奋斗、没有实践，改革开放不会自动向我们走来。只有我们从实际出发，理论联系实际，

有思路、有办法，去落实、去实干，才能激活改革开放本身蕴含的机遇与可能。改革开放的时代性需要我们有新作为、大作为，需要我们抓学习、深调研、重实干，需要我们艰苦奋斗再创业，需要凝心聚力、精准发力、持续用力、保持定力。真抓实干，就是要拿出真抓的实劲、敢抓的狠劲、善抓的巧劲、常抓的韧劲，实现改革开放再出发落地落实落细。改革开放蕴含时代机遇，需要我们不仅做改革开放的促进者，而且要做改革开放的实干家，不仅要支持改革开放，拥护改革开放，而且要把改革开放抓在手上，落到实处，干出成效；不仅要自己身体力行干，而且要动员大家、引领大家一起干，一起奋斗，一起努力。只有每个人都争当改革开放的促进派、实干家，改革开放才会成为每个人的思想自觉、行动自觉，成为人们日常生活不可分割的一部分，成为一种常态，成为一种习惯，成为一种内在需要，这样改革开放再出发就会成为一种实实在在的实践现实。

（三）改革开放的革命性就是斗争性，没有革命精神，没有斗争勇气，改革开放就难以推进

这个革命性就是以党的自我革命推动社会革命，也就是以党的建设伟大工程推动中国特色社会主义伟大事业，通过党的自我革命，把我们党建设成为始终走在时代前列，人民衷心拥护，经得起长期执政、改革开放、市场经济和外部环境四大考验，能克服精神懈怠、能力不足、脱离群众、消极腐败四大危险，能跨越塔西佗、修昔底德、中等收入、党大法大四大陷阱，能应对重大挑战、抵御重大风险、克服重大阻力、解决重大矛盾，始终走在时代前列，保持先进性与纯洁性的马克思主义执政党。要通过党的自我革命带动社会革命，实现改革开放再出发，就需要弘扬革命精神，这个革命精神就是永不懈怠的精神状态与一往无前的奋斗姿态。这个革命性就是斗争性，就是要与发展不平衡、不充分作斗争，这个过程就是解放生产力、发展生产力、消灭剥削、消除两极分化、实现共同富裕的过程，就是实现社会主义本质的过程。我们现在还处在社会主义初级阶段，要与不充分、不平衡的发展作斗争，就要通过全面建成小康社会、全面深化改革、全面依法治国、全面从严治党解决发展不平衡不充分问题，要通过把创新作为第一动力、协调作为内生特点、绿色作为普遍形态、开放作为必由之路、共享作为根本目的的高质量发展解决发展不平衡与不充分问题。这个立足现实着眼应然、把理想变为现实的过程，就是革命性的过程，就是斗争性的过程。实现改革开放再出发，需要我们弘扬革命精神，发扬斗争精神，要有勇有谋，不仅敢想敢干，还要善作善成，求真务实，善于寻找社会利益的最大公约数，以最小的代价取得最大成果。改革开放再出发需要的精神，就是开天辟地、敢为人先的首创精神，就是坚定理想信念和百折不挠的革命精神，就是立党为公、忠诚为民的奉献精神。

（四）改革开放的科学性就是精准性，没有精准性，就没有针对性，就没有实效性

所谓的精准性就是精细准确，就是从粗放到集约的转化，从数量导向到质量导向的转化，就是要在调研的基础上有针对性施策。具体而言就是对改革开放的主体精准规定，对改革开放的客体精准界定，对目标精准设定，对途径精准选定，就是精准研究政策、制定政策、实施政策、评价政策，做到精细化、精准化。要在真上下功夫，在实上下功夫，在细化、落实、落小上下功夫。现在是一个追求获得感、幸福感的时代，没有精细化、精准化的改革，就不能满足人民对美好生活的需要。我们倡导以及实施的精准扶贫就是证明。我们共产党员最讲究认真二字，改革开放的精准性就是认真、敬业、弘扬劳模精神与工匠精神，就是要真正实实在在把改革开放谋到实处，使人民真正感受到改革开放带来的安全感、幸福感和获得感。

（五）改革开放的前瞻性就是整体性，没有整体性，就没有改革开放的深入推进

前瞻性就是要综合创新，统筹兼顾，整体推进。改革开放的着眼点是人民对美好生活的需要，因此，改革开放再出发就不仅是经济体制改革，而且是政治、文化、社会、生态、党的建设的整体改革。当然我们的整体改革是整体带动完善，是以体制转型带动发展

的转型，是以体制的改革实现制度的完善。在经济方面以经济体制改革完善所有制制度，在政治方面以治理优化巩固政权，在文化方面以新媒体改革巩固意识形态主体地位，在社会方面以有序参与巩固社会和谐稳定，在生态方面以体制机制变革实现生态改善。我们的整体性改革，是具有主导性的改革，不是没有重点、没有中心、没有主导的改革。改革开放的整体性，不仅在于改革本身的整体性，而且在于改革与开放之间的整体性。改革不仅包括内部改革，而且包括对外改革，对外改革就是开放。因此，在某种意义上，改革就是开放，开放就是改革，改革与开放是良性互动的。不仅改革开放是一个整体，而且改革与稳定、发展也是一个整体。改革是动力、发展是目的、稳定是前提，改革是硬动力、稳定是硬任务、发展是硬道理，三者之间是紧密相连、相互促进的，是一个整体。我们只有按照改革内在、外在的整体性推进改革开放再出发，才能取得应有实效。

（六）改革开放再出发需要培养能够担当改革开放大任的时代新人

一个时代有一个时代的主题，一代人有一代人的使命。当今中国共产党的历史使命，就是为中国人民谋幸福，为中华民族谋复兴。中华民族伟大复兴需要改革开放再开路、再出发，需要改革开放的促进派与实干家来担当。担当改革开放、民族复兴伟业的时代新人不是自然而然就会出现，而是需要我们有意识、自觉地去培养、去造就。造就担当民族复兴伟业的时代新人，必须把握民族复兴伟业对时代新人的要求，这个要求就是要有坚定的理想信念，要有埋头苦干的真本事，要有担当奉献的真精神。具备这些新要求，就要学懂弄通做实习近平新时代中国特色社会主义思想。担当改革开放大任的时代新人就是能够把人民性、实践性、斗争性内化于心、外化于行的新人，就是能够把握时代大势，回答实践要求，顺应人民期待的新人，有党性和血性、决心和信心、朝气和锐气的新人，就是不忘初心、牢记使命、锐意进取、埋头苦干的新人。这样能担当改革开放大任的时代新人对于我们每个人而言不是高不可攀的，我们每个人不是改革开放再出发的旁观者，而是当事者，只要我们都争做改革开放再出发的当事者、促进者和支持者,改革开放再出发就会在中国大地变成生动实践。让我们每个人都在准确理解改革开放再出发内在要求的基础上身体力行、全身心投入改革开放的大潮中,从而在实现中华民族伟大复兴中国梦的伟大实践中建功立业。

三 从整合性上把握全面从严治党的大局和大势

党的十八大以来,以习近平同志为核心的党中央在汲取全面从严治党历史经验、立足全面从严治党基本现实、着眼全面从严治党未来走势、回应民众期待正当诉求,坚持把提高党的执政能力和领导水平作为主旨,把保持党的先进性和纯洁性作为主线,把回归党的初心和传统作为源泉,把问题导向和底线思维作为方法,把以上率下和落实责任作为环节,把依规治党和以德治党作为方略,把抓好党建作为最大政绩的基础上,以功成不必在我、功成必有我在的责任感,以时不我待、舍我其谁的紧迫感,就新形势下持续推进全面从严治党的基本问题作出了自己的探索与回答,为推进党的建设新的伟大工程、开创党的建设全新局面提供了基本遵循。要把习近平总书记关于全面从严治党的顶层主导变成党员干部的基层主流,要把全面从严治党的外在要求变成党员干部的内在自觉,需要我们从理论整合性上洞察其内在意蕴、吃透精神主旨、厘清逻辑关联。

(一) 对全面从严治党基于"重要性、必要性、必然性"进行整合性把握

首先,"办好中国的事情,关键在党"①;"中国要出问题,还是出在共产党内部"②;要从正反两方面来看全面从严治党的重要性。办好中国的事情,就是要干好中国特色社会主义伟大事业。中国共产党之所以是中国特色社会主义的最本质特征,中国特色社会主义制度的最大优势,就在于只有中国共产党才能发挥社会主义制度集中力量

---

① 《习近平谈治国理政》第 2 卷,外文出版社 2017 年版,第 43 页。
② 《邓小平文选》第 3 卷,人民出版社 1993 年版,第 380 页。

办大事的优势。中国共产党之所以能发挥社会主义制度办大事、办好大事、办大好事的优势，在于其具有思想优势、组织优势、作风优势、制度优势，具有先进性和纯洁性，具有宣传群众、组织群众、引导群众、服务群众的优势，具有民众支持的基础，在于其深刻认识到中国特色社会主义是社会主义，而不是其他主义。中国特色社会主义不是其他主义，并不代表中国特色社会主义与其他主义没有联系，而是深刻地认识到中国特色社会主义坚持发展必须建立在占有资本主义制度所创造的一切积极成果的基础上，不能因国情差异或者发达资本主义国家所存在的问题以及我们与资本主义国家之间的矛盾与斗争来否定或无视占有资本主义制度所创造的一切积极成果。资本主义制度所创造的一切积极成果，也不是完美无缺的，而是需要结合我们自己的实际进行取舍。因此，中国特色社会主义要借助资本逻辑可取之处激活自己，发挥自己的优越性，同时，中国特色社会主义也要在最大限度规避资本逻辑负面效应的前提下建设自己，也就是说中国特色社会主义既要利用资本逻辑，也要超越资本逻辑。

中国特色社会主义具有兼容并蓄与和而不同的特质，具有主体性包容、主导性包容，具有主导性包容的中国特色社会主义具有汇聚各方、整合力量办大事的功能。作为中国特色社会主义事业的领导力量，中国共产党是为民、务实、廉洁、不忘初心、保持定力、以百姓心为心的执政党，具有广泛的民众基础，具有办好中国事情的意愿和能力。中国要出问题，还是出在共产党内部。只有共产党自己能打败自己。中国共产党自己打败自己，就是自己违背自己的初衷、自己违背自己的初心、自己违背自己的宗旨、自己违背自己的内在规定性与使命，自己丧失执政能力与水平、自己放弃自己的追求与理想，自己腐败变质，不把人民对自己的信任变成为人民服务的作为，就是在思想上打败自己，在作风上打败自己，在组织上打败自己，不是坚持科学社会主义基本原则与中国实际和时代特征相结合发展中国特色社会主义，而是关起门来封闭自己，走照搬的邪路，走倒退的老路。因此，中国共产党要办好中国的事情，不让中国出问题，就必须提高自己的执政能力和领导水平，就要增强拒腐防变和抵御风险的能力。这个执政能力具体包括以管党治党、多党合作、领导社会、政党交往、网络治理为内容的基础性能力，以科学执政、民主执政、依法执政为内容的关键性能力，以党内民主、党际民主、国家民主、社会民主为内容的目的性能力，以法治、适应、学习、创新、净化为内容的保障性能力。这个领导水平，就是在大变动、大格局、大觉醒的情况下解放思想统一思想的领导能力，就是政治领导能力、经济领导能力、文化领导能力、社会领导能力、生态领导能力。这个拒腐防变和抵御风险的能力，就是在复杂的社会现实面前，防止自己腐化变质和抵御各种风险的能力。

其次，从党面临的"四大考验""四大危险"和"四大陷阱"来综合看待全面从严治党的必要性。新时期，我们党面临着长期执政考验、改革开放考验、外部环境考验、市场经济考验。面临着精神懈怠危险、能力不足危险、脱离群众危险、消极腐败危险。面临着中等收入陷阱、塔西佗陷阱、修昔底德陷阱、党大法大陷阱。这些考验、危险和陷阱都不是危言耸听，而是稍不留神就会在我们党身上发生。我们都知道苏共在有20万名党员时能够夺取政权，在有200万名党员时能够打败法西斯侵略者，而在有近2000万名党员时却亡党亡国，根本原因就是没有经受住这些考验，没有克服这些危险，没有跨越这些陷阱。对于我们这样一个拥有9600多万名党员、在一个14亿多人口的大国长期执政的超大型政党，既要应对"四大考验"和"四大危险"，又要面对"四大陷阱"，必须把全面从严治党作为根本性、基础性的战略举措，锻造打铁还需自身硬的执政党，为协调推进"四个全面"提供方向指引和政治保证。

最后，从过去先进并不代表现在先进，现在先进并不代表永远先进，过去拥有并不代表现在拥有，现在拥有并不代表永远拥有来长时段看全面从严治党的必然性。我们党作为一个为民、务实、清廉、不忘初心、心系民心、接力前行的执政党，作为一个具有先进性、纯洁性、使命感的党，这些内在必然规定性，不是自然而然、理所当然就可以拥有的，也不是一旦拥有就可以一劳永逸地维持的，而是需要我们党及时持续地自我反思、自我革新、自我净化、自我学习、自我提高、自我完善才能达到的。全面从严治党没有完成时，只有进行时，从严治党永远在路上，不是说从严治党完全靠经验，而是说全面从严治党也要坚持"对的就坚持，不对的赶快改，新问题出来抓紧解决"①的原则。全面从严治党常说常新，具有新要求、新内涵，党的事业发展到什么地步，党的建设的事业就跟进到什么地步。党的建设与党的事业具有内在同步性，我们不断地持续地坚持全面从严治党，不是说我们过去没有全面从严治党，也不是过去的从严治党没有解决问题，而是说从严治党中出现的问题需要在进一步的从严治党中解决。我们在从严治党上不能苛求前人，而是要在汲取前人经验的基础上针对新问题新形势全面从严治党，也就是说，过去不等于现在，更不等于将来；但是过去对于现在、对于将来不是没有作用的。因此我们说全面从严治党的必然性，就是要在继承过去从严治党立场、方法与原则的情况下，结合新的形势，使我们党更优秀，发展得更好。

（二）对全面从严治党基于"建设性、主体性、过程性"进行整合性把握

首先，势在必行、大势所趋的全面从严治党具有极强的建设性。这个建设性，体现在全面从严治党的核心是加强党的领导，也就是说，推进全面从严治党必须坚持党的领导，离开党的领导不可能做好全面从严治党。同时，推进全面从严治党不是为严而严，为治而治，说到底是为了更好地加强党的领导，提高党的领导能力和执政能力。具体到宗旨使命方面，突出坚持以人民为中心，聚精会神抓党的建设，确保党始终走在时代前列，更好地肩负起历史使命，始终成为中国特色社会主义事业的坚强领导核心；具体到主题主线方面，就是突出强调全面从严治党必须深化规律性认识，增强系统性、预见性、创造性、实效性，坚持标本兼治，加大治本力度，具体到严格党内政治生活方面，就是突出强调严格党内政治生活是进行伟大斗争、建设伟大工程的题中应有之义，是全面从严治党的基础，要加强和规范党内政治生活，全面净化党内政治生态；具体到纪律方面，就是突出强调纪律建设是全面从严治党的治本之策，要严明党的各项纪律特别是政治纪律和政治规矩，确保全党在思想上政治上行动上同党中央保持高

---

① 《邓小平文选》第3卷，人民出版社1993年版，第372页。

度一致；具体到群众路线和群众工作方面，就是突出强调始终保持党同人民群众的血肉联系，创新群众工作体制机制和方式方法，把群众路线贯彻到治国理政全部活动之中；具体到思想建设方面来看，就是突出强调高举伟大旗帜、坚定理想信念、增强"四个意识"，做政治上的明白人；具体到基层组织建设方面，就是突出强调把抓基层打基础作为长远之计和固本之策，全面提高基层党组织的凝聚力战斗力；具体到选人用人方面，就是突出强调确立好干部标准，改进考核办法，坚持正确用人导向，把好干部精心培养起来，及时发现出来，合理使用起来，更广泛更有效地调动干部队伍积极性；具体到作风建设方面来看，就是突出强调作风建设必须抓早、抓小、抓细、抓常、抓长，体现改革精神和法治思维，建立长效机制，领导带头、层层示范、持续努力、久久为功；具体到反腐倡廉方面，就是突出强调落实"两个责任"，减少腐败存量、遏制腐败增量，坚持标本兼治，努力实现不敢、不想、不能腐；具体到制度建设方面，就是突出强调深入推进党的建设制度改革，健全党内法规制度体系，坚持制度治党、依规治党，提高党内法规执行力。因此这个建设性是具有正能量的建设，是有丰富内涵的建设，而不是抽象的、空洞的，是具有可行性的建设，这样的建设性必然能在方向正确的前提下通过具体的措施持续推进起到应有的效果。

其次，全面从严治党的建设性是具有主体性的建设。这个主体性，就是说全面从严治党是有原则、有立场、有追求的，而不是随意的、盲目的。这个主体性，就是有主见、有方向、有目标，就是清醒地知道我们要建设一个什么样的党、如何建设党，就是知道我们全面从严治党的主题、主线、主旨、主脉，就是做到理论上清醒，实践上清醒。这个主体性体现在问题上，就是不仅通过不断发展生产力来满足人民群众的美好生活需要，而且要保持党的无产阶级先锋队性质和立党为公、执政为民的本色；体现在内容上，就是思想、组织、作风、反腐倡廉、制度建设同步进行；体现在运行机制上，就是既要解决全面从严治党的动力问题，也要解决全面从严治党的平衡问题；体现在功能上，就是既要提高党的执政能力和领导水平，又要增强党拒腐防变与抵御风险的能力；体现在方法上，就是理论与实践相结合，坚持与发展相结合，不忘初心与保持定力相结合，治党与治国相结合，思想建党、制度治党与规矩立党相结合。这个主体性是把我们党建成党的领导、依法治国、人民当家作主相统一的党，建设成为自我革新、自我提高、自我净化、自我完善的党。这个主体性，就体现在精准性上，精确意味着实事求是、敢于较劲、落细落实落小。精准性是求真的延伸，它追求的是一种认真的精神。毛泽东曾经说过："世界上怕就怕'认真'二字，共产党就最讲认真。"① 具体而言，就是突出问题导向；坚持精确聚焦，直击发展症结；坚持精确探索，化解存在风险；坚持精确评价，增强群众认同。在全面从严治党的过程中，要盯住领导干部这一关键少数，补齐制度短板，实现标本兼治。

最后，全面从严治党具有过程性。全面从严治党是一个从宽松软走向严紧硬的过程，是一个从"不敢腐"到"不能腐""不愿腐"的转变过程，是由外而内、从现象到本质、从"治标"向"治本"的实质性飞跃，是严字当头、实字托底、步步深入的过程，是坚持以上率下、上行下效、一级做给一级看、一层做给一层看的过程，是一个保持力度、保持韧劲、具体抓、抓具体、寸步不让、一抓到底、不讲特殊、不搞例外的过程，就是思想建党、制度治党与规矩立党良性互动的过程，是善作善成、强化责任，处理好部署与落实的关系的过程，是再接再厉、久久为功，处理好"常态"与"长态"的关系的过程，是统筹兼顾、全面谋划，处理好抓党建与抓发展的关系的过程，是德法兼顾、宽严相济，处理好法治与德治、他律与自律的关系的过程。是把全面从严治党纳入战略布局，着力从严从细抓管党治党，加强和规范党内政治生活，着力净化党内政治生态，严抓中央八项规定精神落实，着力从作风建设这个环节突破，严明党的政治纪律和政治规矩，着力真管真严、敢管敢严、长管长严，坚持反腐败无禁区、全覆盖、零容忍，着力遏制腐败滋生蔓延势头，惩治群众身边的不正之风和腐败问题，着力增强人民群众获得感，全面强化党内监督，着力发挥巡视利剑作用，推动全面从严治党不断向纵深发展的过

---

① 《毛泽东年谱（一九四九——一九七六）》第3卷，中央文献出版社2013年版 第249页。

程。就是党员干部不断接受教育,加强党性修养的过程。就是让广大党员"心"安才能"理"得。这个心,就是入党初心、敬畏之心、奉献之心;这个理,就是马克思主义原理、共产主义真理、兴党强国道理。毕竟,不忘初心是共产党人"心学"的大境界,"党性教育是共产党人的'心学',是党员正心修身的必修课"。①

(三)对全面从严治党基于"基础在全面、关键在严、要害在治"进行整合性把握

习近平总书记在党的十八届中央纪委六次全会上指出:"全面从严治党,核心是加强党的领导、基础在全面、关键在严、要害在治。"②

首先,"基础在全面"就是要把从严治党要求全面落实和充分体现在党的建设各领域和全过程。所谓的全面,就是要体现整体性、系统性、同步性。具体在问题上,就是针对我们党面临的"四种危险""四种考验""四大陷阱"的现实处境;具体在内容上,就是思想建设、组织建设、作风建设、反腐倡廉建设与制度建设五位一体,齐抓共管,协调推进;具体在目标上,就是实现自我净化、自我革新、自我提高、自我完善,提高党的领导水平与执政能力,增强党抵制风险与拒腐防变的能力,保持党的先进性、纯洁性。这个全面,是增量性的全面,也就是不断完善、齐头并进、协调、持续地抓紧抓牢抓好,不断细化、深化地抓的思维。

其次,坚持全面从严治党,"关键在严"。天下事必成于严。全面从严治党关键在严,就是要坚持"严字当头"的价值取向,做到标准从严、教育从严、执纪从严、惩治从严。就如习近平总书记所指出的:"党要管党、才能管好党;从严治党、才能治好党。"③"管党治

---

① 本书编写组:《坚持遏制腐败蔓延势头目标不动摇:学习十八届中央纪委六次全会精神》,人民出版社2016年版,第20页。

② 习近平:《在第十八届中央纪律检查委员会第六次全体会议上的讲话》,人民出版社2016年版,第16页。

③ 《习近平关于协调推进"四个全面"战略布局论述摘编》,中央文献出版社2015年版,第130页。

党，必须严字当头，把严的要求贯彻全过程，做到真管真严、敢管敢严、长管长严。"① 严思想建设，补精神之"钙"，铸思想之"魂"，拧紧"总开关"；严组织建设，优化党员结构，科学选用干部，健全党内政治生活，健全基层组织；严作风建设，不但要"抓小、抓早"，更要"抓常、抓细、抓长"，踏石留印，抓铁有痕；严制度建设，把权力关进制度的笼子，扎紧笼子，不留"暗门"，不开"天窗"，制度问题更带有根本性、全局性、稳定性和长期性；严反腐倡廉建设，惩治腐败零容忍，"老虎""苍蝇"一起打。也就是说，全面从严治党必须抓住思想教育这个根本，只有切实加强思想教育，促进党员干部凝心聚魂，才能守护好建党、强党、兴党的生命线；全面从严治党必须抓好从严治吏这个重点，因为吏治清明，才能政治清明；全面从严治党必须抓好作风建设这个主题，作风建设是党的建设的永恒主题，是全面从严治党的题中应有之义，也是实现干部清正、政府清廉、政治清明的必要条件；全面从严治党必须抓好制度执行这个关键，因为加强制度建设，是最可靠、最有效、最持久的治党方式。就是要坚持"严字当头"的价值取向，做到标准从严、教育从严、执纪从严、惩治从严。

最后，全面从严治党，"要害在治"。这个治是善治，也就是具有内在逻辑、具有价值导向的治，就是坚持以人民为导向的治，就是凸显人民的价值和地位。治党是一个政党赖以生存和发展的内在要求，一个政党如果解决不好"治党"难题，肯定难有作为。推进全面从严治党，既要治标，更要治本，实现治标与治本统筹兼顾，就是真治、常治，就是从严治吏、正风反腐、严明纪律，从转变作风入手，通过反腐败发力、用制度做保障、用信仰塑灵魂，从小到大、从外到内、固本培元。也就是说，全面从严治党，要害在治，就是必须抓好思想教育这个根本，抓好严明纪律这个关键，抓好选人用人这个导向，用好组织生活这个经常性手段，抓好继承与创新这两个关键环节，全面落实党内监督责任，突出抓领导干部特别是高级干部这个关

---

① 习近平：《在庆祝中国共产党成立95周年大会上的讲话》，人民出版社2016年版，第23页。

键。就是要坚持问题导向，从细处入手，向实处着力，一环紧着一环拧，一锤接着一锤敲，才能积小胜为大胜，只有严要求、动真格，真实抓、抓真实，才能真正达到治的预期目的。这个治，就是在内容上找准"切入点"、在方法上建立"支撑点"、在平台上打造"对接点"，富有针对性地精准地治。

总之，从整合性上把握全面从严治党的大局与大势，就是要从办好中国的事情关键在党与中国出问题还是出在共产党内部两个方面来认识全面从严治党的重要性；从我们党面临的"四大考验""四大风险"与"四大陷阱"来认识全面从严治党的必要性；从过去先进并不代表现在先进，现在先进并不代表永远先进，过去拥有并不代表现在拥有，现在拥有并不代表永远拥有来长时段看全面从严治党的必然性；从自我净化、自我完善、自我革新、自我提高与思想、组织、作风、反腐倡廉与制度方面认识全面从严治党的建设性；从具有主导的包容与针对问题的精准两方面认识其主体性；从思想建党、制度治党、规矩立党相互渗透来认识其过程性；从全面从严治党的基础在全面、关键在严与要害在治认识其内在规定性。全面从严治党的大局与大势需要我们整体性把握，整合性厘清，从而在思想上自觉、行为上坚守、效果上见成效的基础上推进全面从严治党向纵深发展，进而在党的带领下实现国家富强、民族复兴、人民幸福的中国梦。

第八章 人类命运共同体：中国式现代化的世界意义

一 马克思共同体思想：历史逻辑、内在价值、现实感召

马克思在对自然共同体的论述、对虚幻政治共同体的批判的过程中产生了共同体思想，其主要目标在于实现自由人的联合体。虽然共同体的实现距当下时代发展仍然有一段距离，但马克思的共同体思想对中国的现实感召是深刻的，它能够强化现代化建设中人民的主体地位；能够促进构建和谐社会；能够为构建人类命运共同体提供行动指南。

（一）马克思共同体思想的历史逻辑

马克思的共同体思想是基于对自然共同体的论述、对虚幻共同体的批判和对真正共同体的论断形成的。自然共同体是产生在资本主义时代之前的共同体，这种共同体在空间上具有封闭性、在地域上具有限制性。虚幻的共同体是资本主义国家用来剥削工人阶级、榨取剩余价值的工具，在这种共同体中，人的自由而全面发展、人类的全面解放的目标无法实现，它是虚假的共同体。马克思通过对自然共同体的论述、在对虚幻共同体的批判的基础上提出了构建真正的共同体即自由人的联合体。

1. 马克思对自然共同体的论述

马克思指出，人类社会经历了自然共同体、虚幻的政治共同体之后开始进入真正的共同体，并且分析了自然共同体的特征。马克思认

为:"在这种土地所有制的第一种形式中,第一个前提首先是自然形成的共同体。家庭和扩大成为部落的家庭,或通过家庭之间互相通婚[而组成的部落],或部落的联合……所以,部落共同体,即天然的共同体,并不是共同占有(暂时的)和利用土地的结果,而是其前提。……土地……既提供劳动资料,又提供劳动材料,还提供共同体居住的地方,即共同体的基础。"① 因此,自然共同体的两大基本特征就是:共同体中的成员均是具有血缘关系的,土地是共同体获取物质材料、进行物质交换的基础。

最早的自然共同体是与血缘关系紧密联系的,血缘关系在共同体中的表现就是家庭、部落的形成,这也是人类历史上形成的最早的社会形态。正是以血缘关系为特征形成的"天然的共同体",打破了单个人对生产资料独自占有的现实,使得共同体中的每个人都有了对土地的共同所有权和使用权,共同体中的成员也都自觉地认为是部落的一部分,能够共享集体的劳动成果。然而,原始人类选择共同体的生活方式只是为了安全生存和抵御外来侵略,这种生活方式只是体现了每个人的共同体利益,而个人的正当利益不能得到正当的实现,因此这种社会形态不是最理想的社会形态。

2. 马克思对虚幻的政治共同体的批判

马克思分析了在自然共同体的基础上,随着社会生产力的不断发展,出现了社会分工,生产分工使得个人与共同体之间产生对立。在不断追求财富的过程中,个人的特殊利益需求不断增加,这就导致个人利益与社会利益相分离的趋势开始出现,也造成了个人与社会大生产之间的对立。因此,最初人类生活方式的基本特征,人与人之间的依赖关系逐渐消亡,取而代之的是人对物的依赖关系。在发展的过程中,由于对物质财富的不断追逐,使得个人的利益与群体的利益出现了不一致,个体为了满足个人的物质需要,开始利用不同的手段,表现出不同的独立性,个人利益与共同利益出现了相背离的状态,个人与共同体开始出现分离,自然共同体的解体就成为社会的必然趋势。为了协调个人与共同体之间的关系,"虚幻的政治共同体"这一新的

---

① 《马克思恩格斯文集》第 8 卷,人民出版社 2009 年版,第 123—124 页。

社会形态应运而生。因此以"血缘关系"为特征的自然共同体解体，过渡到了政治共同体。马克思认为，这种政治共同体不是建立在血缘关系上的，而是建立在利益关系上。马克思从共同体内部的发展角度分析了国家的产生与私有制的关系。他指出，正是由于私有制的确立，这时的政治共同体与之前产生的自然共同体和封建共同体截然不同，以利益关系为基础的国家，是统治者实现自己利益的工具，共同体为了进一步获得共同利益，在共同体中建立了一种与个人利益和家庭利益相对立的虚幻的共同体，即国家。

个人利益与共同体利益的对立在资本主义时代发展到顶峰，资本主义社会开始出现两大矛盾：生产资料私人占有与社会化大生产之间的矛盾。马克思认为，在这种虚幻的政治共同体中，工人阶级不再是机器的主导力量，而是成为机器的附属品，机器奴役和控制人，而不是人控制机器，人与机器之间有着不可调和的矛盾。资本家为了不停地榨取剩余价值，对无产阶级进行残酷的剥削和压榨。因此在政治共同体中，每个社会成员的利益都没有得到实现，政治共同体反而成为统治阶级用以统治和剥削的政治工具。马克思提出，为了摆脱统治阶级的压迫，消灭社会分工，只有将无产阶级联合起来进行革命，才能摆脱资产阶级的束缚与压迫。

3. 马克思对真正共同体的科学阐释

马克思站在无产阶级和广大人民群众的立场上，揭示了人类共同体的历史及未来发展趋势，从人类社会中分化出共同体之后，共同体的未来发展趋势是从自然共同体到社会共同体再到自由人的联合体，即真正的共同体。

马克思提出了真正共同体的本质内涵，指出："人的本质是人的真正的共同体。"[①] 真正的共同体是以现实的人为前提的，而非现实利益，其最终价值追求是形成自由人的联合体、实现人的自由全面发展。在真正的共同体中，每个人都摆脱了机器的束缚、脱离了异化物的控制，都能够自由、平等、全面地发展，个人的主观能动性能够得到充分的发挥，独立的个人能够拥有自己的个人生活，而不再是被机

---

① 《马克思恩格斯全集》第 3 卷，人民出版社 2002 年版，第 643 页。

器压迫、剥削的生活。社会都是由个人组成的，社会的发展归根结底就是人的发展，在真正的共同体中，人与人的关系不再是压迫与被压迫的关系，共同体打破了私有制导致的剥削与被剥削的雇佣关系，阶级被消灭，阶级之间的矛盾也不复存在。"真正的共同体"表达了一种共同体对个人自由和全面发展的人文关怀和价值引导，只有在这个共同体中，个人才能满足其全面发展才能的需要，每个人能够在这个共同体中得到自由而全面的发展。这样的共同体思想不再是一种纯粹的空想，更不是无现实基础的上层建筑，而是马克思以人的实践活动为基础，运用历史唯物主义的方法来看待人和社会发展的必然结果。"真正的共同体"就是自由平等的共同体，在这个真正的共同体的生产生活中，每个独立个体的需求都能够得到充分的满足，每个独立个体的个人价值都能够自由平等地实现。

马克思共同体思想充分体现了辩证法和唯物史观，它的形成和发展都是为马克思的人类解放思想而服务。

（二）马克思共同体思想的内在价值

1. 生产价值

共同体要想生存与发展，必须进行生产活动和再生产活动，马克思认为，生产活动是人类历史活动的第一个前提。这就是说，人首先要活着，为了活着就必须去生产，通过生产活动创造物质财产，以便满足人的吃喝穿住，这是人们从事其他活动的前提，也就是说物质生产活动是人的首要的、第一位的活动。人类的生产活动首先创造了人类赖以存在的物质财富，保证了人类肉体的存在，并决定着肉体组织形式。当人类创造了一定的物质财富时，人类借助这些物质能量，发挥自己的聪明才智，从而创造精神财富。只有拥有了丰富的物质条件和精神财富，才能够满足共同体成员的物质和精神需要。人类在借助物质财富的基础上，发挥个人的才智与能力，创造出精神财富。为了能够使这种财富源源不断，人们必须不断地创造出创造财富的主体，也就是人的繁衍。如果一个共同体中没有一定数量的人口，这个共同体就难以生存下去，同时一个共同体的人数超出了共同体本身所能容纳的人数，共同体也无法走下去。例如，罗马帝国的对外扩张和征服一方面使罗马变得强大，另一方面也因为不堪扩张和侵略带来的重负而走向瓦解。这就是说，人口既对共同体的发展有促进作用，同时也可能促使共同体走向瓦解，当人口的发展适应共同体自身的承受能力和整合能力时，就对共同体发展有促进作用；当人口的发展超出了共同体自身的承受能力和整合能力时，就对共同体发展起到阻碍作用。在马克思看来，其根本原因在于，人口的发展与共同体的发展相适应，且取决于生产力的发展程度。只有生产力的发展足以保证人口的发展和共同体的发展相适应时，二者才能够共同发展。

2. 教育价值

共同体为了自身的发展，为了维护共同体内部的和谐稳定，必须承担一定的教化功能和教育功能。但是教育价值的实现是随着社会历史的变化而变化的，比如，古希腊就承担着教化城邦公民的责任，使城邦趋于稳定，公民是拥有美好德行和遵纪守法的好公民。随着国家的产生、生产力的进步、生产工具的改进，人类的视野开始转变，从之前的向善到人与人的关系、人与自然的关系。这种历史的变化，促进共同体的内容发生变化。市民社会出现后，人的关注点开始向怎么保护自己的私有财产转变，这种以权利为先的理念取代了之前的理念。因此，只要共同体存在，共同体的教育功能就会一直随着共同体历史的发展而变化。

3. 政治价值

共同体在形成过程中就需要管理共同体中的人员，管理就是少数人对多数人的政治权力实现的过程，使多数人服从少数人的管理、教化，从而构建一个和谐稳定的共同体。在管理的过程中，一些人由于能力突出，在教化的过程中提出建立法律规范，所有人都要遵循这些法律规范，因此共同体的政治功能在于管理规范共同体中的人员。在共同体中，政治是一把双刃剑，当生产关系适应生产力的发展时可以促进经济的发展，当生产关系不适应生产力的发展时，政治对共同体的发展就起阻碍作用，因此，在发展经济的同时，要随着生产力水平的变化变革生产关系、政治制度，使新的共同体代替旧的共同体。

(三) 马克思共同体思想的现实感召

1. 协调人自身的关系：强化中国建设中的人民主体地位

马克思认为："全部人类历史的第一个前提无疑是有生命的个人的存在。"[①] 这可以理解为马克思的现实的人理论的逻辑起点。人是有肉体组织的存在物、生命体，这是人的自然属性，是人作为生命本质及其活动的物质载体，也是人得以生存的物质基础。

现实的人具有自然属性，这是因为自然界是人类赖以生存的有机体。人是一个有生命的存在，需要满足肉体组织的需要，需要生存，自然界是人类生存的基础，人类必须借助外界工具来对自然界进行对象化活动，也就是说，现实的个人要生存首先要在自然界进行物质财富的生产，在人与自然界发生物质交换的活动的过程中，历史产生了。在人类社会发展的历史进程中，人民群众始终是作为推动社会历史发展的主导力量出现的。人民群众不仅仅是通过生产力的发展和生产方式的变革来影响社会的具体发展走势，而且能够通过参与上层建筑的变革，决定社会形态的变迁。

因此，在中国特色社会主义建设中，建设的主力军是人民群众，要坚持发挥人民群众的主导力量。人民是历史的创造者，是社会建设的推动者，也是真正共同体的构建者。太多的历史表明，坚持人民群众的主体地位是党和国家发展的动力，任何时候，党和国家都不能放弃人民群众的主体地位。为此，人民应该发挥其主观能动性，立足现实，根据主体的需要来推动中国特色社会主义建设。从经济层面来说，必须在坚持交换价值原则的同时强调使用价值原则，保障经济的发展是为了人民，发展成果由人民共享，人民能够充分发挥其主观能动性，经济发展万万不能是为了资本增殖。马克思很早就意识到了资本增殖的虚假性，并且试图破解这种具有极强的扩张性的资本增殖，建立一种真正的共同体，使得人类自由而全面发展。政治层面来讲，在政治建设中充分发挥人民民主，一切发展都是为了全心全意服务人民，为了更好地解决人民关切的、亟待解决的现实问题，只有始终坚

[①]《马克思恩格斯文集》第 1 卷，人民出版社 2009 年版，第 519 页。

持以人民利益为中心的发展理念,国家才能够繁荣富强,人民才能幸福和安全。

2. 协调人与人之间的关系:推进和谐社会的构建

在资本主义社会中,人与人的关系被异化,人的自然属性被异化,人与人之间的关系是敌对的、冲突的。而在真正的共同体中,消灭了社会分工,人可以自由地发展自己的兴趣爱好。每个人不再受客体的压迫和奴役,人与劳动的关系也变得和谐。在这个社会中,每个人都喜欢并享受劳动,这种劳动区别于资本主义制度下的劳动,劳动不再是使人异化的客体。中国想要建设的是社会主义和谐社会,那么和谐社会必定是公正法治、自由平等的人与人、人与自然和谐相处的社会。和谐社会主要包括人自身的和谐,人与人的和谐;社会各阶层的和谐;个人、社会与自然的和谐;整个国家与外部世界的和谐。在这中间,最重要的是人与人之间的和谐。作为历史的创造者,所有的和谐必然是基于人这个主体来展开的。因此,实现人与人之间的和谐是构建和谐社会的中心点,人与人之间的和谐必然要处理好人与人之间的利益关系。从我国现阶段来看,由于实行的是公有制经济为基础、多种所有制经济共同发展的基本经济制度,发展的是社会主义市场经济体制,因此,个人之间、机构乃至地区之间的经济利益都不甚相同,出现影响和谐关系的因素必然是有的。对此,一方面,我们要毫不动摇巩固和发展公有制经济,以正确的价值观来引领社会主义市场经济的发展,在发展经济的过程中要合乎人民的利益,不应该让经济发展成为少数人发财致富的场所和工具。另一方面,我们应该建立合理、公平的利益分配管理机制,利益分配中坚持公平与效率的平衡点,既要坚持公平,又要坚持效率,以更好地协调好利益关系,促进社会健康发展。

3. 协调人与世界的关系:为人类命运共同体的构建提供行动指南

人的自由而全面发展是马克思共同体思想的价值目标,在马克思看来,真正的共同体有着"在那里,每个人的自由发展是一切人的自由发展的条件"[①]的前提。在真正的共同体中,共同体的成员摆脱了

---

① 《马克思恩格斯选集》第1卷,人民出版社2012年版,第422页。

物的依赖性，消除了异化劳动，充分实现自己的自由和发展。每个独立个体的需求都能够得到充分的满足，每个独立个体的个人价值都能够得到自由的实现。"真正的共同体"表达了一种对个人自由和全面发展的终极价值关怀，只有在这个共同体中，个人才能获得全面发展其才能的手段，每个人才能够在这个共同体中得到自由全面发展。这样的一种共同体思想不再是一种纯粹的空想，更不是无现实基础的上层建筑，而是以人的实践活动为基础，运用历史唯物主义的方法看待人和社会发展的必然结果。

虽然我们还不具备形成真正共同体的条件，但它实际上已为我们共同面对的全球性问题提供了一种解决思路、实践路径。从人文价值层面来讲，马克思"真正共同体"思想与习近平总书记提出的构建人类命运共同体是有相通之处的，二者的构建都是为了实现人的自由平等发展，马克思关于"真正的共同体"的思想为构建人类命运共同体指明了前进方向。首先，在当今国际社会，由于资本主义国家的资本增殖使得国家之间的发展水平差距变大，发达国家利用资本来不同程度地获取剩余价值，马克思正是在揭露剩余价值的虚假性的基础上才提出"真正的共同体"，人类命运共同体的构建就是在对马克思"真正的共同体"思想借鉴的基础上形成的。其次，国家之间的问题不仅仅是经济问题，还包括政治、文化、生态等多层次的复杂的问题，而这些问题的解决离不开任何一个国家，各国只有通力合作才能够解决世界性的问题。最后，面对全球性的种种挑战，中国作为一个大国同样有责任和义务来应对挑战。面对这些挑战，虽然走向真正的共同体的条件不够成熟，但我们必将实现"真正的共同体"的构建，人类命运共同体的构建是通往真正共同体的过渡阶段，是马克思"真正的共同体"思想为我们提供了解决思路和实践方向，为世界发展贡献了中国方案和中国力量，进一步促进了人类命运共同体的构建。

二 构建人类命运共同体的唯物史观分析

构建人类命运共同体是以习近平同志为核心的党中央站在新的历史起点上，从全人类的共同利益出发，为解决世界难题给出的中国方案。人类命运共同体，顾名思义，就是每个民族、每个国家的前途命运都紧紧联系在一起，应该风雨同舟、荣辱与共，努力把我们生于斯、长于斯的这个星球建成一个和睦的大家庭，把世界各国人民对美好生活的向往变成现实。因此，从马克思主义唯物史观出发，揭示资本主义全球化的实质，追溯人类社会"共同体"的形成与发展，重温马克思关于"人的解放"思想的多重意蕴，并分析探讨构建人类命运共同体的合理性和必要性，可以为人类命运共同体理念的广泛传播提供强大的理论支撑，从而进一步推动人类命运共同体的成功实现。

（一）人类命运共同体的构建与世界历史的演进

马克思世界历史理论揭示了人类历史发展的前途命运和直接动力，他认为，只有到了资本主义社会人类才真正进入世界历史时代，而推动人类历史不断向前发展的直接动力是生产力与生产关系的矛盾运动。当代全球化是资本主义主导下世界历史时代的产物，随着生产力的迅速发展，旧的全球化体系需要进行更新。人类命运共同体的构建将为全球化提供一种全新的发展图式，使全球化能够真正为世界各国的共同发展和进步创造有利条件。

1. 全球化的缘起：人类历史向资本主义世界历史时代的转变

在马克思看来，"劳动"是一切人类历史的起点，当人类开始生产物质生活资料的那一刻，人类的历史也就开始了。人类社会从原始状态一步步发展到今天，其根本原因是生产力的发展。在人类社会早期，由于生产力水平的逐步提升，部落内部开始出现分工。只是由于初期生产力水平较低，分工也只是处于不发达阶段。后来，随着人类社会生产力水平的迅速发展，社会内部的分工越来越精细，分工的范围也越来越大，由此催生出越来越先进的社会制度。到了资本主义时代，生产力呈爆炸式增长，"资产阶级在它的不到一百年的阶级统治中所创造的生产力，比过去一切世代创造的全部生产力还要多，还要大"[①]，随之而来的就是生产和分工的全球化。

---

① 马克思、恩格斯：《共产党宣言》，人民出版社2018年版，第32页。

资本主义生产力的发展和生产关系的变革,开启了"全球化时代"。当今的全球化,是资本主义发达国家主导下的全球化,是为了满足资本扩张的需要而建立的。18—19世纪,英国率先发起第一次工业革命,西方各国紧跟其后。工业革命引起的生产力的迅速发展使西方各国加速迈入资本主义时代,各国相继发生资产阶级革命,建立了资本主义政治制度体系。同时,因为资本主义社会中个别工厂生产的组织性和全社会生产的无政府状态的对立而导致生产过剩,进而引发周期性经济危机。这使资本家在本国所能够剥削的利润迅速达到顶峰。由于资本的逐利本性,当本国的市场达到饱和后必然会力求开发新的、更广阔的市场,以追逐更高的剩余价值,赚取更多的利润。随着世界市场的扩大,世界各地区、各民族之间的交往和活动范围也相应地扩大,逐渐摆脱了以往的原始封闭状态,人类世界开始出现"全球化"的雏形。在全球化的发展进程中,"各民族的原始封闭状态由于日益完善的生产方式、交往以及因交往而自然形成的不同民族之间的分工消灭得越是彻底,历史也就越是成为世界历史"[①]。由此可见,"资本主义真正开创了人类历史发展的新时期——资本主义世界历史时代"[②]。

2. 全球化发展的新图式:人类命运共同体的构建

全球化发展到今天,其内部的矛盾和冲突积累得越来越多。资本主义发达国家主导下的全球化体系,最初就是为了剥削全世界人民、赚取超额剩余价值而构建的,它从一开始就是不平等的,是一套为资本剥削全世界提供合理性的、"吃人"的体系。在全球化的初期,发达资本主义国家可以凭借自身与其他国家和地区因生产力水平的高低而产生的巨大国力差距,而直接采用暴力的形式对其进行剥削和镇压。但是第二次世界大战后,因为全世界范围内民族解放运动的兴起,使资本依靠暴力掠夺全世界的条件已经不复存在。资本为了维护自身的利益,对全球化体系进行了重塑,使全球化以更加隐蔽和看起来似乎很人性化的手段继续为其谋利。所以,对全世界进行剥削仍是

---

① 《马克思恩格斯选集》第1卷,人民出版社2012年版,第168页。
② 邓纯东:《人类命运共同体思想研究》,人民日报出版社2018年版,第191页。

当今全球化的本质。当然，全球化也确实在一定程度上加速了资本的迅速流动，促进了世界范围内生产力水平的巨大进步。现今，只有打破这种旧的全球化，建立一个以每个人的自由全面发展为目的的新型全球化，才能从根本上解决现在全球化所存在的一系列矛盾和问题。因为现在的全球化即社会形式，已经不适应全球生产力发展的现实状况。

推动构建人类命运共同体是中国应时顺势提出的，为解决全球化问题，使生产关系重新适应生产力的可行性方案。这一方案突出了人在全球化中的主体性地位，主张建立更加公平的、有利于各国共同发展的全球化。恩格斯指出："一切社会变迁和政治变革的终极原因……应当到生产方式和交换方式的变革中去寻找……应当到有关时代的经济中去寻找。"[1] 进入21世纪以来，现代科学技术迅速发展，"新的生产力已经超过了这种生产力的资产阶级利用形式"[2]。一方面，新兴的发展中国家因为生产力水平和经济的快速发展，开始在国际社会上争取更多的话语权和相应的国际地位。而老牌资本主义国家仍把持着旧的国际政治经济秩序不愿放手。另一方面，由于资本的自私本性，西方资本主义国家在面对全球化过程中出现的问题时，不是想着正面解决，而是首先维护自身的既得利益，以相互"甩锅"、逃避的方式来应对。近年来，发达资本主义国家为了保护本国市场、扭转贸易逆差，不惜采取逆全球化政策，纷纷提高贸易壁垒，实施贸易保护主义。特朗普的"美国优先"、英国脱欧公投等无不显示出资本的自私本性。构建人类命运共同体就是要改进现有的全球化体系，因为一切全球化问题的源头便在于生产方式和交换方式的变更，所以我们就要重新建立起符合现代生产方式和交换方式的整套体系，人类命运共同体便是不二的选择。总之，构建人类命运共同体是顺应世界历史演进趋势的，能够以和平方式解决当今全球化问题的根本措施。

---

[1] 恩格斯：《社会主义从空想到科学的发展》，人民出版社2018年版，第61页。
[2] 恩格斯：《社会主义从空想到科学的发展》，人民出版社2018年版，第62页。

（二）人类命运共同体的构建符合人类社会发展样式与轨迹

在马克思看来，人类社会发展到今天，其根本原因是生产力的发展，随着生产力的不断提高，人类依次经历了"自然形成的共同体"和"虚幻的共同体"，而最终目标是要实现"真正的共同体"。目前，人类正生活在以物的依赖性为基础的"虚幻的共同体"。人类命运共同体的构建就是要使人类摆脱"虚幻的共同体"，在马克思共同体思想的基础上，以一种极具创造性的方式为"真正的共同体"的实现积聚力量。

1. 人类命运共同体：人类社会发展的最新指向

"人类社会起源于共同体，整个人类的历史都是在共同体的发展中展开和演进的。"[①] 最开始是"自然形成的共同体"，与此相适应的是"人的依赖关系"。在原始社会早期，受制于生产力发展水平，个人的生存高度依赖共同体的存在。首先，表现为对血缘的依赖性；其次，个人只有通过集体的力量，以共同体的方式才能在原始状态中获得生存；最后，个人只是共同体的附属物，个体的特殊利益和主体性都被严重压制。随着生产力的不断发展，社会分工也越来越精细，而分工必然导致矛盾，因为"分工使精神活动和物质活动、享受和劳动、生产和消费由不同的个人来分担这种情况不仅成为可能，而且成为现实"[②]；为应对这种情况，"共同利益才采取国家这种与实际的单个利益和全体利益相脱离的独立形式，同时采取虚幻的共同体的形式"[③]。在马克思看来，资本主义社会就是一种"虚幻的共同体"，与此相适应的是"以物的依赖性为基础的人的独立性"。这种"虚幻的共同体"表面上代表着全体社会成员的利益，其本质上只代表少数人即资本家的利益。在资本主义社会中，个人的自由以财产权的支撑为基础，对于统治阶级即资产阶级来说，他们的个人自由是真实存在的。但对于被统治阶级而言，他们获得的只是"虚幻"的个人自由。这种共

[①] 王公龙：《构建人类命运共同体思想研究》，人民日报出版社2019年版，第11页。
[②] 《马克思恩格斯选集》第1卷，人民出版社2012年版，第162—163页。
[③] 《马克思恩格斯选集》第1卷，人民出版社2012年版，第164页。

同体虽不是理想的共同体，但它为人类解放提供了强大的物质力量，从生产力的不断发展来看，"虚幻的共同体"也必然会被更高水平的共同体所取代，人类社会未来必将建立一种"真正的共同体"。

自20世纪70年代以来，在交通、通信和信息等技术迅速发展的推动下，全球化深入发展，世界各地的相互依赖程度更强、范围更广，一国或一地区发生的事情可能会影响全世界。在诸如气候变化、环境污染、重大传染性疾病等全球性问题面前，没有哪一个国家能够独善其身，也没有哪一个国家可以独自应对这些问题。在马克思和恩格斯看来，构建"真正的共同体"即"自由人的联合体"，必须用暴力推翻资本主义制度，采取革命的形式来实现这一伟大目标。习近平总书记的"人类命运共同体"理念就是在马克思主义经典作家的基础上，为顺应世界大势和人类社会发展趋势而提出的一种新型国际概念，是采取和平方式解决世界问题的伟大构想，是对马克思关于"真正的共同体"思想的创造性发展。因为采取暴力的手段来建立"真正的共同体"这一途径并不符合现今世界的大环境。就目前来看，一方面，虽然资本主义制度暴露出来的弊端越来越多，但是其生产力还有进一步发展的空间，全世界范围内，发达资本主义国家依然占据着科技的制高点。用马克思的话来说："无论哪一个社会形态，在它所能容纳的全部生产力发挥出来以前，是决不会灭亡的。"[①] 另一方面，自第二次世界大战后，各国人民普遍希望建立一个持久和平、安全稳定的世界，且因为全球化的深入发展，世界各国经济高度融合，牵一发而动全身，战争的代价太大，人们内心深处不希望发生任何大规模的军事冲突。总之，构建人类命运共同体，是解决现今全球性问题的最佳方案，也是人类社会发展的最新指向。

2. 人类命运共同体：向"真正的共同体"的实现迈进了一步

马克思在对"虚幻的共同体"进行扬弃的基础上，提出建立自由人的联合体，他认为这种联合体才是"真正的共同体"，也只有这样才能最终实现人的解放和社会问题的解决。但是"只有在生产力发展到一定阶段，才有可能提出建立'自由人的联合体'的历史任务"。

[①]《马克思恩格斯选集》第2卷，人民出版社2012年版，第3页。

"没有生产力的高度发展,'真正的共同体'只能是空中楼阁。"① 进入 21 世纪后,现代科学技术领域虽取得了突飞猛进的发展,但现今的生产力水平还不足以支撑全世界建立"真正的共同体"。而"人类命运共同体"便是一种高于"虚幻的共同体"同时又低于"真正的共同体"的一种过渡形式,是人类社会迈入"真正的共同体"的准备阶段。在人类历史中,无论是第一次世界大战后建立的凡尔赛—华盛顿体系,抑或是第二次世界大战后建立的雅尔塔体系,都是在大战后由战胜国组织建立的,是战胜国对全球利益的重新分配。而当今世界正经历百年未有之大变局,世界自第二次世界大战以来建立的国际秩序正面临瓦解和崩溃,动荡、冲突、失衡的一面十分突出,世界急需建立一种符合大多数国家切身利益和发展诉求的新秩序。但与此同时,世界和平发展的大趋势并没有改变。习近平主席敏锐地洞察了目前的国际形势,抓住了全球性问题的关键所在,于 2013 年 3 月在莫斯科国际关系学院发表演讲时首次向世界阐述了"人类命运共同体"理念,指出"这个世界,各国相互联系、相互依存的程度空前加深,人类生活在同一个地球村里,生活在历史和现实交汇的同一个时空里,越来越成为你中有我,我中有你的命运共同体"②。

构建人类命运共同体,就是要建设一个持久和平、普遍安全、共同繁荣、开放包容、清洁美丽的世界。在这个共同体中,共存共在是前提,共商共建是方式,共赢共享是结果。这也就意味着,首先,世界各行为主体要自觉承认其他行为主体的合法存在,即任何国家都要承认其他主权国家的存在。同时,人类也要意识到人类社会和自然界是一种共生关系,要尊重并顺应自然。其次,世界各行为主体要共同参与全球性问题讨论及其治理,尤其要加强非西方世界、非资本主义力量在全球事务中的参与度。同时,还要做到责任共担,让每个国家承担的责任与其自身的能力相匹配。最后,人类命运共同体的构建要确保所有全球事务的参与国都获得其应有的收益,这样可以有效维护

---

① 王公龙:《构建人类命运共同体思想研究》,人民日报出版社 2019 年版,第 27 页。
② 中共中央宣传部:《习近平新时代中国特色社会主义思想三十讲》,学习出版社 2018 年版,第 286 页。

国家安全、维持世界稳定。可以看出"人类命运共同体"与"虚幻的共同体"相比是人类社会发展的巨大进步，而它也距离人类建立"真正的共同体"的目标又近了一步。其一，在"真正的共同体"中，人与人、人与自然之间的矛盾得以解决。"人类命运共同体"理念主张人与自然和谐相处，虽然没有提出解决人与人之间矛盾的相关方案，但其主张各主权国家之间相互尊重、良性互动，为一定程度上解决国与国之间的矛盾提供了可行性方案，距离人与人之间矛盾的解决更近了一步。其二，在"真正的共同体"中，每个人都能够获得自由而全面的发展，"人类命运共同体"虽然还没有达到这一高度，但它主张世界各行为主体共同参与全球治理，并给予每个国家平等发展的机会，任何国家都能够在全球事务中发挥自己的优势，尤其要鼓励第三世界国家和发展中国家积极参与国际秩序的构建和全球事务的治理。这样，国家层面的全面发展为每个人的全面发展奠定了基础。

（三）人类命运共同体的构建推动了"人的解放"的行进步伐

从古至今，人类不断地追求自身的解放是一种必然的趋势。马克思认为人的解放是一个漫长的过程，其解放的程度与生产力的发展水平紧密相关。因而生产力的发展所引起的每一次新的共同体的构建都是"人的解放"的进一步发展，"人类命运共同体"的构建亦遵循了这一规律。在马克思关于"人的解放"的思想中，"人的解放"蕴含"政治解放""劳动解放""社会解放""人的个性解放"等多重意蕴。"人类命运共同体"的构建将使人类在这四个方面均取得不同程度的进展，距离"人的解放"的真正实现更近一步。

1. 国家间主权平等与"政治解放"

在马克思看来，"政治解放"是"人的解放"的前提。他在《论犹太人问题》中指出，政治解放"是同人民相异化的国家制度即统治者的权力所依据的旧社会的解体"[①]。人类从封建社会进入资本主义社会，只是摆脱了封建专制统治实现了资产阶级的政治解放。马克思认为，要实现真正的政治解放、消灭一切阶级和压迫，只有"无产

[①] 《马克思恩格斯文集》第1卷，人民出版社2009年版，第44页。

阶级用暴力推翻资产阶级而建立自己的统治"①。政治解放的实质是实现主体之间的权力平等。就人类社会当前的发展状况而言，真正实现人与人之间权力平等的时机还尚未成熟，但是倡导实现世界各行为主体即国与国之间权力平等的条件已经具备。国家间主权平等在国际交往中是尤为重要的，主权是国家独立的根本标志，也是国家利益的根本体现和可靠保证。当前，旧的国际秩序正面临瓦解，各国之间发展严重不平衡，恃强凌弱、赢者通吃已成为常态。尤其是近些年来，地区冲突不断，恐怖袭击时有发生，民粹主义也有抬头的趋势。在这种国际环境下，越来越多的国家开始谋求改变，渴望建立有利于各国共同发展、平等相待的新型国际秩序。同时，虽然目前的国际形势很紧张，但是还没有到非暴力革命而不可解决的地步，再者因为大国之间的核捆绑以及彼此之间的贸易往来，各国之间利益牵扯太多，所以世界各国还是希望能够通过和平的方式来解决问题。人类命运共同体理念便主张以和平的方式建立新型国际关系，倡导国家间主权平等，世界各行为主体在相互尊重其主权的基础上，开展友好合作，共同参与国际秩序的构建和全球事务的治理，实现互利共赢。当然，发达国家和地区也要在维护其利益的同时积极帮助欠发达国家和地区，某些政策的制定在适当的情况下向欠发达国家和地区予以一定的倾斜，从而实现互利共赢、共同发展。这样，国与国之间便不存在剥削和压迫，可以说一定程度上实现了各个国家的"政治解放"。

2. 倡导共享共赢与"劳动解放"

马克思认为，劳动是人与动物相区别的根本标志，是人的类本质的真正体现，正是劳动创造了人和人类社会。劳动和劳动产品都应属于劳动者本身所有，并由劳动者自由支配。但是在资本主义社会，资本家通过雇佣劳动制使工人将自己的劳动作为商品出卖给资本家，而资本家为了榨取更多的剩余价值，付给工人的工资"几乎只限于维持工人生活和延续工人后代所必需的生活资料"②。在此状况下，开始出现"异化劳动"现象，即劳动产品与劳动者相异化、劳动行为与

---

① 马克思、恩格斯：《共产党宣言》，人民出版社2018年版，第39页。
② 马克思、恩格斯：《共产党宣言》，人民出版社2018年版，第34页。

劳动者相异化、人的类本质与人相异化、人与人相异化。要消灭"异化劳动"最根本的途径就是要大力发展生产力、消灭私有制，使社会全部生产资料集中在联合起来的个人手中，创造的成果由全体社会成员共享。而现今社会生产力水平还达不到将全部生产资料公有化的条件，但是我们可以建立一个发展利益由全体成员共享、以互惠互利为基本原则的利益共同体。因多年来全球化的深入发展，各国经济高度融合，本就形成了你中有我、我中有你的利益共同体。人类命运共同体的使命就是使各国在追求本国利益时兼顾他国合理关切，使利益共同体体现互利共赢的特征。通过建立人类命运共同体，倡导共享共赢的理念，有利于使世界各国逐渐摒弃你输我赢、零和博弈的传统思维方式，在合法合理的范围内与他国进行公平竞争，以实现本国利益的最大化。这样，世界各国尤其是欠发达国家都将更加积极地参与到国际事务中去，也将在尽可能的情况下使自身获得更大的发展。最终使国与国之间的关系更加和谐，世界更加美好，距离"劳动解放"的实现也更近了一步。

3. 追求公平正义与"社会解放"

人类社会自形成以来之所以一直有剥削和压迫现象，其根本原因在于阶级。因生产力水平的限制，人类所生产的物质生活资料还不够丰富，所以总是导致社会成员为自身谋求财富占有量的最大化，使社会财富分配严重不均衡，社会划分为不同的阶级，统治阶级剥削压迫被统治阶级已成为一种常态。到了资本主义社会，由于机器和工厂制度采用这种剥削压迫现象达到了顶峰，产生了两个逐渐吞并所有其他阶级的新阶级，即资产阶级和无产阶级。马克思认为，要消灭剥削和压迫，实现无产阶级的社会解放，只有推翻资产阶级，消灭私有制，最后消灭无产阶级自身，即无产阶级必须解放全人类才能解放自身。共产主义就是要建立一个充满公平与正义，每个人都能够各司其职、自由发展的社会。构建人类命运共同体以公平正义作为其核心价值追求，而这种公平主要有两重含义。于个人而言，就是每个社会成员都应该得到平等的发展机会，平等享有各种合法的权利，同时也要相应地承担自己应尽的责任和义务。于国家而言，国与国之间要互相尊重各自的主权和领土完整，不分大小、贫富平等相待。大国或者强国不应该凭借自身的经济优势、军事优势以及其他优势任意欺压弱国,要给予小国一定的发展空间和适当的政策优惠,只有每个国家都发展好了,这个世界才会更加和谐。同时,国家和个人一样也要讲究一定的绩效,国家的付出以及对世界的贡献要与其所得到的回报成正比,任何国家都不能无偿占有其他国家所创造的成果,不能以不光彩的手段对他国进行剥削。人类命运共同体的构建将使公平正义的价值追求更加深入人心,与世界各国联手共同建设一个真正平等、有序、充满活力的国际社会。

4. 呼唤全人类意识的觉醒与"人的个性解放"

人的个性解放是实现人的自由而全面发展的基础,这里的个性指人的自由个性。在当今社会中,资本逻辑主导了绝大多数国家的思想潮流。一方面,受资本主义因素的影响,个人逐渐变为"工具人",个人本身所具有的社会属性越来越少,人慢慢成为社会中的一个"原子",丧失自己的自由个性。另一方面,因资本扩大的需要,国家之间的冲突与对抗不断升级,资本主义国家为了自身利益任意打压小国,国家越来越成为资本对外扩张的工具。当然,资本主义也主张自由,但它所谓的自由是绝对的自由。于个人而言就是个人自由凌驾于他人和集体之上,人权高于主权,只强调个人的权利忽视个人对集体对国家的义务。于国家而言就是为了本国的利益丝毫不顾忌全人类的发展和未来,"在现今的资产阶级生产关系的范围内,所谓自由就是自由贸易、自由买卖"[①],是没有约束的自由。构建人类命运共同体就是要改变这种利己的自由,呼唤全人类意识的觉醒,提倡与整个人类社会发展相一致的自由,即"有条件的自由"。在个人层面,人类命运共同体主张人的自由个性与人类整体发展相统一,处理好个人自由与集体自由的关系,成为真正具有自由个性的人。在当前形势下,就是要正确认识到个人的权利自由与责任义务之间的关系,个人在展示自由个性的同时不能妨碍他人的自由,同时个人有义务维护国家的荣誉和利益。在国家层面,人类命运共同体捍卫各主权国家自主选择社会制度和发展道路以及自主决策本国事务的自由,倡导世界各国人

---

① 马克思、恩格斯:《共产党宣言》,人民出版社2018年版,第44页。

民作为实践主体共同参与命运共同体的构建。因为历史是人民群众创造的，构建人类命运共同体离不开每一个国家、每一个人的努力。总之，构建人类命运共同体主张有条件的、相对的自由，因为绝对的自由就是没有自由，以此呼唤全人类意识的觉醒，是当代"人的个性解放"在一定程度上的实现。

（四）人类命运共同体是唯物史观时代化的典范

马克思主义唯物史观揭示了人类社会发展的客观规律，人类命运共同体思想作为当代马克思主义中国化的重要理论成果，它的提出符合唯物史观的基本逻辑，是唯物史观时代化的典范。首先，构建人类命运共同体是当下世界历史演变的必然趋势，它的提出与人类社会生产力水平的迅速发展和经济全球化密不可分。其次，构建人类命运共同体是人类社会不断发展的结果，事实证明资本主义主导下的"虚幻的共同体"已经不能满足全人类发展的需要，世界急需作出改变，人类命运共同体就是在这一背景下提出的进一步向"真正的共同体"迈进的中国方案。最后，构建人类命运共同体是人类不断寻求自身解放的必然要求，它的构建能够使人类在追求自身解放的道路上跨出一大步，为"人的个性解放"真正实现创造条件。总之，构建人类命运共同体具有一定的合理性，它的提出符合全人类的共同利益与发展要求，符合人类社会发展的一般规律，是有效解决当前人类发展难题的中国方案。

三 弘扬全人类共同价值 培育担当大任的时代新人

和平、发展、公平、正义、民主、自由的全人类共同价值是世界各国人民的共同追求。不同区域、不同国度的人民因为自己历史、文化、制度、发展水平的差异和不同，在理解全人类共同价值内涵、探索全人类共同价值实现路径时都要秉持人民中心价值导向和实事求是基本理念。习近平总书记在中国共产党与世界政党领导人峰会上的主旨讲话中指出："各国历史、文化、制度、发展水平不尽相同，但各国人民都追求和平、发展、公平、正义、民主、自由的全人类共同价值。我们要本着对人类前途命运高度负责的态度,做全人类共同价值的倡导者,以宽广胸怀理解不同文明对价值内涵的认识,尊重不同国家人民对价值实现路径的探索,把全人类共同价值具体地、现实地体现到实现本国人民利益的实践中去。"①

弘扬全人类共同价值必须坚持以人民为中心的价值导向。以人民为中心就是以人民的根本利益为中心,就是以人民的发展为中心,就是坚持一切为了人民、为了一切人民、为了人民一切,就是一切依靠人民、坚持人民共建共享,就是要坚持把民心作为最大政治、把密切联系群众作为最大优势、把造福人民作为最大政绩、把服务人民作为最大幸福,也就是要围绕着人民对美好生活的向往弘扬全人类共同价值。全人类共同价值的出发点和落脚点在人民,根基在人民,不能离开人民的发展、人民的权利、人民的福祉谈全人类共同价值,全人类共同价值是大势所趋,但必须是人心所向,如果得不到人民的拥护、人民的认可,全人类共同价值的实现就无从谈起。因此,要结合人民的本质需要和根本利益弘扬全人类共同价值。

弘扬全人类共同价值必须坚持实事求是的思想路线。实事求是,就是一切从实际出发、具体问题具体分析,在实践中检验和发展真理。实事求是,不是眼见为实,而是对事物发展必然和本质的辩证把握,也就是要用辩证思维把握变动不居的现实,就是一切要以时间和地点为转移,要以具体历史和实践为依据,不能抽象地、静止地、片面地、孤立地谈,不能不顾发展变化地对待客观实际,以教条式的态度对待全人类共同价值,而是要全面联系发展地看,就是要做到解放思想、实事求是、与时俱进、求真务实,就是要把理论与实践、历史与现实、世情与国情、一般与特殊相贯通、相结合,就是要历史地、现实地、面向未来地看,只有这样,全人类共同价值才能开花结果、才能落地生根。坚持实事求是,就是要说,全人类共同价值是科学、是真理,我们要以科学的态度对待科学,以真理的精神追求真理,不断赋予全人类共同价值以新的时代内涵。

---

① 习近平:《加强政党合作 共谋人民幸福——在中国共产党与世界政党领导人峰会上的主旨讲话》,人民出版社 2021 年版,第 4 页。

弘扬全人类共同价值必须紧紧依靠时代新人。时代新人是堪当中华民族伟大复兴的时代新人。习近平总书记指出："一百年来，中国共产党团结带领中国人民进行的一切奋斗、一切牺牲、一切创造，归结起来就是一个主题：实现中华民族伟大复兴。""中华民族迎来了从站起来、富起来到强起来的伟大飞跃，实现中华民族伟大复兴进入了不可逆转的历史进程。"[1] "中华民族伟大复兴，绝不是轻轻松松、敲锣打鼓就能实现的。全党必须准备付出更为艰巨、更为艰苦的努力。"[2] "我们比历史上任何时期都更接近中华民族伟大复兴的目标，比历史上任何时期都更有信心、有能力实现这个目标。"[3] 时代新人要承担起不可逆转、势不可挡的中华民族伟大复兴，需要用全人类共同价值武装自己，因为中华民族伟大复兴战略全局是在世界百年未有之大变局下进行的，因此时代新人要在两个大局下完成历史赋予的时代重任，就必须把握全人类共同价值这个历史大势，只有这样，才能掌握历史主动，实现目标任务。

时代新人把握全人类共同价值必须从知识、能力、素养和人格四个维度着眼。从知识上，要把握和平发展、公平正义、民主自由的深刻内涵，不是说中国倡导了全人类共同价值，这个世界自然而然理所当然就和平、发展、公平、正义、民主、自由，和平、发展、公平、正义、民主、自由是趋势、是应然、是可能、是追求目标、是不断趋近的状态，要相对地辩证地进行把握，不仅要从知识上掌握，而且要从能力上提高，具有促进和平、发展、公平、正义、民主、自由的能力，也就是要践行，要知行合一，不仅要知识能力化，而且要化能力为素养，也就是要内化于心、转化为自己的行为习惯，不仅要素养化，而且要人格化，形成自己的格局，只有具有了和平、发展、公平、正义、民主、自由的格局，才能谋篇布局，才能在百年未有之大变局中掌握中华民族伟大复兴这个战略全局。

弘扬全人类共同价值，构建以合作共赢为核心的新型国际关系，

---

[1] 习近平：《在庆祝中国共产党成立100周年大会上的讲话》，人民出版社2021年版，第3、7页。

[2] 《习近平谈治国理政》第3卷，外文出版社2020年版，第12页。

[3] 《习近平谈治国理政》第2卷，外文出版社2017年版，第57页。

打造人类命运共同体、开创世界美好未来，就必须坚持以人民为中心的价值导向，就必须坚持实事求是的思维导向，就必须坚持以时代新人为中心，以知识掌握、能力提高、素养提升、人格健全为基本点的"四位一体"的知行合一模式。

四　关于中国话语寻求国际话语权的思考

进入21世纪以来，随着中国国力的不断提升，中国引起了世界的广泛关注，世界不仅关注中国取得成就的成功秘诀，而且关注中国解决问题的未来走向，更关注中国未来走向的世界意义。针对中国成就、中国问题、中国影响，出现了形形色色的"中国威胁论""中国崩溃论""中国黄祸论"等对中国不科学的误读和曲解。消除西方对中国的误解、增进西方对中国的了解和理解以及支持必要且紧迫。习近平总书记就如何在借鉴传统文化、汲取西方先进文明的基础上，打造中国的对外话语体系、增强中国的国际话语权提出了明确的主张，并身体力行地践行，为我们传播中国声音、讲述中国故事、阐释中国特色提供了行动指南和实现途径。

（一）习近平总书记关于中国话语寻求国际话语权的重要论述

自党的十八大以来，习近平总书记先后就"如何在学习借鉴人类文明成果的基础上，打造出能够解读中国实践、中国道路的，具有中国特色、中国气派、中国风格的、开放融通的中国特色社会主义话语体系"[1] 这一理论命题与实践课题，作过很多次阐述。2012年11月15日，习近平总书记在十八届中央政治局常委同中外记者见面时指出：记者朋友通过对十八大的报道，向世界传递了许多"中国声音"。[2] 那么，如何传递中国声音呢？2013年8月19日，习近平总书记在全国思想工作会议上的讲话中进一步指出："在全面对外开放的条件下做宣传思想工作，一项重要任务是引导人们更加全面客观地认

---

[1] 参见周栎《中国特色社会主义话语体系初探》，人民出版社2019年版，第3页。
[2] 《习近平谈治国理政》，外文出版社2014年版，第3页。

识当代中国、看待外部世界。对世界形势发展变化,对世界上出现的新事物新情况,对各国出现的新思想、新观点新知识,我们要加强宣传报道,以利于积极借鉴人类文明创造的有益成果。要精心做好对外宣传工作,创新对外宣传方式,着力打造融通中外的新概念新范畴新表述,讲好中国故事,传播好中国声音。"① 那么由谁来传播中国声音,传播中国声音的目的是什么呢? 2013年10月21日,习近平总书记在欧美同学会成立一百周年庆祝大会上明确讲道:"希望广大留学人员充分发挥自身优势,加强内引外联、牵线搭桥,当好促进中外友好交流的民间大使,多用外国民众听得到、听得懂、听得进的途径和方式,讲好中国故事,传播好中国声音,让世界对中国多一份理解、多一份支持。"② 那么以什么为载体通过什么方式传递中国声音? 2013年12月30日,习近平总书记在主持十八届中央政治局第十二次集体学习时的讲话中指出:"提高国家文化软实力,要努力传播当代中国价值理念。中国梦的宣传和阐释,要与当代中国价值观念紧密结合起来。提高国家文化软实力,要努力提高国家话语权。要加强国际传播能力建设,精心构建对外话语体系,发挥好新兴媒体作用,增强对外话语的创造力、感召力、公信力,讲好中国故事,传播好中国声音,阐释好中国特色。"③ 传递中国声音除了需要吸收西方先进文明成果以外,要如何对待中国文化呢? 2014年6月6日,习近平总书记在会见第七届世界华侨华人社团联谊代表时指出:"中华文化是中华儿女共同的精神基因,希望大家继续弘扬中华文化,不仅自己要从中汲取精神力量,而且要积极推动中外文明交流互鉴,讲好中国故事、传播好中国声音,促进中外民众相互了解,为实现中国梦营造良好环境。"④

从以上论述不难看出,习近平总书记不仅提出了全面开放的世界需要我们提高国家文化软实力、传播好中国声音、讲述好中国故事、阐释好中国特色,而且指出了传播好中国声音、阐释好中国特色、讲

---

① 《习近平谈治国理政》,外文出版社2014年版,第155—156页。
② 《习近平谈治国理政》,外文出版社2014年版,第60页。
③ 《习近平谈治国理政》,外文出版社2014年版,第161—162页。
④ 《习近平谈治国理政》,外文出版社2014年版,第64页。

述好中国故事需要我们从中国传统文化汲取力量，需要我们积极借鉴人类文明创造的有益成果，需要我们更新宣传方式、精心构建对外传播体系，用受众听得见、听得懂、听得进的语言进行对外传播，从而使世界在了解、理解中国的基础上支持中国，从而为中国梦的实现创造条件。

（二）习近平总书记身体力行地传播中国声音、阐释中国特色、讲述中国故事、践行中国价值

2013年3月以来，习近平总书记出访多国，以介绍中国国情、解读中国道路、阐释中国特色、传播中国价值为内容发表了多场主题演讲，获得国际社会高度评价，被外媒称之为"中国的魅力攻势"和"成功的公关活动"。

2013年1月8日，习近平总书记在主持十八届中央政治局第三次集体学习时指出："中国走和平发展道路，其他国家也都要走和平发展道路，只有各国都走和平发展道路，各国才能共同发展，国与国才能和平相处。"① 那么如何走向和平与发展呢？2013年3月23日，习近平主席在莫斯科国际关系学院的演讲中指出："今天的人类比以往任何时候都更有条件朝和平与发展的目标迈进，而合作共赢就是实现这一目标的现实途径。"② 那么倡导和平与发展的中国提出的中国梦对世界来说意味着什么呢？2013年5月，习近平主席在接受特立尼达和多巴哥、哥斯达黎加、墨西哥等拉美三国媒体联合书面采访时，在原来我们提出的实现中国梦必须坚持中国道路、必须弘扬中国精神、必须凝聚中国力量的基础上进一步指出："实现中国梦，必须坚持和平发展。我们将始终不渝走和平发展道路，始终不渝奉行互利共赢的开放战略，不仅致力于自身发展，也强调对世界的责任和贡献；不仅造福中国人民，而且造福世界人民。实现中国梦给世界带来的是和平，不是动荡；是机遇，不是威胁。"③ 2013年6月7日，

---

① 《习近平谈治国理政》，外文出版社2014年版，第249页。
② 《习近平谈治国理政》，外文出版社2014年版，第274页。
③ 《习近平谈治国理政》，外文出版社2014年版，第57页。

习近平主席在同美国总统奥巴马共同会见记者时讲道:"中国梦实现国家富强、民族振兴、人民幸福,是和平、发展、合作、共赢的梦,也包括美国梦在内的世界各国人民的美好梦想相通。"① 那么是什么原因使中国倡导世界与中国一道走和平发展的道路？2014 年 3 月 27 日,习近平主席在联合国教科文组织总部演讲时指出:"文明因交流而多彩,文明因互鉴而丰富。文明交流互鉴,是推动人类文明进步和世界和平发展的重要动力。"② 2014 年 3 月 28 日,习近平主席在德国科尔伯基金会演讲时指出:"中国坚定不移走和平发展道路,既通过维护世界和平发展自己,又通过自身发展维护世界和平。走和平发展道路,是中国对国际社会关注中国发展走向的回应,更是中国人民对实现自身发展目标的自信和自觉。这种自信和自觉,来源于中华文明的深厚渊源,来源于对现实中国发展目标的认知,来源于对世界发展大势的把握。中国走和平发展道路,不是权宜之计,更不是外交辞令,而是从历史、现实、未来的客观判断得出的结论,是思想自信和实践自觉的有机统一。和平发展道路对中国有利、对世界有利,我们想不出任何理由不坚持这条被实践证明是走得通的道路。"③

以上我们可以看出,习近平总书记不仅提出中国的世界观,而且身体力行地培育和践行和平、发展、合作、共赢的中国世界观;不仅搞清楚什么是中国的世界观,而且指出了中国提出这样的世界观是基于对世界大势的把握、基于对中国道路的认知、源于中华文明的和平历史。也就是说走和平发展合作共赢的道路,是大势所趋、人心所向。习近平总书记不仅提出了和平发展的中国世界观,而且还提出"发展是最大的安全"、倡导"共同、综合、合作、可持续的亚洲安全观",以及中国文化蕴含的"天人合一的宇宙观、协和万邦的国际观、和而不同的社会观、人心和善的道德观",以及世界命运共同体的理念。习近平总书记不仅提出了传播中国声音、打造中国话语的命题,而且身体力行地去用能解读中国实践、中国道路的中国话语去传

---

① 《习近平谈治国理政》,外文出版社 2014 年版,第 279 页。
② 《习近平谈治国理政》,外文出版社 2014 年版,第 258 页。
③ 《习近平谈治国理政》,外文出版社 2014 年版,第 265—267 页。

播中国声音。习近平总书记不仅在国内呼吁中国的世界观，而且到国际上呼吁，不仅希望海外留学人员呼吁，而且希望广大人民一起呼吁。因此，习近平总书记为我们呈现了一个打造中国话语、传播中国声音的路线图，这就是：以国家领导人、专家学者、广大海内外中华儿女为主体，以国家富强、民族振兴、人民幸福、世界和谐为内容，以公民的爱国敬业诚信友善、社会的自由平等公正法治、国家的富强民主文明和谐、世界的和平发展合作共赢为价值理念，以选择性汲取世界人类文明有益成果和创造性转化中国传统文化为前提，通过受众听得见、听得懂的方式传播中国声音、讲述中国故事、阐释中国特色。把中国话语的思想内涵、价值追求、历史地位和世界意义讲清楚、讲明白，增进国际社会对我们的了解。

（三）中国话语争取国际话语权的过程就是中国如何看待资本主义、如何看待社会主义、如何看待世界、如何看待自己的认识过程

进入 21 世纪以来，相对于西方资本主义发达国家出现的经济发展"失调"、政治体制"失灵"、社会融合机制"失效"、思想道德"失范"等全方位的困境，出现了中国"风景这边独好"的景象。中国成为世界关注的焦点，世界不仅关注中国如何看待自己，而且关注中国如何看待西方发达国家陷入的诸多危机和困境，关注中国如何看待世界。说到底就是中国特色社会主义资本主义观、中国特色社会主义世界观、中国特色社会主义中国观问题。

针对西方发达国家出现的由金融危机连带引起的政治危机、经济危机、社会危机、思想道德危机，通过运用马克思主义观点、立场和方法观察和思考资本主义，我们认为，一方面资本主义的确出现了困境和危机，这些危机和困境也确实给资本主义以较大打击，同时，出现困境和危机的资本主义国家正在进行调整，并且仍具有较强的实力，生产力还有进一步释放的空间，但这并不能说明人类社会就终结于资本主义，马克思主义提出的"两个必然"就失效了，而是要着眼于实际的思考。从终极意义上，资本主义被社会主义代替是大势所趋，从现在来看，在很长一段时间，资本主义的生产力还有进一步释放的空间，因此我们要正视这个现实，立足这个现实来坚持和发展中国特色社会主义,也就是要在选择性汲取和创造性转化"资本主义发达国家所创造的一切积极成果"的基础上坚持和发展中国特色社会主义。我们提出坚持和发展中国特色社会主义,说到底就是我们一定要着眼国内国际两个大局,统筹国内国际这两个大局来坚持和发展中国特色社会主义。也就是说,中国特色社会主义的提出是建立在我们经济文化比较落后这个实际上,建立在资本主义还有进一步释放生产力的空间这个实际上。也就是说,我们要立足社会主义初级阶段的实际、立足当代世界资本主义发展的实际来建设中国特色社会主义。也就是说,不管是我们的改革还是我们的发展,都要受到社会主义和中国特色的约束,离开"社会主义"这个本质规定性,就会走上"邪路",离开"中国实际"这个规定性,就会走上"老路"。中国特色社会主义不是"顺着"资本主义国家走,也不是"顺着"传统社会主义国家走,不是"对着"资本主义道路走,也不是"对着"传统社会主义道路走,而是"接着"传统社会主义国家走,"接着"资本主义国家走。什么意思呢?就是对于传统社会主义我们不是全盘否定,而是像邓小平说的:"对的就坚持,不对的赶快改,新问题出来抓紧解决。"[1] 也就是说,我们是辩证地看、实事求是地办、与时俱进地干。就是对于资本主义发达国家也不是全盘否定,而是在学习借鉴的基础上独立自主地走自己的路。也就是我们不是绕开资本主义建设社会主义,而是在驾驭资本逻辑的基础上建设社会主义,我们不是无视资本主义所创造的先进文明,而是结合中国的实际对于资本主义的文明成果进行选择性的吸收和创造性转化。

对于马克思和恩格斯所设想的共产主义、社会主义,我们不是原封不动地照搬,而是要把马克思主义基本原理与中国实际和时代特征相结合,实现马克思主义在中国的具体化,也就是我们需要的不是一般的马克思主义、一般的社会主义,而是结合中国实际的马克思主义、结合中国国情的社会主义。对于科学社会主义所具有的本质规定性,我们要毫不动摇地坚持、与时俱进地发展,这个毫不动摇地坚持,不是口头上的坚持,而是实践当中的坚持,不是字面意义上的坚

---

[1] 《邓小平文选》第 3 卷,人民出版社 1993 年版,第 372 页。

持，而是对文字背后的归宿点和出发点的坚持，也就是在"为了谁、依靠谁、我是谁"的意义上的坚持。这个与时俱进的发展，不是离开原本的意义，天马行空、随心所欲地发展，而是在继承基础上的发展，不管是坚持还是发展，都有一个前提，就是对于马克思主义一定要分层次地看，结合层次来坚持和发展，对于马克思主义当中的内核、立场、方法我们要毫不动摇地坚持，对于马克思主义当中的一些具体结论，我们要与时俱进地发展。对于马克思主义我们不能苛求，马克思主义是行动指南、是理论向导，它为我们提供了看问题的角度、方法和立场，但这个方法、立场离开我们自己的实践、努力、探索是没有任何意义的。也就是在我们想改变这个世界、想认识这个世界、想发展、想建设，并且在干的实践当中产生问题的时候，回到马克思和恩格斯当时的语境、看马克思和恩格斯是如何思考问题、解决问题的，从而引发我们的思考，给我们以启发，从而有助于我们解决问题，如果离开当时的语境，机械地照搬马克思和恩格斯的结论，是不会成功的。而马克思主义的基本原理不是直接呈现出来的，而是需要我们从经典著作中去领会、去感悟，去找那种历史感，去总结那种方法论，去寻求那种政治立场。所以，马克思主义的立场、原则和方法不会自动作用于人的实践，更不等于问题的解决，马克思主义的立场、方法和原则也不会自动呈现，更不会理所当然地为我们所掌握，而是需要我们去真学、真懂、真信、真用。

  对于当今世界，我们认为和平与发展仍然是当今时代的主题，这是一个大的判断，但同时也会有局部战争，也会有地区冲突。和平与发展不仅是大势所趋，也是人心所向，也就是说和平与发展是个大趋势，但是这个大趋势不是离开人的主观努力的纯粹的客观，这个大势所趋一定是包含人心所向的大势所趋，即需要我们通过自己的发展去争取和平，通过自己的发展争取世界的发展。也就是说，这个和平是争取来的，不是通过战争争取的，而是通过发展争取的，这个发展不是通过革命争取的，而是通过发展争取的，也就是发展中的问题只有通过进一步发展来解决。这个能争取到的和平发展，能争取到更大发展的发展，一定不是把自己的痛苦建立在别人的痛苦基础上的发展，一定不是没有任何价值约束的发展，而是全面的发展、以人为本的发展、全面协调可持续的发展、统筹兼顾的发展；是通过发展大家来实现大家都发展，也就是说这个发展是你好、我好、大家都好的发展，是通过全面改革实现的全面发展，是通过全面创新实现的全面发展。过去当我们吃不饱饭的时候，我们说，发展是硬道理、改革是硬办法、稳定是硬任务，但是现在，我们已经吃饱饭了，解决了挨饿问题，就只能走科学发展才是硬道理、全面深化改革才是硬办法、动态稳定才是硬任务的道路了。不管是科学发展还是全面改革，抑或是动态稳定，都是一个在更多约束下有更高要求的发展改革与稳定。这个高要求、高约束，这个你好我好大家好的要求，这个只有更好才能体现出自己特色和优越性的发展，这个有序、动态、弹性的稳定，只能通过创新来实现。这个创新就是着眼实践基础上的理论创新带动实践创新和制度创新，也就是把成功的实践上升为理论，又以正确的理论指导新的实践，还把实践中已经见长效的方针政策及时上升为制度的过程。

　　对于中国自己来看，每次党代会都会提到我们所取得的成就、取得成就的原因、面临的问题，以及针对这些问题我们解决的思路、指导思想、路径。也就是说我们对于中国的认识不是要么完美无缺，要么一无是处，而是辩证具体地分清成就和问题。对于成就，我们不沾沾自喜；对于问题，我们不惊慌失措。而是坚持成功经验，吸取失败教训。不仅看到我们在经济、政治、文化、社会、生态等方面取得的成就，而且看到在这些方面我们还需要进一步努力完善的方面。我们在综合国力、人民生活水平上有了很大的提高，但我们正处于并将长期处于社会主义初级阶段，仍面临着人民日益增长的美好生活需要和不平衡不充分的发展之间的矛盾，在世界上仍处于发展中大国的地位。针对我们取得的成就，我们认为关键是坚持了共产党的领导，坚持了走社会主义道路，同时，我们要进一步通过对党的制度建设的改革加强和改进党的领导，提高党的执政能力。我们要进一步拓展中国特色社会主义道路、丰富中国特色社会主义理论体系、完善中国特色社会主义制度。我们认为改革没有完成时，只有进行时，同时我们的改革也是有方向、有立场、有原则的。针对我们的实际，我们提出了中国梦，但同时我们也指出，实现中国梦需要进行具有新的历史特点的伟大斗争，这个斗争，不是以阶级斗争为纲，而是我们共产党对自身的完善，是通过对我们经济体制、政治体制、文化体制、社会体制的根本性变革，从而巩固和完善中国特色社会主义制度。

（四）每个中华儿女都是打造中国话语、增强国际话语权的当事者

沧海横流，方显英雄本色。当前，我们正处在一个伟大的变革时代，我们从来没有像今天这样离实现中华民族伟大复兴的"中国梦"如此之近，同时也必须进行具有许多新的历史特点的伟大斗争。在当今全球化多元、多样、多变的时代背景下，中国需要更多地了解世界，世界也需要更多地了解中国。我们每个人都要以高度的责任感承担起自己该承担的使命和责任，力所能及、身体力行地向外界展示"中国历史底蕴深厚、各民族多元一体、文化多样和谐的文明大国形象，政治清明、经济发展、文化繁荣、社会稳定、人民团结、山河秀美的东方大国形象，坚持和平发展、促进共同发展、维护国际公平正义、为人类作出贡献的负责任大国形象，对外更加开放、更加具有亲和力、充满希望、充满活力的社会主义大国形象"[①]。塑造好中国的国家形象，努力提高中国国际话语权，讲述好中国故事，传播好中国声音，阐释好中国特色，为实现中国梦创造良好的国际氛围。

---

① 《习近平关于社会主义文化建设论述摘编》，中央文献出版社2017年版，第202页。

结语　在世界历史中创造人类文明新形态

马克思、恩格斯以资本主义现代化和人类普遍交往为逻辑起点，在唯物史观视域下阐释了人类历史向世界历史转变的过程，马克思主义关于世界历史的思想由此产生。各个地区、民族和国家的现代化进程在世界历史的形成与发展中交互影响进而孕育出各式人类文明形态，中国式现代化所创造的人类文明新形态也涵盖其中。作为世界上最大的发展中国家的实践经验，中国式现代化为身处全球化时代中的各个国家，尤其是广大发展中国家，探索一条独立自主、和平发展的现代化道路提供了全新的思路与借鉴。鉴于此，我们可以从现代化与文明形态的联系出发，在世界历史的视野下研究中国式现代化对资本主义现代化的超越以及人类文明新形态对资本主义文明的扬弃，运用马克思、恩格斯世界历史思想考量中国式现代化赋予人类文明形态的新内容，以坚定的历史自信和非凡的历史主动向全球传递中国式现代化精诚致力于同各国人民一道"为人类谋进步、为世界谋大同"的时代新声。

人类文明形态的变革，与历史唯物主义所揭示的人类社会形态的更替如影随形，"人类文明形态变革史可以视为从原始文明开始，经由奴隶制文明、封建文明，发展到资本主义文明和社会主义文明，人类文明形态在当代世界的表征形式主要是资本主义文明与社会主义文明"[①]。文明形态变革的实质和核心在于生产力的变革，而生产力解

[①] 韩喜平，郝婧智，《人类文明形态变革与中国式现代化道路》，《当代世界与社会主义》2021年第4期。

放和发展的过程，内在深刻地涵盖于现代化的过程之中。作为一股不可逆的、世界范围内的浪潮，现代化对各个民族、国家的社会转型以至于全人类文明演进的重要性不言而喻。现代化对人类文明形态具有本质影响，由此将中国式现代化置于世界历史的框架下加以剖析，明晰其与人类文明新形态之间的因果关系是完全可行、可信的，因为"中国崛起是一个'文明型国家'的崛起，中国是世界上唯一的一个数千年古老文明与现代国家形态几乎完全重合的国家"[①]。中国式现代化是兼顾文明与发展、坚持守正与创新的现代化，既遵循历史思维下人类文明形态发展演变的传承性、延续性，又尊重辩证思维下不同国家实现自身现代化的多样性、具体性。结合马克思、恩格斯世界历史思想探析中国式现代化之于人类文明新形态的开创性，首先需要充分认识资本主义现代化在促使人类历史向世界历史转变的过程中对于现代文明形态的产生所起的客观促进作用，其次需要充分理解跨越"卡夫丁峡谷"、超越资本主义现代化的中国式现代化赋予人类文明形态的新内容、新理解，最后需要充分把握"中国式现代化创造人类文明新形态"这一标志性成就对于普遍交往的未来人类社会所具有的世界历史意义。

一 溯源：资本主义现代化与现代文明形态

马克思、恩格斯将生产方式的发展变革作为世界历史形成的基础之一，认为资本主义大工业的发展"产生了空前大规模的资本和生产力，并且具备了能在短时期内无限提高这些生产力的手段"[②]，大工业在资本主义社会逐步取得统治地位，以资本主义大工业为雏形的工业化成为资本主义现代化的奠基石。"现代化是一个革命进程，唯一能与之相比的是从原始社会向文明社会的转变，即文明本身的出

[①] 张维为：《中国超越——一个"文明型国家"的光荣与梦想》，上海人民出版社2014年版，第253页。
[②] 《马克思恩格斯文集》第1卷，人民出版社2009年版，第684页。

现。"① 以资本主义工业化为起点的现代化划定了人类社会由农耕文明迈入工业文明的分野，因而与现代文明形态的产生直接相关。

(一) 工业化、现代化与现代文明形态

"现代化包括工业化、城市化，以及识字率、教育水平、富裕程度、社会动员程度的提高和更复杂的、更多样化的职业结构。"② 工业化作为现代化的首要内容和工业文明的重要标志，是资本主义生产方式由工场手工业转向机器大工业途中所呈现的必然趋势。因此，解剖以资本主义大工业为雏形的工业化便成为溯源现代化与文明形态二者联系的关键。第一，资本主义大工业的诞生根源于商业与工场手工业不断集中引起的需求扩张。"这种超过了生产力的需求正是引起中世纪以来私有制发展的第三个时期的动力，它产生了大工业——把自然力用于工业目的，采用机器生产以及实行最广泛的分工。"③ 生产力的需求本质上催生以机器生产和广泛分工为主要特征的资本主义大工业。第二，资本主义大工业"创造了交通工具和现代的世界市场，控制了商业，把所有的资本都变为工业资本，从而使流通加速（货币制度得到发展）、资本集中"④。18世纪60年代，工业革命的滥觞印证了马克思、恩格斯对于资本主义大工业发展趋势的预测，工业文明形态伴随着工业化的多方面要求在发达资本主义国家逐渐生根发芽。第三，资本主义大工业"首次开创了世界历史，因为它使每个文明国家以及这些国家中的每一个人的需要的满足都依赖于整个世界，因为它消灭了各国以往自然形成的闭关自守的状态"⑤。一方面，世界普遍交往背景下的工业化已不再是仅局限于某一个或几个发达资本主义国家的单一存在，而是在世界历史的发展过程中进化为一股席卷全球

---

① ［美］萨缪尔·亨廷顿:《文明的冲突与世界秩序的重建》，周琪等译，新华出版社1998年版，第58页。
② ［美］萨缪尔·亨廷顿:《文明的冲突与世界秩序的重建》，周琪等译，新华出版社1998年版，第58页。
③ 《马克思恩格斯文集》第1卷，人民出版社2009年版，第565页。
④ 《马克思恩格斯文集》第1卷，人民出版社2009年版，第566页。
⑤ 《马克思恩格斯文集》第1卷，人民出版社2009年版，第566页。

的、不可阻挡的趋势，成为世界各国发展经济的必选项；另一方面，工业化成为现代化的核心内容，使得农耕文明在物质生产和精神生产领域都开始具备逐步向工业文明转变的基本条件，推动着现代文明形态生成。

率先迈入工业化的资本主义文明诞生于资本主义现代化的进程中，"马克思所论及的现代化就是从传统农业社会进入现代工业社会的过程，而16世纪以来欧洲发生的社会巨变和工业革命，正是人类社会现代化的开端"[①]。作为人类文明形态在当代世界的表征形式之一，资本主义文明客观上被视作整个人类社会现代化进程开启的肇端，由资产阶级所领导的资本主义现代化因此成为现代文明形态的起点。第一，生产力的进步为现代文明形态的产生奠定基础。人类文明包含着以生产力为物质基础的人类社会生活和全部历史，文明形态的产生归根结底是生产力和生产关系、经济基础和上层建筑矛盾运动的结果。就资本主义本身对生产力进步的强大催化作用而言，"资产阶级在它的不到一百年的阶级统治中所创造的生产力，比过去一切世代创造的全部生产力还要多，还要大"[②]。第二，资产阶级革命为现代文明形态的发展准备条件。政治上，"资产阶级……从大工业和世界市场建立的时候起，它在现代的代议制国家里夺得了独占的政治统治"[③]。资本主义的民主制度进一步巩固了资本主义的经济基础，进而促进了资本主义的快速发展，为日后爆发的工业革命建立了政治保证；经济上，资产阶级的工业革命所派生的科学技术及相关理论的革新不断推动着人类社会与农耕文明渐行渐远，与工业文明愈走愈近；文化上，包含人类文明进步成就的部分资本主义意识形态在资产阶级革命时期逐步形成，在对封建主义和宗教神学的祛魅过程中发挥了重要作用。第三，世界历史的形成为现代文明形态的扩张提供舞台。一

[①] 黄建军：《唯物史观视野下中国式现代化的历史坐标与世界意义》，《马克思主义研究》2022年第6期。
[②] 《马克思恩格斯文集》第2卷，人民出版社2009年版，第36页。
[③] 《马克思恩格斯文集》第2卷，人民出版社2009年版，第33页。

方面，对于主动开辟世界市场的资本主义国家而言，其政治、经济、文化、社会正朝着他们按照自己的面貌为自己创造出的"现代文明"昂首阔步，资产阶级将自身视为现代社会的历史主体在"创造世界历史的过程中对象化为现代化进程，由此塑造了现代文明形态"①；另一方面，对于被动卷入世界市场的其他国家和地区而言，资本主义必须增长和扩大的本性则决定了所谓的"现代文明"只是一场充斥着殖民掠夺、贪婪摄取和残酷剥削的无妄之灾。"资产阶级，由于一切生产工具的迅速改进，由于交通的极其便利，把一切民族甚至最野蛮的民族都卷到文明中来了。"②

（二）世界历史中的资本主义现代化

资本主义现代化以资本主义生产方式的变革为根本驱动，客观上导致了人类历史由孤立隔绝的区域历史向普遍交往的世界历史的转变。正确对待资本主义现代化的得与失，必须坚守历史唯物主义立场，结合马克思、恩格斯的世界历史思想予以具体的、辩证的分析。一方面，理性认识资本主义现代化对塑造现代文明形态的贡献。资本主义生产方式是工业化的生产力与生产关系的统一体，是资本主义现代化的内生动力，而资本主义现代化对生产力的促进在客观上推动了现代文明形态的形成。"资本的文明面之一是，它榨取这种剩余劳动的方式和条件，同以前的奴隶制、农奴制等形式相比，都更有利于生产力的发展，有利于社会关系的发展，有利于更高级的新形态的各种要素的创造。"③在先进生产力的帮助下，资本主义得以战胜封建主义的桎梏与压迫，以崭新生产方式、社会关系、政治制度、思维观念为载体的现代文明形态随之破土。彼时资本主义现代化在世界范围内的扩张使得部分处于农业文明的民族、国家和地区首次感受到工业文

---

① 臧峰宇：《马克思的现代性思想与中国式现代化的实践逻辑》，《中国社会科学》2022年第7期。
② 《马克思恩格斯文集》第2卷，人民出版社2009年版，第35页。
③ 《马克思恩格斯文集》第7卷，人民出版社2009年版，第927—928页。

明的震撼与冲击，相对落后的民族、国家和地区的现代化意识逐渐觉醒，塑造现代文明形态成为世界历史中不可逆的大趋势。因为"在唯物史观语境中，人类社会最早的现代化就是西方的资本主义化或工业化"①，所以我们将资本主义现代化视为人类社会现代化的开端，将资本主义文明视为现代文明形态诞生的起点。

另一方面，资本主义文明固然是现代文明形态的起始却远非现代文明形态的终结，其物质文明与精神文明的互相脱离形成矛盾滋生的文明形态，导致现代文明形态的异化。第一，源于暴力的物质文明。"资本来到世间，从头到脚，每个毛孔都滴着血和肮脏的东西。"② 资本主义物质文明的形成始于15世纪末西方发达国家的对外掠夺与对内剥削，罪恶的资本原始积累使得处于世界历史之中的落后国家惨遭入侵、屠杀、劫掠、殖民，然而"西方人不但用'文明'概念来为自己的殖民扩张和殖民统治辩护，而且使非西方民族不得不接受了他们的'文明'概念"③。无法与西方资本主义列强抗衡的落后国家只能选择成为其攫取原料、倾销商品的殖民地，伴随着无尽的屈辱、愤怒与怨恨被迫卷入资本主义残酷的"现代文明"之中。第二，虚伪歪曲的精神文明。资本主义精神文明以资本主义意识形态为核心，将"自由、民主、人权、博爱"等词汇标榜为全人类的普遍利益。美国纪实作家威廉·格雷德（William Greider）阐述了资本主义精神文明所倡导的"普世价值"的本质："在美国，35%的土地、房屋、股票、债券等净资产被1%的家庭所拥有；80%的社会财富被1/5的人所拥有……这种现象愈演愈烈，超过了20世纪20年代灾难性的财富聚敛程度。"④ 所以，作为维护资产阶级政治统治的重要工具，资本主义精神文明本质上是以"抽象人性"为基础、为"少数人"谋利益的意识形态，试图虚伪地掩盖、歪曲资本主义文明中少数人占有绝

---

① 黄建军：《唯物史观视野下中国式现代化的历史坐标与世界意义》，《马克思主义研究》2022年第6期。

② 《马克思恩格斯文集》第5卷，人民出版社2009年版，第871页。

③ 张汝伦：《我们需要什么样的文明》，商务印书馆2017年版，第361—362页。

④ [美] 威廉·格雷德：《资本主义全球化的疯狂逻辑》，张定淮等译，社会科学文献出版社2003年版，第526页。

大部分生产资料和社会财富去盘剥大多数社会成员的事实。第三，矛盾滋生的文明形态。恩格斯指出，资产阶级统治的"文明时代是在'恶性循环'中运动，是在它不断地重新制造出来而又无法克服的矛盾中运动"①，资产阶级与无产阶级的社会矛盾、生产社会化与生产资料私人占有之间的基本矛盾贯穿资本主义社会的始终，由此引发的经济发展失调、政治体制失灵、社会融合机制失效、环境污染加剧、贫富差距悬殊等问题既是自古以来资本主义社会淤积的乱象，也是资本主义文明永恒的困扰。因此，在整个人类文明发展史上，由资本主义现代化所建构的资本主义文明固然具有里程碑的意义，却并非人类文明的标准答案，也全然无法成为在人类历史终结处出现的"普遍同质"的文明形态。

二 超越：中国式现代化与人类文明新形态

马克思、恩格斯世界历史思想的"一元多线"叙事表明：人类文明形态处于统一性与多样性并存的动态发展过程之中。现代化促进人类文明形态的诞生，但"资本主义制度的卡夫丁峡谷"不是所有国家都会通过的必经之路，因为"世界上既不存在定于一尊的现代化模式，也不存在放之四海而皆准的现代化标准"②。问题的关键是如何将现代化普遍原理同本国具体实际相结合，运用"资本主义制度所创造的一切积极的成果"③开创一条超越资本主义范式的、具有中国特色的社会主义现代化道路，以中国式现代化为人类文明形态注入新鲜血液。

（一）从"中国式的现代化"到"中国式现代化"

实行改革开放后，中国开始逐步地更加主动认识世界、接触世界，积极地融入全球范围内的现代化浪潮。1983年，邓小平针对我

---

① 《马克思恩格斯文集》第9卷，人民出版社2009年版，第276页。
② 《习近平谈治国理政》第4卷，外文出版社2022年版，第123页。
③ 《马克思恩格斯文集》第3卷，人民出版社2009年版，第575页。

国"人口多、底子薄、起步晚"的现状指出:"我们搞的现代化,是中国式的现代化。我们建设的社会主义,是有中国特色的社会主义。"① 实事求是地明确了中国推进现代化事业的社会主义性质,并提出建设过程中要根据本国实际情况和条件以自力更生为主的要求。1986年,邓小平强调反对资产阶级自由化时提到仍然有人"反对我们的四项基本原则,主张我们把资本主义一套制度都拿过来,似乎这样才算真正搞现代化了"②。这表明在当时有人将现代化等同于西方化、自由化、资产阶级化,将"表面文明、实质野蛮"的资本主义现代化模式当作人类文明形态的唯一遵循。"中国式的现代化"建设理念具有继往开来的历史意义:一方面,它为中国现代化建设过程和发展目标明确了前进方向,坚持以经济建设为中心、大力发展生产力的根本要求与现代化的底层逻辑充分适配;另一方面,它为中国决心走出一条有别于西方资本主义文明的现代化新路提供了思想动力,坚持四项基本原则、坚持改革开放的基本要求与现代化的中国实践高度吻合。"中国式的现代化"遵循现代化普遍原理与中国具体实际相结合的基本思路,在中国全面建设社会主义现代化国家的实践过程中不断发展,进一步推动"中国式现代化"作为一种文明形态的形成与完善。

如果"中国式的现代化"是在有限国内视野下重点针对"中国如何走现代化道路"这一问题给出解答的话,那么"中国式现代化"则体现着世界历史视野下中国希望为"世界如何走现代化道路"这一问题提供参考,展现出中国作为一个负责任大国对全球现代化问题的担当与关切。从价值立场、本质属性和发展逻辑三方面出发,中国式现代化正在完成对资本主义现代化的超越。第一,就价值立场而言,坚持以人民为中心,以最广大人民的需要和根本利益为最高价值追求。与资本主义现代化过程中各执政党上台后只为少数人谋利益、只为本国谋利益的狭隘思维不同,首先,对广大中国人民而言,中国共产党作为中国式现代化的领导力量始终秉持为中国人民谋幸福、为

---

① 《邓小平文选》第3卷,人民出版社1993年版,第29页。
② 《邓小平文选》第3卷,人民出版社1993年版,第181页。

中华民族谋复兴的初心和使命，将"人民拥护不拥护、赞成不赞成、高兴不高兴、答应不答应作为衡量一切工作得失的根本标准"[①]；其次，对全球广大发展中国家以及相对落后国家和地区的人民而言，中国共产党作为全球最大发展中国家的执政党始终以胸怀天下、包容万象的广阔胸襟寻求互利共赢，以休戚与共、和衷共济的诚恳态度共建人类社会。第二，就本质属性而言，明确中国式现代化的社会主义本质，坚持中国特色社会主义道路。与资本主义现代化过程中始终无法规避资本主义基本矛盾及由此导致的经济危机不同，首先，中国式现代化根本而言是社会主义现代化。"资本主义必然灭亡，社会主义必然胜利"的核心命题已经阐明社会主义之于资本主义的进步性与优越性，资本主义基本矛盾最终会伴随着资本主义现代化的过程反复爆发直到资本主义本身的消逝；其次，中国式现代化必须坚持走中国特色社会主义道路。中国式现代化正是基于中国特色社会主义物质文明、政治文明、精神文明、社会文明、生态文明协调发展而新生的产物，中国特色社会主义道路成就了中国式现代化，中国式现代化又终将推进中国特色社会主义道路抵达长远的未来。第三，就发展逻辑而言，坚持高质量的并联式发展逻辑，统筹推进"五位一体"总体布局。与资本主义现代化过程中单一、粗暴的串联式发展逻辑不同，中国式现代化遵循协调、科学、可持续的并联式发展逻辑。资本主义现代化源自工业化，并伴随着资本及其扩张逻辑推进，私有制的贪婪本性所带来的两极分化、贫富悬殊毁灭着人的精神世界，"积累的财富仍戏剧性地集中到少数人身上，特别是在美国，财富的分布愈加不均衡"[②]，过度开发所导致的环境污染、生态破坏影响着人的生活环境，使人处于异化的困境之中。中国式现代化重视各种要素齐头并进，强调人与人、人与社会、人与自然的和谐关系，在"五位一体"总体布局中高度重视物质、政治、精神、社会、生态五种文明的协调发展与物质、精神两个层次的共同富裕，使人得以从异化的困境中解放

[①] 《习近平谈治国理政》第2卷，外文出版社2017年版，第40页。
[②] [美]威廉·格雷德：《资本主义全球化的疯狂逻辑》，张定淮等译，社会科学文献出版社2003年版，第284页。

出来。

（二）从"文明型国家"到"人类文明新形态"

对文明的理解不应仅局限于经济基础的物质文明抑或上层建筑的精神文明的单一方面，文明作为"放大了的文化"及"最广泛的文化实体"，是人类与其他物种相区别的"最高的文化归类"[①]。换言之，文明形态是同时包含着物质文明、政治文明、精神文明、社会文明、生态文明的广泛综合的文化实体。中国经由"国家型政党、协商民主、选贤任能、混合经济"四个方面的制度安排成为一个"文明型国家"，摆脱资本主义的现代文明形态所限定的发展模式，使人类文明得以具备一种新的形态。

第一，资本主义文明一度将自身视作人类的普世文明。伴随着世界历史的开拓，资本主义的思想、文化、制度通过坚船利炮在世界范围内四处散播。"单线进化观使得西方人把他们的近代文明视为普世文明，这样，殖民扩张和帝国主义侵略就有了替天行道的借口"[②]；其赫然鼓吹资本主义文明优于其他民族、国家的文明，这背后也折射出资本主义文明企图吞噬其他文明的叵测居心。第二，人类文明形态的演进是一个在世界历史中动态发展的过程。首先，世界历史通过资本主义生产方式的革新而联系在一起，但这并不意味着资本主义的文明及其形态是人类文明形态的唯一遵循。身处世界历史中的每一个国家、民族想要通过现代化进入文明时代，既要牢牢抓住发展生产力、改革生产关系的主线，又要结合自身民族具体的历史、文化、环境等因素，走统一性与多样性、普遍性与独特性并存的现代化之路；其次，中国式现代化所开创的人类文明新形态并非在强求其他想要进行现代化建设的国家盲目冒进地套用中国进行现代化建设的模板，而是希望各个国家都能够结合自身特点因地制宜地学习中国进行现代化建设的思路。第三，中国式现代化正在创造一种真正协调的文明形态。

[①] [美]塞缪尔·亨廷顿：《文明的冲突与世界秩序的重建》，周琪等译，新华出版社1998年版，第26页。

[②] 张汝伦：《我们需要什么样的文明》，商务印书馆2017年版，第364页。

首先，拥有"四超""四特"（"四超"就是超大型的人口规模、超广阔的疆域国土、超悠久的历史传统、超深厚的文化积淀。"四特"主要由"四超"衍生而来，即独特的语言、独特的政治、独特的社会、独特的经济①）八个特征的中国是"文明型国家"的代表，在开辟、探索现代化道路的过程中始终坚持"不殖民、不侵略、不扩张、不称霸"，中国式现代化不会走向亨廷顿所说的"单极模式""中国霸权"，因为零和博弈、成王败寇的文明形态终归是短暂的，只有携手并进、和平发展的文明形态才是永续的；其次，以福山为代表的部分西方政治学者认为："唯一确实可与自由民主制度进行竞争的体制是所谓的'中国模式'。"②将致力人民幸福、国家崛起、民族复兴的中国式现代化天然视作资本主义自由民主制度的竞争者、假想敌，进而提出"中国威胁论"的西方话语。诚然，中国的现代化建设仅用几十年时间就赶上了西方发达国家上百年的现代化发展历程，但"国强必霸"并非世界历史发展的必然，中国已经以"文明型国家"的建设经历有力地反驳了这一逻辑，未来也将以人类文明新形态的开创继续为人类进步、世界和平作出贡献。人口规模巨大、全体人民共同富裕、物质文明和精神文明相协调、人与自然和谐共生、走和平发展道路的中国式现代化"体现了马克思主义的中华民族形式，实现了中华民族在现代化进程中的自我超越，呈现了现代化进程中一种前所未有的进步特征"③。中国式现代化正在以和合的中国智慧、合理的中国方案与和平的中国力量为全人类开创进步的、崭新的文明形态。

三 未来：和平发展的中国与普遍交往的世界

马克思、恩格斯将普遍交往作为世界历史的基本特征，发现"只

---

① 张维为：《中国超越 一个"文明型国家"的光荣与梦想》，上海人民出版社2014年版，第113页。
② ［美］弗朗西斯·福山：《历史的终结与最后的人》，陈高华译，广西师范大学出版社2014年版，第4页。
③ 臧峰宇：《马克思的现代性思想与中国式现代化的实践逻辑》，《中国社会科学》2022年第7期。

有当交往成为世界交往并且以大工业为基础的时候,只有当一切民族都卷入竞争斗争的时候,保持已创造出来的生产力才有了保障"①。资本主义生产方式向世界扩张,世界历史也在竞争斗争中包含着资本主义现代化的侵略史、殖民史。中国始终高举和平、发展、合作、共赢旗帜,坚定站在世界历史正确的一边、站在人类文明进步的一边,以中国式现代化、人类文明新形态打破资本主义文明对人类文明形态的钳制,以全人类共同价值、人类命运共同体理念为人类未来命运提供启迪。

(一) 中国式现代化对世界历史进程的影响

"党的百年奋斗深刻影响了世界历史进程。党和人民事业是人类进步事业的重要组成部分。"② 坚持中国共产党的领导是全面推进中国式现代化最为本质的要求,自强不息、勇于斗争的中国共产党坚持带领全国各族人民将中国从落后的农业国转变成为先进的工业国。党的中心任务是将中国建设成为富强、民主、文明、和谐、美丽的社会主义现代化强国,世界历史的总体格局正在这一过程中发生深刻转变。

第一,世界历史不应是被资本主义文明所殖民的历史。资本主义文明标榜自身为现代文明形态的唯一正统,推崇殖民主义的现代化模式,在物质层面以资本为中心不断对外扩张掠夺实现殖民统治,在精神层面以民主自由制度为裹挟向世界各国输出"现代化即西方化、资本主义化"的意识形态。世界历史因资本主义生产方式而形成,一度也成为被资本主义文明所殖民的历史。然而,中国式现代化击碎了"现代化即西方化、资本主义化"的殖民主义思想,回应了全球现代化进程中诸如绝对贫困问题、环境污染问题、公共卫生问题等带来的困难与挑战,超越了贫富差距悬殊、物质主义膨胀、社会规范失序的资本主义现代化,祛除了发展中国家人民内心深处受旧时代殖民体系

---

① 《马克思恩格斯文集》第 1 卷,人民出版社 2009 年版,第 560 页。
② 《中共中央关于党的百年奋斗重大成就和历史经验的决议》,人民出版社 2021 年版,第 64 页。

毒害所形成的陈旧观念与思维定式，拓展了世界上那些既希望加快发展又希望保持自身独立性的国家和民族走向现代化的途径。第二，世界历史应当是全世界人民共同创造的历史。"人民，只有人民，才是创造世界历史的动力。"[①] 中国式现代化所取得的巨大突破和成就不仅使中国人民朝着美好生活而奋进，更激励广大发展中国家人民摆脱崇洋媚外的盲目滤镜，帮助广大发展中国家人民树立文化自信和文化自觉，使其真正认识到自身的伟大动力，唤醒精神与思想上真正的独立性。中国式现代化使中国成为世界上第一个不是走资本主义道路而是走社会主义道路成功建设现代化的大国，提供了一个发展中国家如何实现后发现代化的成功范例，走出了一条未遵循资本主义现代化发展模式的"共赢而非从属、多边而非单极、开放而非封闭、和平而非霸权"的现代化道路。世界人民是维持世界历史格局、推动世界历史发展的重要力量，世界历史的深化也为世界人民走向联合提供了根本条件。拥有一个和平发展、普遍安全、共同繁荣、开放包容的全球环境是全世界人民的共识，任何企图在其中宣扬对立、滋生矛盾、强化争端、实施霸权的敌对势力都必将遭受全世界人民的抵制。

（二）中国式现代化对人类未来命运的启迪

世界历史的发展关乎人类未来的命运。胸怀天下的中国共产党"始终以世界眼光关注人类前途命运，从人类发展大潮流、世界变化大格局、中国发展大历史正确认识和处理同外部世界的关系"[②]。因此对于身处世界历史之中的全人类而言，是继续在对抗中走向分裂还是在理解中寻求共识，是继续奉行霸权主义、玩零和博弈游戏还是摒弃冷战思维、走互利共赢之路，答案已经写在中国式现代化所倡导的全人类共同价值和人类命运共同体理念之中。

第一，倡导全人类共同价值是推动世界历史、开拓人类未来的精神支柱。中国式现代化关注人类前途命运，弘扬和平、发展、公平、

[①] 《毛泽东选集》第3卷，人民出版社1991年版，第1031页。
[②] 《中共中央关于党的百年奋斗重大成就和历史经验的决议》，人民出版社2021年版，第68页。

正义、民主、自由的全人类共同价值，旗帜鲜明反对普世价值，反对西方用资本主义价值体系为世界人民强加思想烙印。资本主义精神文明所倡导的普世价值，其实质仍然是西方至上、资本主义至上，是对现代文明形态的解构，是人类文明新形态扬弃的对象。只有不断增强全人类共同价值的影响力、感召力，人类未来命运才会更加美好灿烂。第二，构建人类命运共同体是推动世界历史、开拓人类未来的必由之路。中国式现代化开创人类文明新形态的过程中，不仅在为中国人民谋幸福、为中华民族谋复兴，更在为人类谋进步、为世界谋大同。独立自主、发展振兴是每一个国家的梦想，中国式现代化正是在承认各国意识形态和社会制度差异尚存的基础上，为关心治国理政和人类发展、谋求稳定发展繁荣的世界各国提供借鉴参照，为企图克服方向道路之困惑、国家治理之艰难的世界各国提供科学视角。中国式现代化中所蕴含的整体性思维、创新性实践、制度性优势和包容性文化等塑造了一个和平发展、合作共赢的人类文明新形态，同时也为人类命运共同体的建构提供了不竭动力。中国化、时代化的马克思主义理论是中国式现代化的科学指导和理论遵循，运用马克思、恩格斯世界历史思想探索中国式现代化创造人类文明新形态的合理性与可能性，挖掘中国式现代化的世界历史意义，既可以彰显马克思主义理论的真理光芒，也能够为世界其他国家现代化道路建设的创新发展提供中国智慧、中国方案、中国力量。中国是积极同世界人民一道共促团结、共谋发展、共筑安全、共兴文明的真诚伙伴，将始终"坚定不移推进中国式现代化，以中国式现代化推进中华民族伟大复兴，不断为人类作出新的更大贡献"[①]。

[①] 《习近平谈治国理政》第4卷，外文出版社2022年版，第124页。

主要参考文献

一 经典文献

《邓小平文选》第1—3卷，人民出版社1993—1994年版。
《胡锦涛文选》第1—3卷，人民出版社2016年版。
《江泽民文选》第1—3卷，人民出版社2006年版。
《列宁专题文集》第1—5卷，人民出版社2009年版。
《马克思恩格斯文集》第1—10卷，人民出版社2009年版。
《毛泽东文集》第1—8卷，人民出版社1993—1999年版。
习近平：《高举中国特色社会主义伟大旗帜 为全面建设社会主义现代化国家而团结奋斗——在中国共产党第二十次全国代表大会上的报告》，人民出版社2022年版。
《习近平谈治国理政》第1—4卷，外文出版社2018、2017、2020、2022年版。
《中共中央关于党的百年奋斗重大成就和历史经验的决议》，人民出版社2021年版。

二 学术著作

陈学明：《中国道路为世界贡献了什么》，天津人民出版社2017年版。
杜艳华、王达山、黄玲编著：《中国共产党现代化理论创新史 论点与文献集萃》，复旦大学出版社2016年版。
丰子义：《现代化的理论基础：马克思现代社会发展理论研究》，北京师范大学出版社 2017 年版。

冯留建：《马克思主义国家理论与中国国家治理现代化》，人民出版社 2017 年版。

韩庆祥、黄怀相等：《中国道路能为世界贡献什么》，中国人民大学出版社 2017 年版。

何包钢：《通往国家治理现代化》，中国社会科学出版社 2020 年版。

胡鞍钢：《变革与复兴百年中国现代化新征程》，东方出版社 2021 年版。

纪亚光：《现代化视域下中国特色社会主义发展道路研究》，译林出版社 2021 年版。

王灵桂：《中国拓展发展中国家的现代化途径》，社会科学文献出版社 2018 年版。

徐平：《伟大的事实：世界现代化进程中的中国现代化发展》，人民出版社 2021 年版。

［美］戴维·E.阿普特：《现代化的政治》，陈尧译，上海人民出版社 2016 年版。

［美］大卫·施韦卡特：《超越资本主义》，黄瑾译，社会科学文献出版社 2015 年版。

［英］齐格蒙特·鲍曼：《流动的现代性》，欧阳景根译，中国人民大学出版社 2018 年版。

［英］齐格蒙特·鲍曼：《现代性与矛盾性》，邵迎生译，商务印书馆 2013 年版。

三　学术论文

陈金龙：《中国式现代化的规律叙事》，《中国高校社会科学》2022 年第 3 期。

陈锡喜：《把握中国式现代化新道路对人类文明新形态贡献的方法论研究》，《思想理论教育导刊》2022 年第 3 期。

陈志刚：《中国式现代化及其规律性和多样性》，《马克思主义理论学科研究》2021 年第 5 期。

代玉启：《"中国式现代化"话语的三重维度及其系统构建》，《求索》

2023 年第 1 期。

丁学良：《"现代化理论"的渊源和概念构架》，《中国社会科学》1988 年第 1 期。

董慧：《中国式现代化的唯物史观意蕴》，《哲学研究》2022 年第 6 期。

丰子义：《中国式现代化道路的文明价值》，《前线》2022 年第 3 期。

顾海良：《中国式现代化的话语与学理探寻》，《理论视野》2022 年第 11 期。

韩庆祥：《现代性的本质、矛盾及其时空分析》，《中国社会科学》2016 年第 2 期。

何显明：《中国现代国家制度的建构及其治理效能——基于国家意志聚合与实现的视角》，《中国社会科学》2022 年第 9 期。

贺来：《中国式现代化的实践智慧品格》，《哲学研究》2022 年第 12 期。

胡鞍钢：《中国式现代化道路的特征和意义分析》，《山东大学学报》（哲学社会科学版）2022 年第 1 期。

胡大平：《人的现代化与全面建设社会主义现代化国家》，《思想理论教育导刊》2021 年第 4 期。

黄一兵：《中国共产党与中国式现代化的四次历史性跨越》，《党的文献》2022 年第 6 期。

江畅：《中国式现代化的必然性、合理性与正当性》，《求索》2023 年第 1 期。

鲁明川：《中国式现代化道路的逻辑生成与文明叙事》，《浙江社会科学》2022 年第 4 期。

罗荣渠：《建立马克思主义的现代化理论的初步探索》，《中国社会科学》1988 年第 1 期。

骆郁廷：《铸强中国式现代化的精神力量》，《思想理论教育》2023 年第 2 期。

马敏：《现代化的"中国道路"——中国现代化历史进程的若干思考》，《中国社会科学》2016 年第 9 期。

秦宣：《中国式现代化的历史逻辑探析》，《当代中国史研究》2022 年第 2 期。

任保平、张倩：《构建科学合理的中国式现代化的评价指标体系》，《学术界》2022 年第 6 期。

任平：《中国式现代化自主知识体系：创新视域与理论阐释》，《武汉大学学报》（哲学社会科学版）2023 年第 1 期。

沈江平：《比较视野下的中国式现代化道路》，《中国高校社会科学》2022 年第 3 期。

沈湘平：《中国式现代化道路的传统文化根基》，《中国社会科学》2022 年第 8 期。

孙代尧：《论中国式现代化新道路与人类文明新形态》，《北京大学学报》（哲学社会科学版）2021 年第 5 期。

孙立平：《后发外生型现代化模式剖析》，《中国社会科学》1991 年第 2 期。

孙利天：《现代性的追求和内在超越》，《中国社会科学》2016 年第 2 期。

孙正聿：《从大历史观看中国式现代化》，《哲学研究》2022 年第 1 期。

唐爱军：《唯物史观视域中的中国式现代化新道路》，《哲学研究》2021 年第 9 期。

万美容：《论中国式现代化的人文取向》，《华中师范大学学报》（人文社会科学版）2023 年第 1 期。

王灵桂：《全面建成小康社会与中国式现代化新道路》，《中国社会科学》2022 年第 3 期。

王伟光：《中国特色社会主义创造"人类文明新形态"和"中国式现代化道路"》，《哲学研究》2022 年第 9 期。

吴宏政：《"中国式现代化"世界历史意义的先行进驻》，《湖北社会科学》2023 年第 1 期。

吴晓明：《世界历史与中国道路的百年探索》，《中国社会科学》2021 年第 6 期。

吴忠民：《论中国共产党的现代化观》，《中国社会科学》2022 年第 7 期。

武力：《中国式现代化的经济分析》，《近代史研究》2023年第1期。

项久雨：《中国式现代化的显著优势》，《马克思主义研究》2022年第5期。

徐亚清：《中国式现代化的历史成就、中国特色与未来议题》，《西北师大学报》（社会科学版）2023年第1期。

严立贤：《发展理论与不发达国家的现代化》，《中国社会科学》1988年第5期。

颜晓峰：《中国式现代化的范畴定位》，《教学与研究》2022年第10期。

燕连福：《中国式现代化的历史演进、内涵扩展和未来指向》，《西北师大学报》（社会科学版）2022年第3期。

杨清媚：《中国人类学对中国式现代化的理论探索》，《中国社会科学》2022年第3期。

虞和平：《中国早期现代化道路的三大特性》，《近代史研究》2023年第1期。

臧峰宇：《马克思的现代性思想与中国式现代化的实践逻辑》，《中国社会科学》2022年第7期。

张文显：《面向中国式现代化的自主性现代化理论》，《公共管理与政策评论》2022年第6期。

张晓晶：《中国共产党领导中国走向富强的百年探索》，《中国社会科学》2021年第11期。

张新平、荆玉杰：《中国式现代化道路的历史审视：困境、生成与启示》，《兰州大学学报》（社会科学版）2022年第4期。

张业光：《中国式现代化的百年探索与实践经验》，《管理世界》2023年第1期。

张占斌：《中国式现代化的探索、内涵和价值》，《国家现代化建设研究》2022年第2期。

张琢：《中国现代化若干目标分析》，《中国社会科学》1992年第3期。

后　记

《中国式现代化理论创新与实践探索研究》一书是我 2016 年在中国社会科学出版社出版专著《论中国特色社会主义现代化理论的形成与发展》的续集和姊妹篇，也是依托自己主持的四川省社科规划重大项目"人类文明新形态视域下我国制度优势转化为治理效能的路径创新研究"和国家社科基金重大项目子课题"以中国式现代化推进中华民族伟大复兴的世界意义和国际形象"的阶段性成果。书中的部分成果在《观察与思考》《特区实践与理论》《中共南京市委党校学报》等杂志刊登，并被学习强国转载。

在书稿撰写过程中，西华师范大学马克思主义学院田茂农老师参与全书统稿和结语的撰写工作，马克思主义学院王成光教授、杜金金老师，以及在中国社会科学院深造的刘晓雪博士生和即将到西南交通大学读博的王豪同学皆对书稿撰写有贡献。本书的出版得到了西华师范大学马克思主义理论一级学科建设经费资助和西华师范大学学科建设处和社科处支持。要特别感谢中国社会科学出版社田文主任以及各位编辑前后为两本书编辑出版作出的特别贡献。

党的二十大报告指出："从现在起，中国共产党的中心任务就是团结带领全国各族人民全面建成社会主义现代化强国、实现第二个百年奋斗目标，以中国式现代化全面推进中华民族伟大复兴。"实践探索到哪里，理论创新就跟到哪里，中国式现代化理论探索和实践创新永远在路上，作为以中国式现代化全面推进中华民族伟大复兴的实践参与者和理论研究者，我们要以横向"守望相助、相互成就"，纵向"承上启下、承前启后"时代使命感和历史主动性推动社会主义现代化强国建成和"第二个百年"奋斗目标实现，毕竟以中国式现代化全面推进中华民族伟大复兴，从道理上讲就是一个发展中国、造福世界、引领未来的过程；从学理上讲，就是把马克思主义基本原理与中国具体实际和中华优秀传统文化相结合的过程；从哲理上讲，就是坚持人民至上、坚持自信自立、坚持守正创新、坚持问题导向、坚持系统观念、坚持胸怀天下的过程；从原理上讲，就是历史唯物主义和辩证唯物主义运用的过程。所以中国式现代化的道理、学理、哲理和原理，中国式现代化的理论、道路、制度和文化，中国式现代化的世界观、价值观、历史观、文明观、民主观和生态观是需要下一步深化研究的课题和命题。

张晓明

2023 年 11 月